Martin Frost, D.P. Ginowski

OUT OF THE DARK

MARTIN »THE ONE« FROST

FBV

Die wahre Geschichte hinter einem der größten Darknet-Marketplaces der Welt: WallStreet Market

Bibliografische Information der Deutschen Nationalbibliothek:
Die Deutsche Nationalbibliothek verzeichnet diese Publikation in der Deutschen Nationalbibliografie. Detaillierte bibliografische Daten sind im Internet über http://dnb.d-nb.de abrufbar.

Für Fragen und Anregungen:
info@finanzbuchverlag.de

Originalausgabe, 1. Auflage 2022

Türkenstraße 89
80799 München
Tel.: 089 651285-0
Fax: 089 652096

Redaktion: D.P Ginowski, Martin Frost, Anne Arnold
Lektorat: Anne Arnold
Korrektorat: Anne Arnold, Silvia Kinkel
Umschlaggestaltung: Karina Braun
Umschlagabbildung: Dennis Utz
Bildbearbeitung Coverfoto: D.P. Ginowski
Illustrationen: Kristina Konradi
Zusätzliche Abbildungen: Logo US Department of State: IT Tech Science/shutterstock.com, Michelangelo: Creative Lab/shutterstock.com, Gehirn: Taleseedum/shutterstock.com
Konzeption, Gestaltung: Pairbyte Media, Ratingen, pairbyte.de
Satz: Zerosoft, Timisoara
Druck: GGP Media GmbH, Pößneck
Printed in Germany

Weitere Mitwirkende:
Martin Frost (www.martin-frost.de)
Anne Arnold (www.pairbyte.de)
Christian Solmecke (www.wbs-law.de)
Alexander Hauer (www.anwaltskanzlei-hauer.de)

In Kooperation mit dem Subrosa Verlag (www.subrosa-verlag.de)

ISBN Print 978-3-95972-650-4
ISBN E-Book (PDF) 978-3-98609-249-8
ISBN E-Book (EPUB, Mobi) 978-3-98609-250-4

INHALT

VORWORT

Mein Name ist Martin Frost. Ich bin 32 Jahre alt und komme aus dem Raum Stuttgart. 2021 wurde ich wegen bandenmäßigen Drogenhandels und Untreue zu sieben Jahren und neun Monaten Haft verurteilt. Zusammen mit zwei Mittätern habe ich über mehrere Jahre hinweg den zweitgrößten Darknet-Marktplatz der Welt betrieben.

In diesem Buch erzähle ich meine Geschichte, zeige, wie aus dem jungen Martin Frost, aufgewachsen in einem behüteten Elternhaus, der Cyberkriminelle »TheOne« wurde – und warum ich in meinem Scheitern auch eine große Chance sehe.

Ich habe mich entschlossen, das Buch mit einem Autor zu schreiben, um die größtmögliche Neutralität zu garantieren. Ungeschönt und ehrlich möchte ich meine Erlebnisse für euch aufarbeiten und dabei auch als mahnendes Negativbeispiel dienen. Ihr könnt mich in diesem Buch auf meiner Reise durch die Dunkelheit begleiten und mir auf meinem beschwerlichen Weg zurück ins Licht folgen.

Vielleicht wird beim Lesen für den ein oder anderen greifbar, was für mich die wichtigste Lehre aus meiner Geschichte war: dass jedes Handeln Konsequenzen hat. Was ich getan habe, hat schlussendlich nicht nur mich selbst in die Dunkelheit geführt, sondern weit über meine Person hinaus auch meinen Mitmenschen Leid und Schmerz zugefügt.

Wo Schatten ist, muss es auch Licht geben.

Dieses Buch widme ich meinem Sohn.

Ich bin Martin Frost, und dies ist Out of The Dark.

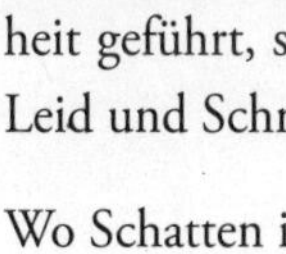

Martin »TheOne« Frost, Stuttgart, 23.05.2022

»Aber er war aus der Stille,
der Dämmerung, der Dunkelheit,
welche ganz allein die reinen Produktionen
begünstigen kann.«

Johann Wolfgang von Goethe

PROLOG

Es ist irre zu sehen, was in deinem Gehirn abgeht, wenn die GSG 9 zugreift. Innerhalb einer Millisekunde schießen Martin tausend Gedanken durch den Kopf. Zeit hat ihre Dimension verloren. Alles nur noch in Slow-Motion. Wie in einem Film. Das Erste, woran er denkt: »Scheiße, das ist ein Überfall! Die wollen mir die Karre klauen!« Grelles Licht blendet ihn, er hört die Schreie: »Polizei, Polizei!«

Schnell ist ihm klar: Das war's. Sie sind wegen *WallStreet Market* hier. Bilder durchzucken sein Gehirn. Was habe ich übersehen? Wie sind sie mir auf die Schliche gekommen?

Schlagartig hat er die letzten Stunden, Tage und Wochen vor Augen. Er analysiert. Hätte ich etwas merken müssen? Habe ich etwas falsch gemacht? Und: Was ist mein gottverdammter Fehler gewesen? Wie bei einer Nahtoderfahrung zieht das Leben an ihm vorbei. Alle Synapsen arbeiten auf Hochtouren. In solchen Situationen erkennt man, wie leistungsstark das menschliche Gehirn ist – das gesamte Wissen ist für einen kurzen Moment verfügbar.

Dann wird die Tür des Mercedes AMG GTS aufgerissen. Eine fast mechanische Hand greift ähnlich einem Industrieroboter nach seinem Arm und zieht ihn aus dem Sportwagen. Noch immer nimmt er alles in Zeitlupe wahr. Martin ist kein Teil der Szene, sondern Betrachter. Er sieht, wie er auf den Boden geschmissen wird. Hände auf dem Rücken, Handschellen und Knie im Nacken. Der Zugriff, der vielleicht drei Sekunden dauert, kommt Martin wie eine Ewigkeit vor. Totale Überforderung. Dunkelheit. Fuck, das war's jetzt wirklich! Aus weiter Ferne hört er das Gebrüll und die Hektik um sich herum.

Die Realität weicht dem Geist, der sich nach und nach verschließt. Die emotionale Distanz wird überlebenswichtig im Ausnahmezustand. Wie fremdgesteuert lässt er die Verhaftung durch die GSG-9-Beamten über sich ergehen. Was er eigentlich nur aus dem Fernsehen oder aus schlechten Musikvideos kennt, wird zur persönlichen Erfahrung.

Martin Frost wird am 23. November 1989 in Stuttgart geboren, in einem Jahr, das ganz im Wandel seiner Zeit steht. Der Song *The Look* von der skandinavischen Pop-Rock-Band »Roxette« dominiert die deutschen Charts, Indiana Jones hetzt in dem Film *Der letzte Kreuzzug* dem Heiligen Gral hinterher und *Rain Man* erzählt zum ersten Mal die Geschichte eines Autisten im Kino. Ferdinand »Ferry« Anton Ernst Porsche feiert seinen 80. Geburtstag, und Mercedes stellt die neue SL-Serie vor. Aber vor allem: Der Fall der Berliner Mauer am 9. November 1989 läutet den Untergang der Sowjetunion ein. Es folgt eine Zeit geprägt von Superlativen.

Die DDR ist erst seit 14 Tagen Geschichte, die ersten Trabanten erobern die westdeutschen Straßen, versprühen den Charme von Zweitaktgemisch und kindlich naivem Autodesign, als Martin und sein Zwillingsbruder das Licht der Welt erblicken.

Die junge Familie lebt in einer Mietwohnung in Stuttgart-Giebel, einem damals bürgerlichen Stadtteil. Stuttgart, das sich wie ein Kessel in die Landschaft Baden-Württembergs einfügt, fällt nicht durch eine übertrieben hohe Kriminalitätsrate auf. Anders als im Ruhrgebiet treffen keine Ballungszentren aufeinander, die Gesellschaft hier ist nicht geprägt von Clan-Kriminalität oder Straßengangs, man fürchtet sich kaum vor sozialer Armut oder dem Abstieg. Große Unternehmen wie Mercedes-Benz, Porsche oder Bosch haben in Stuttgart ihren Hauptsitz. Die Stadt hat ihren eigenen Vibe. Kunst, Kultur und Lebensfreude machen Stuttgart zu einem lebenswerten Ort. Perfekt zum Feiern für Jugendliche, ideal für die noch junge Familie.

Warum also endet die Geschichte tragisch? Am Anfang war es nur ein einfacher Gedanke, doch welche Macht ein solcher Gedanke haben kann, zeigt sich am Beispiel von Martin Frost. Später: »TheOne«. Heute: Ex-Darknet-Millionär und Ex-Betreiber des zweitgrößten Darknet-Marktplatzes weltweit.

Angeboten wurden auf *Wallstreet Market* hauptsächlich illegale Waren. Angefangen von Schadsoftware über gefälschte Ausweise, PayPal-Accounts und Kreditkarten bis hin zu allem, was der Drogenmarkt zu bieten hatte. Lediglich Waffen und Pornografie waren tabu. Die traurige Bilanz: Rund 63.000 Verkaufsangebote, 41 Millionen Euro Umsatz in Bitcoin nur an Drogen (Stand: Juli 2021), 4.500 internationale Händler und über 1 Million Kundenkonten. Das sind Referenzdaten eines Großkonzerns.

Martin repräsentiert eine neue Generation von Kriminellen. Als 31-Jähriger hat er mit zwei Mitangeklagten vermutlich eines der größten Cyberverbrechen in Deutschland begangen und damit etliche Millionen Euro verdient. Es ist ihnen gelungen, internationale Strafverfolgungsbehörden wie das FBI, das BKA, Europol und die niederländische Polizei über Jahre hinweg hinters Licht zu führen. Aus technischer und organisatorischer Sicht eine Glanzleistung.

Schwer zu glauben, dass am Ende nur drei Personen im Alter zwischen 17 und 31 ein derartiges Darknet-Imperium aufbauen und betreiben konnten. Doch jede Medaille hat zwei Seiten. Ein Gedanke kann auch zerstören. Er kann Leid und Unheil mit sich bringen und Konsequenzen für andere haben. Er kann das Leben geliebter Menschen maßgeblich mitbestimmen und nachhaltig verändern. Welche Gefahren ein einfacher Gedanke in sich birgt, zeigen das Leben von Martin Frost und der Fall *WallStreet Market* (*WSM*).

INCEPTION

KAPITEL 1 - KINDHEIT

Zeitraum 1989-1999, Alter 0-9 Jahre

»Der Friede kann nicht mit Berlin erkauft werden!«

BILD-ZEITUNG: 23.11.1989

Martin Frost kommt um 8:49 Uhr, genau zwei Minuten und 56 Sekunden vor seinem Zwillingsbruder auf die Welt. Das digitale Zeitalter befindet sich noch in den Kinderschuhen. Smartphones, wie wir sie heute kennen, sind zu diesem Zeitpunkt noch Zukunftsmusik. Der Commodore 64 stellte das Nonplusultra im PC-Bereich dar und das BTX, der Vorläufer des Internets, ist nur mit einem Akustikkoppler, dem Vorgänger des Modems, zugänglich. Ein unerträgliches Einwahlsignal, das einer rolligen Katze gleicht, erklingt für mehrere Minuten, bevor so etwas wie eine Internetverbindung zustande kommt.

Zwischen 1985 und 1989 gibt es zahlreiche Einbrüche in westliche Computersysteme. Eine kleine Gruppe um den Hannoveraner Karl Koch hackt sich auf teilweise ungeschützte Großrechner von Universitäten. Sie ziehen dabei unzählige Datensätze von den Servern. Mehr zufällig als geplant gelingt es der Gruppe, einige Regierungsrechner von amerikanischen Behörden zu infiltrieren. Die erbeuteten Daten verkaufen sie später an den KGB, dem Geheimdienst der ehemaligen Sowjetunion.

Der Fall geht als »KGB-Hack« in die Geschichte ein und wird von den Medien begeistert ausgeschlachtet. Schließlich handelt es sich um eine vollkommen neue Gefahr. Moderator Joachim Bauer bezeichnet den Fall in der ARD-Sendung Brennpunkt als den »größten Spionagefall seit Günter Guillaume«, dem Stasi-Agenten im Bundeskanzleramt. Das erste Mal erfährt die Öffentlichkeit von den technischen Möglichkeiten der Zukunft. Jugendliche, die sich mit Computern auf andere Systeme hacken, die Pseudonyme verwenden und brisante Daten an feindliche Großmächte verkaufen. Das war zuvor der Stoff, aus dem Romane sind. Nun scheint es Realität zu werden.

Karl Koch verwendet das Pseudonym »Hagbard Celine«, Dirk-Otto Brezinski nennt sich »DOB«; hinter »Pengo« verbirgt sich Hans Heinrich Hübner, und Markus Hess wird »Urmel« genannt. Sie gehörten zu der ersten Generation von Hackern und bringen das Thema CyberSicherheit in das Bewusstsein der Gesellschaft. Karl Koch und Hans Heinrich Hübner stellen sich am 5. Juli 1988 dem Bundesamt für Verfassungsschutz.

Am 23. oder 24. Mai 1989 verstirbt Karl Koch mit 23 Jahren. Als amtliche Todesursache wird Selbstmord festgestellt. Doch das Zusammenspiel von Geheimdienst, Medien und Drogen hinterlässt einen faden Beigeschmack. 1999 wird der Fall in dem Film *23 – Nichts ist so wie es scheint* aufgearbeitet. August Diehl übernimmt die Hauptrolle des Karl Koch. Im Februar 1990 werden Markus Hess (Urmel) und Dirk-Otto Brezinski (DOB) – zu Freiheitsstrafen auf Bewährung zwischen 14 Monaten und zwei Jahren verurteilt.

Die Familie

Martins Vater kann solchen Themen durchaus etwas abgewinnen. Auch er interessiert sich früh für Elektronik & Computer, noch heute beschäftigt er sich gern mit dem Betriebssystem Linux oder vertieft sich in die Haussteuerung. Er ist Pragmatiker, ein Mann der Tat, von Beruf Elektroniker und Fachreferent Technik in einem großen Konzern fühlt er sich in der Rolle als Führungskraft wohl.

Der Vater, Baujahr 61, steht mit beiden Beinen fest im Leben und ist sehr konservativ. Er ist groß gewachsen und macht mit seiner Erscheinung durchaus Eindruck auf die Leute. Jemand, der Verantwortung übernimmt, dem Tugenden und Werte wichtig sind und für den Moral eine große Rolle spielt. Benimmregeln und ein respektvoller Umgang werden im Hause Frost gepflegt.

Martins Vater ist nicht nur im Beruf eine Führungspersönlichkeit, sondern auch innerhalb der Gesellschaft. Er engagiert sich im örtlichen Sportverein und übernimmt dort die Rolle des Vereinsvorstandes. Martins Vater ist jemand, der die Zügel fest in den Händen hält. Getreu dem Motto: Ein Mann, ein Wort – das spiegelt sich auch in der Kindererziehung wider.

1990 - Deutschland wird zum dritten Mal Fußball Weltmeister, und ein Jahr später, am 23.11.1991, gibt Freddy Mercury, Sänger der Band »Queen«,seine Aids-Erkrankung bekannt. Zur damaligen Zeit ein Skandal.

»Ich erwarte von dir einfach, dass du zu den Konsequenzen stehst. Wenn du etwas machst, dann bring es auch zu Ende und komm mir nicht mit Ausreden. Solange du deine Füße unter meinen Tisch stellst, machst du das, was ich dir sage. Verstanden?« Martins Vater ist sauer, zu oft hat er die immer gleichen Ausreden gehört. »Aber«, ist für ihn maximal eine Pop-Band aus Schweden, aber keinesfalls eine Erklärung für etwas, das man verbockt hat.

»Man muss die Suppe auslöffeln, die man sich eingebrockt hat«, ist eine der Weisheiten, die er seinen Söhnen regelmäßig predigt. »Wes Brot ich ess, des Lied ich sing«, lautet eine andere.

Seine Mutter ist ganz anders als der Vater. Sie ist die Liberale in der Beziehung. Die beiden kannten sich seit zehn Jahren, als sie Nachwuchs bekommen. Sie ist eine resolute Frau, die ihr Herz auf der Zunge trägt. Gern auch mal leidenschaftlich, spricht sie unangenehme Themen offen und temperamentvoll an. Sie ist modisch gekleidet und schafft den Spagat zwischen Berufsleben und Familie. Schlank, mit dunklen Haaren, öffnet sie Martin und seinem Bruder regelmäßig eine Hintertür, wenn der Vater Stubenarrest verhängt oder später, als erzieherische Maßnahme, das Internet sperrt.

Man könnte sagen, sie ist der gute »Cop« in der Beziehung und übernimmt gern die »Anwaltschaft« für ihre Kinder. In der Familie ist sie wie eine Löwenmutter. Egal was kommen mag – und es wird einiges auf die junge Frau zukommen –, sie steht zu ihren Kindern.

»Martin und sein Bruder sind komplett unterschiedliche Charaktere«, sagt sie und lacht. »Michael war damals mehr das lebhafte Kind, während Martin eher ruhig war. Michael lief schon eifrig, während Martin lieber im Kinderwagen lag und es sich gut gehen ließ. Später hat sich das ein wenig gewandelt. Jetzt ist Martin der ordentliche, der akkuratere von den beiden.«

Zu seiner Mutter hat Martin eine enge Bindung. In seiner Kindheit ist er sehr auf sie fixiert. Er ist ein sensibles Kind. Stets begleitet ihn die Sorge um seine Eltern oder die Furcht vor unbekannten Situationen. Später wird er diese Negativgefühle bewältigen, während seiner Kindheit jedoch sind sie seine ständigen Begleiter und bereiten ihm oft Magenschmerzen.

Die ersten Jahre verlaufen für Martin und seinen Bruder kindgerecht. Die Familie unternimmt viel; die Kinder werden nicht einfach vor dem Fernseher geparkt. Damals beliebte TV-Sendungen wie die *Teletubbies* flimmern im Hause Frost nicht über die Mattscheibe.

»Wenn ich das schon höre, winki, winki und stinki stinki … *Sendung mit der Maus* haben wir zusammen geschaut. Allein haben wir sie nicht fernsehen lassen. Es waren immer ausgesuchte Sendungen, und mein Mann oder ich waren dabei.« Martins Mutter achtet darauf, dass Martin und sein Bruder ihre Kindheit aus vollen Zügen genießen können, gerne in Einklang mit der Natur.

Am 23. März 1993 entdecken Eugene Shoemaker und David H. Levy den nach ihnen benannten Kometen Shoemaker-Levy 9.

Kindergarten

»Bleib verdammt noch mal stehen«, schreit Rita, Martins Kindergärtnerin, die den flüchtenden Vierjährigen verfolgt. Niemals!, denkt sich Martin und nimmt die Beine in die Hand. Raus aus der Tür, über den asphaltierten Weg bis zum Zaun. Er ist nicht zum ersten Mal auf der Flucht vor der leicht untersetzten Kindergärtnerin.

Er hat so gar keine Lust, die elterliche Bindung für den Kindergarten zu opfern. Viel lieber will er bei seiner Mutter sein, mit ihr den örtlichen Penny Markt erkunden, unter ihrer Obhut die Welt entdecken. Kindergarten ist scheiße, so viel steht für ihn fest. Die ganzen anderen Kinder, die Betreuerinnen, das Rumgehopse …

Er rennt um sein Leben, doch Rita holt auf. »Bleib stehen, Martin, bleib stehen«, keucht sie.

Jetzt geht es um alles. Martin rennt und rennt. Der Penny Markt ist sein Ziel. Hier vermutet er seine Mutter, schließlich ist er oft genug mit ihr dort gewesen. Er wetzt über die Straße, rennt in Richtung Kreuzung, zu einem kleinen Platz, der den Ortskern prägt. Erschöpft läuft er auf die ersten zwei Männer zu, die er sieht: »Wo ist meine Mama?«, fragt der Vierjährige keuchend, während er vornübergebeugt nach Luft schnappt.

Verdutzt schauen beide Männer den Kleinen an, mit dieser Situation wissen sie beim besten Willen nichts anzufangen.

»Martin, Martin«, hört er Rita rufen, die ihn etwas eingeholt hat, doch er rennt abermals los, quer über den Platz, in Richtung Parkstück.

Rita, die merkt, dass ihr alles aus dem Ruder läuft, erinnert sich an ihren Beruf. Ich bin doch Kindergärtnerin. Was mach ich hier eigentlich? »Umgekehrte Psychologie« – fällt es ihr blitzartig ein. Sie wechselt den Ton, ruf sanft hinter Martin her. »Du brauchst keine Angst haben, Martin, wir suchen deine Mutter gemeinsam, wir finden sie sicherlich gleich, nur renn bitte nicht weiter, ich kann nicht mehr.«

Er wird langsamer. Die Stimme klingt wohlwollend, einfühlsam und beruhigend. Er kann auch nicht mehr. Sein Herz schlägt ihm bis zum Hals, er muss nach Luft schnappen. Rita wird ihm helfen, ist er sich sicher.

Aber sie hat nur nett geredet, denn kurz nachdem er stehen bleibt, packt sie ihn im Nacken. »Hab' ich dich! Was fällt dir eigentlich ein? Warte ab, Freundchen, jetzt ist Schluss mit lustig!« Lange genug ist ihr der »Dreikäsehoch« auf der Nase rumgetanzt.

»Jetzt geht's zurück, Martin, und wir rufen deine Eltern an!«

1994 - Der Hacker Kim Schmitz alias »Kimble« - später lässt er seinen Namen offiziell in Kim Dotcom ändern - wird wegen Computerbetrugs, gewerbsmäßiger Bandenhehlerei und Missbrauchs von Titeln zu einer Jugendstrafe von zwei Jahren auf Bewährung verurteilt.

Ein Herz und eine Seele

Die Phase mit den Fluchtversuchen aus dem Kindergarten wärt zum Glück nicht lange, wohl auch deshalb nicht, weil der Junge nun streng überwacht wird. Selbst auf der Toilette muss er die Tür auflassen, weil er einmal durch das Fenster ausgebüxt ist.

Martin fängt an, mit seinem Bruder im Olympiastützpunkt von Tauberbischofsheim zum Fechttraining zu gehen. Beide betreiben den Sport leidenschaftlich und verbringen viel Zeit im Fechtverein. Der Sport nimmt einen nicht unerheblichen Teil der Freizeit ein. Die Wettkämpfe, die Geschicklichkeit und das strategische Denken machen das Fechten aus – und die beiden Jungen sind durchaus erfolgreich. Martins Bruder Michael wird sogar deutscher Meister (2003).

Seine Kindheit ist beschaulich und harmonisch.

Mit seinem Zwillingsbruder bildet Martin in seiner Kindheit eine feste Einheit. Die beiden sind unzertrennlich. Allerdings gibt es eine Anekdote, die Martins Mutter oft zum Besten gibt: »Ich kann mich noch gut an eine Situation erinnern, als auf einmal richtig Rabatz im Kinderzimmer war. Beide sitzen da und hauen sich mit einer massiven Holzeisenbahn auf die ›Gosch‹ und sind am Bluten. Ich hatte absichtlich eine richtig robuste Holzeisenbahn gekauft, damit die nicht kaputtgeht. Die Jungs haben damals alles kaputt bekommen. Die massive Holzlokomotive hat Michael am Ende auch noch kaputt gekriegt.«

Heute ist Martins Zwillingsbruder gelernter Koch und wohnt nicht weit von ihm und seinen Eltern entfernt. Er ist etwas korpulenter als Martin und lebt in normalen Verhältnissen. Eine höfliche und angenehme Person, mit der man – wie mit allen Familienmitgliedern – schnell ins Gespräch kommt.

»Wir hatten schon eine geile Kindheit. Wie es unter Brüdern halt so ist, haut man sich auch mal auf die Mappe. Aber nie aus Hass, wie andere Brüder das machen, eigentlich waren wir immer ein Herz und eine Seele. Martin war damals nicht so der Draufgänger, das kam bei ihm erst später.«

Martins Bruder hat bis in die Gegenwart ein ausgezeichnetes Verhältnis zu ihm. Sie telefonieren regelmäßig und sehen sich oft, auch gemeinsam mit ihren Eltern.

»An die Geschichte mit der Holzeisenbahn kann ich mich nur aus den Erzählungen meiner Mutter erinnern. Ich selbst hab das damals gar nicht so dramatisch empfunden, zumindest kann ich mich nicht erinnern. Was mir aber im Gedächtnis geblieben ist, war die Geschichte mit der Deckenverkleidung im Kinderzimmer. Das war noch in Giebel, da haben Martin und ich immer Tarzan gespielt. Wir haben uns an die Gardinenstange gehängt und sind runtergesprungen. Dabei ist die Decke regelmäßig runtergekommen. Meine Mutter hat dann ihren Bruder angerufen, damit er vorbeikommt, die Decke richtet und unser Vater nichts mitbekommt. Das hat der sicherlich dreimal machen müssen!« Michael lacht.

»Unserem Vater ist das nie aufgefallen. Erst als wir umgezogen sind, stand er da und meinte: ›Warum ist denn die Decke so schief?‹ Meine Mutter erklärte ihm, dass das schon immer so gewesen sei. Ich vermute, dass mein Vater bis heute nichts davon weiß.«

Den Kindergarten hat der siebenjährige Martin schließlich ohne großen Schaden überstanden und sich gut im Klassenverband der Grundschule eingelebt. Aber wirklich warm wird er auch mit der neuen Situation nicht. Der morgendliche

Gang zur Schule ist für ihn ein regelrechter Horror. Er muss durch einen schmalen Weg, an dem sich Jugendliche gern vor der Schule treffen. Martin hat Panik vor ihnen, so stark, dass er sich teilweise weigert, zur Schule zu gehen.

Die Jugendlichen sind die klassischen Mobber und der Weg zur Schule gleicht einem Spießrutenlauf. Das Grauen hat erst nach zweieinhalb Jahren ein Ende, als die Eltern beschließen, die Mietwohnung im Stuttgarter Erdgeschoss zu verlassen und in ein Eigenheim zu ziehen. Sie wollen raus aus der Großstadt, hauptsächlich wegen der Kinder, und so siedelt die Familie in den Neckar-Odenwald-Kreis über. Knapp 85 Kilometer von Stuttgart entfernt, in dem kleinen Ort Ravenstein, finden die Frosts ihr neues Zuhause.

Ein Eigenheim in Ravenstein

Ravenstein ist eine Kleinstadt am Südostrand des Neckar-Odenwald-Kreises. Alle Ortsteile liegen an Bächen, die zum Fluss Jagst hinfließen: Ravenstein hat gerade einmal 2938 Einwohner (Stand 31. Dezember 2020), eine Fläche von 55,97 km^2 und ist in sechs Stadtteile aufgeteilt. Ein Idyll, insbesondere für Kinder, und so baut sich die Familie dort im Jahr 1996 ihr Haus.

»Es war für uns als Eltern schon eine Herausforderung, gerade mit den Zwillingen, und ich kann mich erinnern, dass Martin und Michael viel Spaß hatten auf der Baustelle. Als Eltern fragt man sich oft, was man hätte anders machen können oder müssen, welche Fehler man gemacht hat und was man hätte besser machen können. Die Sorge um die Kinder ist allgegenwärtig. Dass sich das aber alles mal so entwickeln würde, war absolut unvorstellbar für uns«, berichtet Martins Mutter.

Nicht nur für Familie Frost ist es eine anstrengende Zeit. Die Girl-Band Tic Tac Toe findet 1996 alles scheiße, Michael Jackson veröffentlicht den *Earth Song*, während uns Will Smith in dem Film *Independece Day* vor Aliens rettet. Der Schachcomputer »Deep Blue« siegt über den Russen Garry Kasparow, und Oliver Bierhoff schießt das Golden Goal. Deutschland wird Europameister. Vielleicht doch kein so schlechtes Jahr?

Wovon die Welt eher wenig mitbekommt: Die Hacker Matthew Bevan und Richard Pryce hacken sich 1996 in mehrere militärische Netzwerke. Darunter die

Netze des Korean Atomic Research Institute (KARI). Sie beweisen abermals, dass vermeintlich unbezwingbare Systeme des Militärs durchaus angreifbar sind. Viele glauben, die beiden hätten um ein Haar den dritten Weltkrieg ausgelöst. Price wird zu einer Strafe von 1200 Pfund verurteilt. Die Anklage gegen Bevan wird fallen gelassen. Aus heutiger Sicht sicherlich keine abschreckende Strafe, und vielleicht wird damals das falsche Signal an die Hacker-Szene gesendet. Hacken wirkt eher wie ein Kavaliersdelikt.

»Ich war neugierig, und es war so leicht.«
Richard Pryce, 1996

Den Bau des Hauses treiben Martins Eltern mit viel Energie und Einsatz voran. Das neue Zuhause soll schnellstmöglich fertiggestellt werden, und so verbringt die Familie jede freie Minute auf der Baustelle. Martin, noch immer keine acht Jahre alt, und sein Bruder helfen, ausgerüstet mit zwei roten Metallschaufeln, beim Bau. Selbst eine kleine Kinder-Beton-Mischmaschine schafften die Eltern an, um die Zwillinge spielerisch mit in die Anstrengung des Hausbaus einzubeziehen. Und so ist das Elternhaus für Martin nicht nur der Ort, an dem seine Eltern wohnen, sondern auch ein Platz, an dem er sich wirklich sicher fühlt. Selbst erbaut, mit der Hilfe der Sprösslinge, blicken alle mit Stolz auf diese Phase der Familie zurück.

Martins Eltern beweisen bei der Kindererziehung ein gutes Händchen. Gerade dem Vater ist es wichtig, dass seine Söhne mitbekommen, wie entscheidend ehrliche Arbeit ist. Er plant das zukünftige Domizil mit großer Präzision. Diese Zielstrebigkeit und das Bewusstsein, dass Fleiß sich am Ende auszahlt, prägen Martin und seinen Bruder.

Nicht immer konnte er die konservative Sichtweise seines Vaters nachvollziehen. Aber er wird seine Beweggründe mit zunehmendem Alter immer besser verstehen. Alles ist immer zum Wohle der Familie gewesen. Das weiß Martin heute und ist seinen Eltern rückblickend sehr dankbar. Er weiß, dass man beim Händeschütteln dem anderen in die Augen schauen muss, dass man beim Essen die Gabel zum Mund führt und dass man Respekt vor den Hochbetagten in der Gesellschaft hat.

1997 – Diana, Princess of Wales, verunglückt am 31. August mit ihrem Freund Dodi Al-Fayed in Paris. Im selben Jahr veröffentlicht die Firma Rockstar Games den ersten Teil der Serie »Grand Theft Auto (GTA)« und wird damit einen ungeahnten Hype auslösen.

In der neuen Schule geht es Martin besser. Leider nicht in Bezug auf seine schulischen Leistungen. Zu den fleißigsten Schülern gehört er nicht. Das sorgt regelmäßig für Spannungen im elterlichen Haus.

»Martin, du lernst nicht für mich oder deine Mutter, du lernst für dein Leben. Verstehst du das nicht? Wenn aus dir mal etwas werden soll, musst du verdammt noch mal lernen. Kontinuierlich und nicht erst einen Tag vor der Prüfung. Du lernst für deine Zukunft, oder willst du mal vom Sozialamt leben?«

Mehr als nur einmal gibt es derartige Ansprachen im Hause Frost. Und allmählich wird das Elternhaus seinem Namen gerecht. Der Frost ist bei Frost an solchen Tagen ein gerne gesehener Gast und die Stimmung ist manchmal wirklich eiskalt.

Martin fällt es schwer, dem zähen Unterricht zu folgen. Der Schulstoff ist zu trocken, ohne großen Praxisbezug. Er machte so viel wie nötig und so wenig wie möglich. Effizienz steht schon damals im Vordergrund. Anders ist es, wenn es um Computerthemen geht. Autodidaktisch bringt er sich die Grundkenntnisse bei. Hier hat er das Ziel klar vor Augen und kann Unmengen an Energie für das Erlernen von Skriptsprachen aufbringen. Allerdings steht früh für ihn fest, dass Abitur und Studium auf keinen Fall für ihn in Frage kommen. Überhaupt ist die Vorstellung, in einem »nine to five«-Job zu enden, schon früh eine regelrechte Horrorvorstellung für ihn.

1998 – Der Hacker Boris Floricic alias »Tron« stirbt im Oktober in Berlin. Sein Spezialgebiet waren Angriffe auf kommerzielle Verschlüsselungs- und Authentifizierungssysteme beim Pay-TV oder für Telefonkarten. Boris galt als hochintelligent und in seinem Bereich als Ausnahmetalent.

Die Großeltern

Einen großen Einfluss auf Martin hat sein Großvater väterlicherseits, der mittlerweile leider schon verstorben ist. Martin erinnert sich noch heute oft an ihn. Wie der Vater ist auch Martins Opa sehr konservativ. Es gibt immer wieder Diskussionen zwischen Vater und Großvater, die auch gern intensiver ausgetragen wurden.

»Ein Beispiel war ein Weihnachtfest, als Opa zu Besuch war und mein Vater meinen Bruder angeschnauzt hat, dass sein Stuhl dreckig sei. Mein Opa meinte dann: ›Ich seh da gar nichts‹, und dann haben sie sich ordentlich gezofft, aber frag nicht wie.«

Oma Frost ist das, was man sich unter einer klassischen Großmutter vorstellt. Gern steckt sie ihm die ein oder andere Süßigkeit zu, immer mit diesem speziellen Lächeln im Gesicht. »Kandiszucker haben wir immer bekommen, wenn wir bei ihr waren«, erinnert sich Martin mit etwas Wehmut in der Stimme. Bei ihr ging die Familie über alles, und entsprechend fürsorglich war die resolute Frau.

»Eine Sache war Spätzle mit gemischtem Braten und Kartoffelsalat. Meine Oma väterlicherseits konnte das abartig gut, und wir haben uns immer darauf gefreut.

Sie hat die Soße den ganzen Tag kochen lassen. Etwas Besseres habe ich bis heute nicht gegessen.«

Martin ist gutes Essen sehr wichtig, es ist für ihn ein Zeichen von Lebensqualität. Das Essen ist eine Leidenschaft, die er mit seiner Oma teilt.

Wenn er bei seinen Großeltern mütterlicherseits zu Besuch ist, genießt Martin die Zeit. Es werden Geschichten erzählt, es gibt Kuchen und extra Taschengeld. Die Tage verlaufen harmonisch, und die Wärme, diese Geborgenheit bei Opa und Oma, genießt der kleine Martin sehr. Vor allem die Gespräche mit seinem Opa geben ihm viel. Zwar ist er nicht der leibliche Opa der Zwillinge, für Martin und seinen Bruder machte das aber keinen Unterschied.

Früher arbeitete er bei der Müllabfuhr und ist ein Mann, der anpackt. Jemand, der mit den Händen schafft. *Do it Yourself* – das ist sein Ding. Geht nicht, gibt's nicht. Nicht gerade ein Zufall, dass der Großvater oft im Baumarkt anzutreffen ist und dort Stunden verbringen kann. Bis heute greift er beherzt zu und macht so viel wie möglich selbst, sei es im Garten oder im Haus. Er ist aber auch sehr liebevoll und ein hervorragender Zuhörer. Eine Eigenschaft, die Martin sehr an ihm schätzt. Sein Opa ist organisiert, voller Tatendrang und ein echter Haudegen, der sich niemals beklagt oder beschwert. Dies beeindruckt Martin sehr. Auch von seinem Opa hat er viel angenommen, in manchen Dingen ist er ein Vorbild für ihn.

Oma ist wie ihre Tochter eine Löwenmutter. Die geografische Nähe der Großeltern bietet es an, dass sie oft auf die Jungen aufpassen, während Martins Eltern arbeiten sind. Im großen Garten dürfen sie herumtollen oder beim Rasenmähen helfen. Auch besitzen die Großeltern zusätzlich einen Schrebergarten, in dem sich regelmäßig die ganze Familie trifft, um dort zu feiern. Viele schöne Erinnerungen verbindet Martin mit diesem Ort. Auf der Feier seines Vaters zum 60. Geburtstag schließlich wird er seinen Großeltern seine komplette Tat beichten. Die Reaktion ist eher sachlich und nüchtern: »Da musst du jetzt durch, selbst schuld.« Aber verstoßen oder ausgegrenzt wird er nicht. Vielmehr rückten alle zusammen und sind sich einig: Auch diese schwierige Zeit stehen wir gemeinsam als Familie durch.

1999 - Lou Bega tanzt den *Mambo No. 5.* US-Präsident Bill Clinton steht wegen Meineids in der Lewinsky-Affäre in Kritik, bleibt jedoch im Amt, und der Film *Matrix* feiert weltweit Premiere.

KAPITEL 2 – PORTRAIT MARTIN FROST

Zwischen Darknet und Familie

Der ehemalige Darknet-Millionär Martin Frost alias »TheOne« steht kurz vor der Revisionsentscheidung des Bundesgerichtshofs (BGH).

© Anne Lössnitz / Manuskript

Ex-*WallStreet Market* (*WSM*) Betreiber Martin Frost steht derzeit stark unter Druck. Wöchentlich erwartet er die Entscheidung des BGH. Die Zeit in Freiheit läuft für ihn ab. Die drohende Haftstrafe rückt immer näher.

Sieben Jahre und neun Monate hat das Landgericht Frankfurt für den 31-Jährigen am 2. Juli 2021 verhängt. Die Mitangeklagten Tibo L. (24) alias Coder 420 aus Kleve und Jonathan K. (33) alias Kronos aus Bad Vilbel wurden mit fünf Jahren und drei Monaten beziehungsweise sechs Jahren und drei Monaten bestraft.

Zeit für Martin, die letzten Vorbereitungen zu treffen, bevor er für länger hinter schwedischen Gardinen verschwindet. Die gerechte Strafe für einen Schwerkriminellen oder schicksalhafte Lebenskrise eines Familienvaters? Wer ist Martin Frost und wie sehen seine Zukunftspläne aus? Wir treffen uns mit ihm und Dennis, seinem besten Freund und Manager, in einem kleinen Café in der Frankfurter Altstadt, genauer im Stadtteil Sachsenhausen.

Die Main-Metropole schafft das passende Ambiente für jemanden, der mit seinen Mittätern Bitcoins im Wert von circa 100 Millionen Euro besessen hat und vor dem Landgericht Frankfurt verurteilt wurde. Zwischen Wolkenkratzern, Banken und Luxuslimousinen erzählt »TheOne«, wie sich Martin im Darknet nannte, von seinen Zukunftsplänen.

»Ich versuch jetzt so viel wie möglich vorzubereiten, für meine Freundin und mein Kind. Natürlich auch für mich, ich habe ja zahlreiche Verpflichtungen, auch durch die Steuerschulden.«

Martin trinkt einen Schluck aus der Kaffeetasse.

»Ich bin echt kaffeesüchtig«, verrät er.

»Am Tag können es gerne mal über 20 Tassen werden.«

Martin Frost ist ein offener und sympathischer Charakter, mit dem man schnell ins Gespräch kommt. Als höflich erlebt man ihn, nachdenklich und in sich gekehrt, aber auch lebensfroh und lustig.

Sie haben den zweitgrößten Darknet-Marktplatz weltweit betrieben. Sind Sie darauf stolz?

»Sehr schwierige Frage. Es gab eine Zeit, da war ich stolz darauf, hauptsächlich auf die technische Leistung. Alles andere wäre gelogen. Heute ist es für mich schwer, darauf stolz zu sein, ich sehe jetzt die Konsequenzen, die waren mir vorher nicht bewusst, und damit meine ich jetzt nicht nur meine Haftstrafe. Ich habe viele Leute kennengelernt, die tragische Drogengeschichten hinter sich haben. Menschen, die teilweise bei uns gekauft haben. Wir, aber auch ich, haben da richtig viel Elend in die Welt gebracht.«

Sein Sternzeichen ist Schütze und sein Horoskop spiegelt sich stark in seiner Persönlichkeit wider: Martin ist der Schütze, der zielsicher ins Schwarze treffen will, der seine Technik so lange verfeinert, bis das Maximum an Perfektion erreicht ist. Ein Charakterzug der zugleich Segen, aber auch Fluch sein kann. Dieser Drang nach Perfektion, der schon früh in ihm vorhanden war, hat ihn jetzt in echte Probleme gebracht, ihm aber auch den Weg hinaus gezeigt.

Heute ist Martin mit 1,87 Meter ein stattlicher Mann, muskulös gebaut, mit modisch gepflegtem Äußeren. Die Haare gegelt, mit scharfem Scheitel und kurz rasierten Seiten. Martin ist selbstbewusst, jemand, der mit beiden Beinen im Leben steht. Seine ausschließlich schwarz tätowierten Arme lassen ihn brachial erscheinen. Sein Naturell hingegen ist voller Lebensfreude, Humor und Spaß, aber da gibt es auch eine sensible Seite in ihm.

Sie wirken nicht wie jemand, der als Schwerkrimineller ins Gefängnis muss, sondern Sie könnten hier auch kurz auf eine Pause sein und gleich wieder zu Ihrem Job in die 23. Etage gehen. Wo nehmen Sie diese Leichtigkeit her?

»Das wirkt auf den ersten Blick vielleicht so, aber auch ich mach mir nachts meine Gedanken. Aber ich muss da jetzt einfach durch, hilft ja alles nichts. Ich bin sehr froh, gute Freunde und Familie zu haben, die mir aktuell sehr viel Kraft geben.«

Sie waren jahrelang Multimillionär durch Darknet-Gelder, wie viel verdienen Sie jetzt?

»Aktuell ist meine wirtschaftliche Situation nicht so rosig. Wir wurden mit *WSM* (WallStreet Market) als GbR eingestuft und müssen dementsprechend Gewerbe, Einkommensteuer und Umsatzsteuer zahlen. Alles in allem ist es circa 1 Million Euro, so genau kann ich das aktuell gar nicht sagen.«

Gehen Sie zur Zeit einer Arbeit nach?

»Ja, ich stehe in einem Angestelltenverhältnis und baue parallel ein neues Unternehmen im Bereich Online-Marketing auf. Alles legal und ohne doppelten Boden. Das fühlt sich im Augenblick sehr gut an.«

Martin Frost ist in vielen Dingen ruhig und besonnen. Nach U-Haft und Verhandlung ist sein Charakter belastbarer geworden. Dies war nicht immer so. In seinen Zwanzigerjahren war er auch gern mal hitzköpfig und übermütig. Was ihn auszeichnet, ist sein lösungsorientiertes Denken.

Ungelöste Aufgaben schrecken ihn nicht ab, im Gegenteil, sie wecken seinen Ehrgeiz. Für ihn gibt es so gut wie keine Grenzen. Die Dinge, die er nicht kann, versucht er sich selbstständig anzueignen. Er ist Autodidakt durch und durch. Martin bildet sich permanent weiter, sofern ihn das Thema interessiert. Zusammenfassungen von Sachbüchern oder Online-Kurse haben es ihm angetan.

Sind Sie nach der Verhaftung noch mal im Darknet gewesen? Wurden Ihnen vielleicht auch unmoralische Angebote gemacht?

»Aktuell bin ich tatsächlich nur noch selten im Darknet unterwegs, wenn dann nur, um für meine Social-Media-Kanäle zu recherchieren. Unmoralische Angebote gab es bereits während der U-Haft. Dort hat man mir Zettel zugesteckt, ich solle mich mal melden, auf solche Angebote bin ich aber nie eingegangen. Auch über Instagram bekomme ich immer mal wieder Anfragen in diese Richtung. Oft wird nach dem Sourcecode von *WSM* gefragt oder ob ich bei Fraud-Vorhaben unterstützen kann. Die Frage der Fragen ist aber, ob ich noch Bitcoins übrig habe und warum ich meine Wallets für die Behörden geöffnet habe.«

Waren Sie nach der U-Haft einmal an einem Punkt, vielleicht auch aus Geldnot, an dem Sie noch einmal darüber nachgedacht haben, einen Darknet-Shop zu betreiben?

»Absolut nicht. Definitiv NEIN. Dieses Kapitel ist und bleibt für mich komplett geschlossen. Nicht eine Sekunde habe ich darüber nachgedacht. Ich möchte mein Wissen für die Präventionsarbeit nutzen, das liegt mir sehr am Herzen. Das digitale Defizit bei Jugendlichen und Erwachsenen ist schockierend und umfasst viele Bereiche. Egal, ob Cybersecurity oder Datenschutz. Hier muss unbedingt Aufklärung betrieben werden, auch weil es vom aktuellen Schulsystem nicht abgedeckt oder aufgefangen wird.«

Martin sagt, er ist ein durch und durch ungeduldiger Mensch. Ihm fällt es schwer, zu warten. Durch seine Zeit in Untersuchungshaft hat sich dieser Charakterzug etwas gebessert. Er hat gelernt, auch geduldig zu sein. In Business-Fragen hingegen ist er noch immer eher ungeduldig. Schwer zu sagen, ob es Übermut oder Tatendrang ist, aber Martin Frost steht permanent unter Strom.

Der klassische Fernsehabend ist mit ihm undenkbar. Belanglose Filme zu schauen fällt ihm schwer, ebenso verhält es sich mit Serien oder Computerspielen. Ihm fehlt die Ruhe und er kann sich nur schwer fallen lassen. Früher stellte er Privates gern hinten an. Oft zum Leidwesen seines Umfelds. Dies ist heute anders. Regelmäßige Unternehmungen mit der Familie, seiner Freundin und seinem Sohn sind ihm wichtig.

Wie ist die Situation für Ihre Lebensgefährtin. Sind Sie noch zusammen?

»Am Anfang war es für sie verdammt schwer. Sie wusste nichts von meinen Darknet-Aktivitäten und hat, wie alle anderen in meinem Umfeld, nichts geahnt. Meine Freundin interessiert sich überhaupt nicht für Computer und hat auch keine Affinität zu IT-Themen. Sie können sich vorstellen, dass die Verhaftung für sie ein sehr großer Schock war. Seit dem Zugriff sind aber bereits drei Jahre vergangen und heute steht sie noch immer an meiner Seite. Wir versuchen unseren Alltag so gut und normal wie möglich zu meistern. Auch für unseren gemeinsamen Sohn. Trotz allem wird die Haftstrafe uns noch einmal vor eine schwere Prüfung stellen.«

Wahrscheinlich haben Sie die Frage schon öfter gehört, aber ist ihnen während Ihrer Streifzüge durch das Darknet auch mal etwas Kurioses aufgefallen? Stimmen die ganzen Gerüchte?

»Sie spielen wahrscheinlich auf Auftragsmörder und so weiter an, aber das sind meiner Meinung nach alles Scam-Seiten. Dieses Jahr wurde eine Seite namens Besa Mafia hochgenommen. Auch hier hat sich herausgestellt, dass es sich bei dieser Seite um Betrug handelte. Das zeigt, dass man auch solche ›Servicedienstleistungen‹ nicht einfach im Darknet bestellen kann. Erschreckend ist aber wirklich, wie viele tatsächlich bereit gewesen wären, einen Mord in Auftrag zu geben – darunter auch Deutsche. Vielleicht ist die reale Welt doch gefährlicher als das Darknet?«

Oh, das ist eine kühne und provokante Aussage.

»Sicher, auf den ersten Blick ist das vielleicht etwas hart formuliert. Ich will damit sagen, dass das Darknet nicht unbedingt etwas Schlechtes oder Böses ist. Zunächst ist es ein Ort, an dem man sich relativ anonym bewegen kann. Ob es gut oder böse genutzt wird, bestimmen wir durch unser Handeln. Gerade in den Medien liest man natürlich immer von den ›bösen‹ Seiten des Darknets, allerdings finden sich auch im Clearnet sehr bedenkliche Inhalte. Die Fraud-Szene bewegt sich zu 80-90 Prozent im Clearnet, dafür braucht es kein Darknet. Mittlerweile werden illegale Geschäfte vermehrt über Telegram oder sogar Instagram abgewickelt.«

Ich muss leider abermals nachfragen: Gibt es im Darknet geheime Unterlagen oder vielleicht Bilder von UFOs aus der Area 51?

»Ha, ha, die UFO-Frage wurde mir auch schon häufiger gestellt. Also, ich persönlich möchte nichts ausschließen, vielleicht gibt es da draußen ja wirklich etwas außer uns, aber im Darknet findet man da nichts. Die Leute denken wirklich, dass da geheime UFO-Akten gehandelt werden. Der Hacker Gary McKinnon hat angeblich mal etwas in dieser Richtung auf NASA-Rechnern entdeckt. Er galt lange als Spinner. Jetzt, wo das Pentagon die UFO-Akten freigegeben hat, hat er ja vielleicht doch etwas gefunden, aber ich habe während der ganzen Zeit keine dieser Seiten entdeckt. Viel ist auch einfach Mythos. Verkauft sich halt besser.«

Das hört sich jetzt so an, als wenn das Darknet gar kein Marktplatz für illegale Waren wie Waffen, Drogen und sonst was wäre.

»Ich will das auf keinen Fall verharmlosen. Waffen gab es bei uns nicht, genauso wenig wie Pornografie. Aber Drogen, falsche Ausweise und so weiter, klar, das wurde da alles angeboten. Diese Horrorgeschichten findet man nicht, da werden keine Leichenteile verkauft, Auftragsmörder oder Teile von UFOs. Ich persönlich halte das für Gerüchte, welche die Sache einfach spannender machen.«

Dennis, der während des Interviews neben Martin sitzt, schenkt sich noch einmal Kaffee nach.

Dennis, Sie sind der beste Freund von Martin, haben Sie während der ganzen Zeit nichts bemerkt? Hat er sich Ihnen nie anvertraut?

»Nein, ich habe davon gar nichts gewusst, auch nichts vermutet. Er hatte ja auch seine Online-Marketing-Agentur und für mich und alle anderen war diese Fassade schlüssig. Auch im IT-Bereich lässt sich viel Geld verdienen, und Martin war auch im Betrieb der Ansprechpartner für IT-Fragen. Ich war natürlich geschockt, als ich dann alles erfahren habe. Damit hat ja keiner gerechnet.«

Dennis, haben Sie ihn dafür verurteilt? Wie kommt es, dass Sie immer noch beste Freunde sind?

»Das, was Martin gemacht hat, verurteile ich natürlich. Ich habe damit überhaupt keine Berührungspunkte. Bis heute fällt es mir schwer, das alles zu glauben, und ich frag mich auch oft, ob ich etwas hätte merken müssen. Am Ende ist es, wie es ist. Ich kenn nun mal nur die normale Seite von Martin, den Darknet-Martin habe ich ja nie kennengelernt. Wir haben uns damals lange unterhalten, sicher, er hat wirklich große Fehler gemacht, aber auch eine zweite Chance verdient, und ich bin fest davon überzeugt, dass er sie nutzen wird.«

Beide erzählen, dass sie früher Arbeitskollegen waren, dass sie jetzt zusammen auch Geschäftspartner sind und versuchen, ein neues Unternehmen aufzubauen. Zusätzlich begleitet Dennis Martin zu seinen Präventions-Vorträgen. Man könnte sagen, er hat das Management von Martin übernommen.

Die Themen springen und es wird viel gelacht. Martin erzählt, dass er kein sonderliches Interesse an Großveranstaltungen hat und körperliche Nähe auch nicht sonderlich mag. Zu viele Menschenmassen schrecken ihn ab und Umarmungen mag er eigentlich nur von Leuten, die er gut kennt. Eine gesunde Distanz ist ihm lieber als übertriebene Nähe.

Wie verbringen Sie die letzten Monate in Freiheit, haben Sie sich noch eine Art Erlebnisplan erstellt?

Dennis und Martin lachen, und Martin antwortet: »Also, Dennis und ich wollen auf jeden Fall noch einmal ein Wochenende in der Natur verbringen, so ein kleiner Survival Trip. Und natürlich viel mit meiner Familie. Ein großer Urlaub oder Ähnliches steht aber nicht an, schon allein aus finanziellen Gründen. Aktuell erlebe ich die kleinen Momente sehr bewusst, wenn wir mit unserem Sohn in den Zoo gehen oder einfach abends im Bett herumtollen. Das sind große Momente für mich.«

Das Gespräch verläuft gut, und Martin Frost öffnet sich immer mehr. Schnell kommt man mit Martin und Dennis ins Gespräch und man hat das Gefühl, man sitzt Bekannten in einer Kneipe gegenüber. Martin erzählt, dass er vom US-Hip-Hop angetan ist und früher oft Eminem gehört hat. Heute hört er auch gerne Deutschrap. PA Sports oder Curse benennt er. »Ich mag, wenn die Texte einen gewissen Anspruch haben, PA ist in dem Bereich Weltklasse.«, Aber Martin erzählt auch von dem Komponisten Hans Zimmer, der für Filmmusik wie *König der Löwen*, *Gladiator* oder *Fluch der Karibik* verantwortlich ist. »Bei seiner Musik kann ich richtig gut entspannen und den Geist abschalten«, sagt er und trinkt einen Schluck Kaffee. Martin redet schnell, und die Themen geben sich die Klinke in die Hand. Wir sprechen über seine Sehschwäche, dass er eigentlich eine Brille tragen muss, aber Kontaktlinsen vorzieht. Martin Frost weiß mit zahlreichen Anekdoten das Gespräch aufzufrischen. »Mir ist mal eine Linse kurz vor dem Schlafen fast hinter das Auge gerutscht, das war eine Scheiße. Fast eine halbe Stunde habe ich im Bad rumgefummelt, um diese Linse herauszufischen, ekelhaft sag ich dir.« Wir kommen von einem Thema zum anderen und es ist schwierig, die letzten Fragen richtig zu platzieren.

Der Bundesgerichtshof wird in absehbarer Zeit seine Entscheidung fällen, wie haben Sie sich auf die Zeit vorbereitet, die jetzt kommt, und was sind Ihre Pläne?

»Aktuell ist es eine Mischung aus Vorbereitung und jeden Moment auskosten! Ich muss viel regeln, viel beachten und organisieren. Dazu kommt natürlich meine Familie. Die Zeit ist nicht mehr lang, da haben Sie recht, deswegen ist jeder Augenblick wichtig für mich.« Er atmet schwer. »Hilft ja nichts, da muss ich jetzt durch, aber das wird schon. Ich glaube, ich bin gut vorbereitet. Im Knast möchte ich ein Studium beginnen, die Zeit so gut zu nutzen, wie es mir möglich ist. Ich bin ehrlich, Respekt habe ich schon davor.«

Hat man in so einer Zeit noch Wünsche?

»Klar, die Gehe-nicht-ins-Gefängnis-Karte von Monopoly.« Er lacht. »Also wenn du materielle Dinge meinst, solche Dinge sind komplett uninteressant für mich geworden. Nein, ich fokussiere mich gerade sehr auf mein Mindset, daran arbeite ich viel, ich versuche die Akkus aufzuladen, um die Zeit im Gefängnis durchzustehen. Sicher, die Situation ist scheiße, aber ich muss jetzt mit den Konsequenzen meines Handelns leben. So einfach ist das. Hand aufs Herz, was soll ich mich jetzt monatelang verrückt machen, mental am Boden sein, um dann den richtigen Nackenschlag zu kassieren … ergibt für mich keinen Sinn. Ich bereite mich eher wie ein Sportler auf den wichtigsten Wettkampf ever vor. Bei dem, was jetzt kommt, muss ich einfach alles geben.«

Das hört sich wirklich motiviert an. Ich wünsche Ihnen, dass Sie die anstehende Haftstrafe gut überstehen werden und danke, dass Sie sich die Zeit genommen haben.

»Danke, hat mir viel Spaß gemacht!«

Nach dem Treffen ist es schwer, in Martin Frost den Straftäter zu sehen, der er ohne Zweifel ist. Er hat diesen Darknet-Marktplatz aufgebaut und über Jahre betrieben. Die Person Martin Frost ist hingegen alles andere als gefährlich. Er wirkt glaubwürdig und man muss sich zwingen, die nötige Distanz zu bewahren.

Was sich abschließend sagen lässt: Martin Frost ist nicht der Kriminelle, der über Leichen geht. Er versucht sich nicht herauszureden und scheint sich seiner Verantwortung bewusst zu sein. In unserer Gesellschaft hat jeder eine zweite Chance verdient. Am Ende wird die Zeit zeigen, ob er seinen Weg inmitten der Gesellschaft finden wird.

Martin wird seinen Worten Taten folgen lassen müssen. Nach unserem Interview herrscht eine bedrückende Stimmung. Was sagt man jemandem, der für lange Zeit ins Gefängnis gehen muss? Wir verabschieden uns höflich, aber auch herzlich.

Er hat die Taten begangen, die ihm vorgeworfen werden, jetzt muss er die Quittung dafür zahlen. Mitleid ist hier definitiv nicht angebracht. Es ist jedoch wünschenswert für ihn und seine Familie, dass er einen Weg abseits krimineller Pfade einschlagen wird.

KAPITEL 3 – JUGEND

Zeitraum 2000-2004, Alter 11-15 Jahre

»Irak-Krieg: Saddams Zeit ist abgelaufen.«

Spiegel, 20.03.2003

Millennium! Während sich die einen auf die Jahrtausendwende freuen, bangen die anderen, dass die Rechner abstürzen könnten. Das Jahr 2000 beginnt euphorisch. Man fühlt sich als Weltbürger, als Kosmopolit. Martin, der zu dieser Zeit elf Jahre alt ist, besucht die 6. Klasse und lebt noch in kindlichen Welten.

Im selben Jahr gelingt es dem Hacker Jonathan James alias »c0mrade« in das Verteidigungsministerium der Vereinigten Staaten von Amerika einzudringen. Unvorstellbar! Die Welt ist schockiert, dachte man doch, man hätte aus der Vergangenheit gelernt und Sicherheitslücken geschlossen. Der Fall geht als »Pentagon-Hack« in die Geschichtsbücher ein. James wird am 26. Januar 2000 verhaftet und zu lediglich sechs Monaten Hausarrest verurteilt, da er mit der Staatsanwaltschaft einen Deal aushandeln kann. Zum Zeitpunkt seiner Verhaftung ist er gerade einmal 17 Jahre alt.

»Ich habe mich nur umgeschaut, habe herumgespielt.
Was mir Spaß gemacht hat, war die Herausforderung, zu sehen,
was ich zustande bringen kann.«

Jonathan James, Public Broadcasting Service, 2001

Auch der Computerwurm »Loveletter« sorgt in dieser Zeit für Schrecken. Der philippinische Hacker Onel de Guzmán hat den Wurm nach seinen Aussagen versehentlich freigesetzt. Da es im Jahr 2000 keine speziellen Gesetze gegen Cyberkriminalität in der philippinischen Rechtsprechung gibt, wird Guzmán im Alter von 23 Jahren freigelassen. Der Fall wird international als »I-love-you-Hack« bekannt.

Von Computerwürmern weiß Martin zu dieser Zeit noch nicht viel. Der Elfjährige genießt seine Kindheit. Der kleine Ort Ravenstein bietet Natur pur, und bei den Frosts ziehen diverse Tiere ein. Neben Hund und Katze finden auch Vogelspinnen, Schlangen und Gottesanbeterinnen über die Zeit bei ihnen ein Zuhause.

Die Zwillingsbrüder sind oft beim benachbarten Bauern zu Besuch. Dort können sie Traktor fahren, sich im Maisfeld verstecken oder sich um die Welpen der Berner-Sennenhunde-Zucht kümmern. Sie errichten Baumhäuser oder schlagen ihr Lager im Wald auf. Heute sagt Martin: »Es war die schönste Zeit in meinem Leben, frei von Kummer, Sorgen und Nöten.«

Außenseiter mit Talent

Martin hat seit Geburt, genau wie sein Bruder, einen Sprachfehler. Er lispelt. Grund hierfür ist eine etwas zu große Zunge. In seiner Kindheit wird Martin dafür gehänselt, worunter er durchaus leidet, und bis heute haben einige dieser Hänseleien ihre Spuren hinterlassen. Martin kennt die Rolle des Gemobbten und ist aus diesem Grund ein toleranter Mensch geworden. Heute schmunzelt er über seine große Zunge – aber als Jugendlicher empfindet man die Dinge anders und ist dünnhäutiger.

Der Hacker Michael Calce, damals 16 Jahre alt, der auch als »Mafiaboy« in der Szene bekannt ist, hat mit einer Reihe von DDoS-Angriffen Webseiten von CNN, eBay, Amazon und Yahoo lahmgelegt. Die US-Bundespolizei enttarnt ihn, als er mit seinen Angriffen in einem IRC-Chat prahlt. Neben einer kleinen Geldstrafe verurteilt ihn das Jugendgericht Montreal am 12. September 2001 zu acht Monaten »offener Haft«, einem Jahr auf Bewährung und verhängt eine eingeschränkte Internetnutzung.

Ex-Hacker »Mafiaboy« packt aus:
»Früher war Hacken ein Spaß, heute geht es nur ums Geld.«
WAZ, 07.04.2017

Am 11. September 2001 fliegen zwei Flugzeuge in die Twin-Towers des World Trade Centers und sorgen für eine Zeitenwende. Ein Ereignis, das die ganze Welt schockiert.

Auch Martin ist betroffen und denkt viel nach über die Anschläge in New York. »Das ist schon ein krasses Ereignis gewesen. Bis heute ist das irgendwie nicht real. Diese ganzen Bilder der einstürzenden Hochhäuser, das hat mich schon schockiert. Ich erinnere mich sogar noch ziemlich gut, wo ich an diesem Tag war. Im Olympiastützpunkt von Tauberbischofsheim. Ich bin in die Halle gekommen, und alle haben aufgeregt miteinander gesprochen. Anfangs habe ich überhaupt nicht verstanden, um was es geht. Mir wurde dann aber schnell klar, dass etwas Schreckliches passiert ist.«

2001 - Die Raumstation MIR wird am 23. März 2001 kontrolliert zum Absturz gebracht.

Trotzdem bemerkt Martin damals, dass die Welt einiges für ihn bereithält. Eine riesige Schale voller Früchte, die sich Leben nennt, wartet auf ihn, und er ist bereit, aus ihr zu naschen. Einen Weg eröffnet ihm der erste PC, den er von seinem Vater geschenkt bekommt: einen Pentium-2-Rechner mit 266 MHz, Modem und Windows 95 als Betriebssystem. Windows gehört zu der ersten Generation von Betriebssystemen mit Desktop-orientierter Benutzeroberfläche. Bislang mussten sich die Nutzer durch schmucklose DOS-Oberflächen navigieren, die mit kryptischen Codes befehligt wurden. Kein Vergleich zu der selbst erklärenden Benutzeroberfläche von Windows. Es ist der Beginn eines neuen Zeitalters: Usability steht nun im Vordergrund.

Martin ist voller Tatendrang und Neugierde, aber nicht sehr selbstbewusst. Vergleicht man den 13-Jährigen mit anderen Jugendlichen, fällt er nicht sonderlich auf. Den üblichen Gefahren und Lebensumständen, die man aus den Biografien von später Schwerkriminellen kennt, ist er nicht ausgesetzt, ganz im Gegenteil. Sport, Freizeit, Freunde und etwas Taschengeld machen das junge Leben unkompliziert. Was ihn von den anderen unterscheidet, ist lediglich seine Faszination für Computer und das Internet. Die geografische Lage spielt für dieses Alleinstellungsmerkmal eine große Rolle – in dem kleinen Dorf ist das Interesse für Computer eher sekundär. Abhilfe schafft das Internet.

2002 - Gary McKinnon alias »Solo« ist ein britischer Hacker, der auf militärischen Computern der USA nach UFOs sucht und seinen Aussagen zufolge auch findet. Er wird als »UFO Hacker« bekannt. 2012 wird das Auslieferungsbegehren der US-Justiz endgültig durch Premierministerin Theresa May abgewiesen.

Zeitlich befinden wir uns immer noch in den Jahren 2000-2003. Smart-phones stecken noch in ihren Anfängen, Internet ist noch langsamer als heute und Streamingdienste wie Netflix sind noch gänzlich unbekannt. Fernsehen wird noch über die Flimmerkiste geschaut und Richtershows bilden die Vorreiter des heutigen Trash-TVs.

In seiner Schule sind vor allem diese Formate ein Gesprächsthema. Themen wie IT oder Web-Entwicklung finden bei den anderen Jugendlichen keinen großen Anklang. Martin muss erstmals feststellen, dass er diese Dinge nicht mit jedem besprechen kann.

Schule ist wichtig, man lernt für sein Leben. Aber da ist eine Sache, die alles überschattet. Am 20.03.2003 beginnen die USA den zweiten Irak-Krieg gegen Saddam Hussein. Martin ist zu diesem Zeitpunkt 14 Jahre alt und begreift schnell die Tragweite des Konflikts und was es heißt, dass Krieg geführt wird. Sicher, der Krieg ist weit weg, doch auch am heimischen Küchentisch wird über das Thema geredet. Die mediale Flut der Bilder entfaltet ihre Macht, und so gehört der Krieg zum abendlichen Begleitprogramm.

Martin geht in die 9. Klasse. Er sammelt Pokémon Karten, wie alle zu dieser Zeit, obwohl er sich nicht wirklich für die Story interessiert. Es gehört einfach dazu.

Der kleine Blackberry-Hack

Martins Computerkenntnisse werden immer fundierter. Er findet zunehmend Gefallen an der Technik und probiert auf spielerische Weise die Grenzen des Machbaren aus. »Eine lustige Anekdote fällt mir ein. Mein Vater hat gern mit Internetverbot gedroht. Dementsprechend auch des Öfteren durchgesetzt. Als Jugendlicher ist das selbstverständlich eine Katastrophe. Ich habe aber schnell einen Weg gefunden, die Sperre zu umgehen. Mein Vater hatte damals ein Blackberry-Handy und die Sperre lief über die Fritz!Box, genauer gesagt über die MAC-Adressen. Ich konnte das Handy meines Vaters über die Markenkennung identifizieren und die Internetsperre umgehen, indem ich ein Tool namens Wireshark nutze, um den Netzwerktraffic zu durchleuchten.

Dabei habe ich gesehen, dass sich das Blackberry meines Vaters mit dem Router verbindet. Da ich wusste, dass die Kindersicherung über die sogenannte MAC-Adresse realisiert wird, musste ich nur noch einen Weg finden, mir selbst die MAC-Adresse dieses Handys zu geben. Das Ganze ließ sich mit einem sogenannten Spoofer erledigen. Mit diesem Tool hatte ich die Möglichkeit, meinem Rechner die passende Adresse zu geben und so die Internetsperre zu umgehen, ohne dass mein Vater etwas bemerkte. Ich glaube, er weiß bis heute nichts davon.«

Interessanterweise hat Martin auch seinem Bruder nicht von dem interfamiliären Hack erzählt, sondern die Sache für sich behalten. Ein wichtiger Punkt: Martin ist ein Mensch, der sehr verschwiegen sein kann. Er ist vertrauensvoll, aber nicht nach außen gekehrt. Er kann Dinge für sich behalten. Martin braucht keine Aufmerksamkeit, und Prahlerei passt nicht zu seinem Naturell.

Die erste Internetseite

Die ersten Gehversuche in HTML lösen ein elektrisierendes Prickeln aus. Ein Erfolgserlebnis jagt das andere. Genau das, was Martin braucht. Er stellt sich selbst eine Herausforderung und erfährt, dass sein Lösungsweg funktioniert. Auf diese Weise bringt er sich in Windeseile die Grundprinzipien der HTML-Programmierung bei. In dieser digitalen Welt, die für viele abstrakt und unwirklich erscheint, fühlt er sich zu Hause. Fast spielerisch lernt der 15-Jährige, mit Quellcodes, Editoren und Tutorials umzugehen.

Schnell steht das Grundgerüst für seine erste Internetseite. Doch mit welchem Inhalt soll er sie befüllen? Martin ist frustriert. Er beherrscht die Technik – aber was damit anfangen? Er überlegt, welche Inhalte zu ihm passen könnten. Private Dinge? Wen interessiert das. Eigene Produkte? Er ist noch ein Teenager. Aber was zum Teufel soll seine Seite beinhalten? Auf seinen Reisen durch das World Wide

Web fällt ihm auf, dass Vergleichsseiten für Versicherungen immer mehr im Trend liegen und überdurchschnittlich häufig beworben werden. Aber warum? Er recherchiert und findet heraus, dass diese Webseiten sich durch Werbung finanzieren. Es sind die Anfänge dessen, was man später Affiliate Marketing nennt. Bingo, das Thema steht fest und zu erwarten ist ein Mehrwert für alle. Eine runde Sache. Martin geht in die 10. Klasse, und seine Homepage generiert ein nicht unerhebliches Einkommen.

World of Warcraft

Ende 2004 veröffentlicht die Firma Blizzard Entertainment am 23. November das Multiplayer Rollenspiel World of Warcraft (WoW), und Martin wird ein großer Fan. Das Spiel ist ein Multi-Gamer-Rollenspiel, das virtuell auf zahlreichen Servern von etlichen Millionen Usern gezockt wird. Dass er sich in frühen Jahren schon bei Problemen zu helfen weiß, zeigt sich an diesem Computerspiel: Auch hier nutzt er sein technisches Verständnis. Sein Bruder und er ecken in diesem Alter regelmäßig mit dem Familienoberhaupt an. Sei es wegen der schulischen Leistungen, weil sie wieder über die Stränge geschlagen haben oder weil sie die Hausregeln des Vaters missachten. Jedenfalls zählt neben der Sperrung des Internets und dem Fernsehverbot auch ein Spielverbot von World of Warcraft zu den Erziehungsmethoden im Hause Frost. Martin bekommt wieder einmal für längere Zeit Internetverbot und Stubenarrest. Doch was anfangen mit der neu gewonnenen Zeit? Herumlungern?

Die Strafe auszusitzen ist keine Option. Vielmehr grübelt Martin, wie er die Sanktion des Vaters irgendwie umgehen kann. Er analysiert das Spiel, geht in Gedanken den Aufbau durch und vermutet, dass es eigentlich möglich sein müsste, das Verbot zu umgehen. Das Game läuft auf unzähligen privaten Servern – hier könnte ein Ansatz sein oder nicht? Martin, der damals bereits Google als großes Tor zur Welt für sich entdeckt hat und die Algorithmen versteht, braucht nicht lange, bis er in den digitalen Tiefen des Internets einen Lösungsansatz findet. Die Sache ist so einfach wie genial und er ist sich sicher, dass sein Vater nicht einmal im Ansatz verstehen wird, was er da macht.

Martin erkennt, dass WoW teilweise auf Privat-Servern läuft, die selbst konfiguriert werden können. Ein paar Einstellungen und das Verbot ist Vergangenheit. Zudem kann er nun umsonst zocken. Das lästige Betteln bei den Eltern für die nächste WoW-Verlängerung ist vom Tisch. Begeistert merkt er, welche Möglichkeiten angewandtes Wissen ihm bietet. Die praktische Arbeit am Computer zeigt ihm, was machbar ist. Hier wird sein Wissensdurst gestillt, hier kann er eigenständig auf Lösungssuche gehen und sich Fähigkeiten aneignen, auf die er langfristig zurückgreifen kann. Das genaue Gegenteil zum Schulsystem der 90er-Jahre: Das lieblose Runterackern von Lernstoff, das stumpfe Abfragen des Gelernten sowie die Erkenntnis, dass Wissen nur für den Zeitraum der Prüfung notwendig ist – damit kann und wird Martin nichts anfangen können.

KAPITEL 4 – TEENAGER

Zeitraum 2005-2011, Alter 16-22 Jahre

»Nukular« – das Wort heißt »Nukular«!
TAZ zitiert Homer Simpson: 23.03.2011

Der weiße Dacia Sandero rast durch die Nacht, schlingert die Landstraße entlang und verliert die Kontrolle. Die Reifen quietschen. Der Wagen schießt über die Böschung, den Abhang hinunter und kracht vor einen Baum. Ein lauter Knall zerreißt die Ruhe, Vögel flattern aufgeschreckt davon.

Nach und nach kommt sein Bewusstsein zurück. Martins Kopf tut weh. »Habe ich auf die Schnauze bekommen?« Sein Gesicht klebt in einem Airbag. »Na, super«, denkt er sich. »Was für eine Scheiße.« Er ist rotzevoll. Alles dreht sich, ihm tut die Nase weh und der Airbag hängt wie ein benutztes Kondom auf dem Lenkrad.

Bei einem Unfall öffnet sich ein Airbag innerhalb von 20 bis 50 Millisekunden, und der Aufprall ist mit einem gesunden Schlag ins Gesicht vergleichbar.

»Das erklärt einiges«, denkt sich Martin, kriecht aus dem Auto und klettert die Böschung hinauf. Oben angekommen, dreht sich alles. Sein Sichtfeld ist gestört und die Bilder sind verzerrt. »Alter, bin ich voll.«

Er schaut hinunter zu dem Wagen, den er erst seit einem Tag sein Eigen nennt. »Den zieh ich raus«, denkt er sich in seinem von Alkohol vernebelten Kopf und will nach Hause torkeln – als er jedoch eine Stimme hört.

»Brauchen Sie Hilfe? Soll ich einen Krankenwagen holen?«

Er dreht sich um und sieht eine Frau, die aus einem Auto zu ihm herüberruft.

»Sind Sie okay?«

Martin schwankt auf sie zu. »Ja, alles in Ordnung«, lallt er sie an. »Sie können ruhig weiterfahren.«

Aber springen wir fünf Jahre zurück …

***

2005 ist ein bewegendes Jahr. Am 2. April stirbt der 84-jährige Papst Johannes Paul II. Bundeskanzler Gerhard Schröder stellt am 1. Juli die Vertrauensfrage und verliert erwartungsgemäß. Am 23. November 2005 wird die Physikerin Angela Merkel vom Bundestag zur ersten Kanzlerin der Bundesrepublik Deutschland gewählt. Ach, und Papst werden wir in diesem Jahr auch noch: Kardinal Ratzinger wird vom Konklave zum Oberhaupt der Katholischen Kirche ernannt und gibt sich den Namen Benedikt XVI.

Die Videoplattform YouTube geht bereits am 14. Februar online, aber als 15-Jähriger nimmt man solche Ereignisse nur am Rande wahr. Auch musikalisch ist 2005 nicht einfach: *Schnappi, das kleine Krokodil*, penetriert unsere Trommelfelle und als wenn das nicht genug wäre, setzt Tokio Hotel, die Band der Brüder Kaulitz, mit *Durch den Monsun* den Horror fort.

»Hör mir auf mit Schnappi! Das geht gar nicht! Der Song ging mir mal richtig auf den Sack, den habe ich gar nicht gefeiert. Und Tokio Hotel? Ich erinnere mich noch, als ich damals das Musikvideo zu *Durch den Monsun* im Fernsehen sah … Ich meinte damals, das ist doch kein Typ, das ist ein Mädchen!«, lacht Martin.

Er hat zu dieser Zeit ganz andere Sorgen. Er muss sich ranhalten, um den Realschulabschluss zu erreichen. Schule fällt ihm weiterhin schwer und seine Noten bewegen sich eher im unteren Bereich. Schuld ist die Unterforderung. Die Lehrer dringen nicht zu ihm durch. Die viele Theorie und der fehlende Praxisbezug machen es Martin schwer, dem Schulstoff auch nur das Geringste abzugewinnen. Seine Begeisterung für die IT-Themen kann er noch immer nicht auf den Schulstoff umlegen.

Er probiert sich in dieser Phase aus und versucht, sich selbst zu finden. Musikalisch hat es ihm weiterhin der US-Hip-Hop angetan. Er läuft gern in Skater-Klamotten herum, manchmal auch mit Nietenarmband – er experimentiert das erste Mal bewusst mit Mode.

Mit Subkulturen kann er allerdings nicht viel anfangen. Punks, Skins oder Hools – dazu hat er keinerlei Berührungspunkte. Ohnehin ist auf dem Dorf die Gefahr nicht sonderlich groß, in eine gewisse Szene abzurutschen. Zumindest nicht in Martins Fall. Dafür fängt er an, im Fitnessstudio zu trainieren, und entdeckt seine Liebe zum Kraftsport. In seiner Hochphase geht er fünfmal in der Woche zum Training. Wie im IT-Bereich arbeitet er sich tief in die Materie ein und zeigt auch dieselbe Disziplin. Schnell ist er Fachmann für Ernährung, Supplements und Trainingsmethoden.

Mit seinem Bruder hat er immer weniger gemein. Sie gehen zusammen zum Fechten, aber sonst lebt jeder sein eigenes Leben.

Die erste Schlägerei

Wochenende! Martin ist mit seinen Freunden unterwegs. Damals hängt er oft mit russischstämmigen Jugendlichen ab. Sie sind cool, haben Spaß, außerdem halten die Russen zusammen. Das gefällt Martin. Gerade 16 geworden, zieht er mit seinen Jungs um die Häuser. Sie steuern eine Party im benachbarten Dorf an. Martin steht mit seinen sechs Freunden nahe beim Eingang zur Dorfdisco, zum Vorglühen. Eine Gruppe Jugendlicher kommt auf sie zu, und sofort liegt Spannung in der Luft.

Die Jungs aus der Gruppe wollen Ärger, das ist klar, aber Martin und seine Freunde haben keinen Bock auf Stress oder irgendeine Eskalation. Die Nervosität steigt. Aus der Spannung wird ein Knistern. Die ersten Sprüche kommen. »Was glotzt du so, Spast?« – »Suchst du Stress?« Das klassische Herumgehampel früh pubertierender Halbstarker beginnt. »Halt die Schnauze, du Wichser!« – »Wichser? Ich geb dir gleich Wichser, du Hurensohn!« – »HURENSOHN? Verpiss dich, du scheiß Russe! Das ist hier eh nicht dein Land.«

Martin ist unwohl, er hat Angst, dass es jetzt wirklich kracht. Weglaufen ist für ihn keine Option. Alles, bloß das nicht. Was soll er machen? Schlägereien kennt er nur aus dem Fernsehen oder aus den Erzählungen vom Schulhof. Aber das hier, das wird gleich ernst.

Ivan, sein Kumpel, wird immer nervöser, nimmt einen großen Schluck aus der Wodkaflasche. »Trink!«, sagt er zu Martin. »Wir halten zusammen, wenn, dann rennen alle sofort drauf!« Sie nehmen einen Schluck aus der Flasche.

Dann geht alles ganz schnell. Fäuste fliegen, Nasen bluten und Martin mittendrin. Action! Martin und seine Jungs bekommen eine Abreibung, wie sie im Lehrbuch steht. Glücklicherweise ohne große Folgeschäden. Ein paar Prellungen, mehr nicht, doch das Erlebnis schockiert Martin zutiefst. Diese Dynamik, die Hilflosigkeit, eine Situation nicht kontrollieren zu können, der Risikofaktor Mensch, das alles entsetzt ihn. Er wollte Spaß und ein bisschen feiern, aber das hier hat eine andere Dimension.

Für Martin ist das Ereignis dermaßen prägend, dass er bis heute keinerlei Affinität zur Gewalt hat. Derartige Geschichten beeindrucken ihn nicht, viel mehr schrecken sie ihn ab. Wie können Menschen so denken und handeln? Das widerspricht ganz einfach seinem Weltbild. Er ist durchweg positiv in seiner Grundeinstellung und jede destruktive Sicht auf das Leben und die Welt beängstigt ihn. Wie kann man Spaß daran haben, sich zu prügeln?

Er muss aber auch erkennen, dass man gerade in jungen Jahren an solchen Situationen gemessen wird. Vollkommen behämmert, aber als 15-Jähriger ist es schon fast existenziell, kein Feigling zu sein, sonst hat man es im Klassenverband, bei den Freunden oder in der Szene verschissen. Diesen Stempel bekommt man nicht mehr von der Stirn. Das erste Mal wird ihm bewusst, was sozialer Druck bedeutet. Die Teenager-Zeit ist ein blankes Parkett und man ist gut beraten, nicht zu schnell zu tanzen.

Diebstahl

Mit 15 begeht Martin seine erste Straftat. Einen Ladendiebstahl. Konkret geht es um das Parfüm HUGO BOSS Elements. Er wird von einem Ladendetektiv erwischt und seine Mutter wird kontaktiert. Martins Mutter hatte damals einen kleinen Laden etwa 200 Meter entfernt in derselben Straße und die Besitzer kennen sich untereinander. Eine mehr als unangenehme Situation. Martins Mutter ist zurecht sauer, als sie ihren Sohn bei der benachbarten Ladenbesitzerin abholen muss.

»Ich kann mich noch richtig gut daran erinnern, als sie durch die Tür von dem Geschäft gekommen ist. Ich habe sofort an ihrem Gesichtsausdruck gesehen, wie maßlos enttäuscht sie war. Das hat mich am meisten fertig gemacht. Ich habe mich richtig beschissen gefühlt. Ich wollte das Parfum unbedingt haben und wie es halt so ist in dem Alter, man hört von den Kumpels, dass sie es auch machen und dann greift man zu. Bis heute ärgere ich mich darüber. Dieser Vorfall hat sich danach nicht wiederholt. Bei dem Thema sehe ich sofort das Gesicht von meiner Mutter vor meinem geistigen Auge, da zieht sich bis heute mein Magen zusammen.«

Seine Mutter verrät Martin nicht bei seinem Vater, wohl wissend, dass für ihn eine Welt zusammenbrechen würde. Bis heute weiß er nichts davon. Seine Mutter sagt hierzu: »Das war nicht gerade der schönste Moment. Ich war schon sehr enttäuscht von Martin. Als Eltern hofft man ja immer, dass die eigenen Kinder so etwas nicht machen, aber Kinder sind halt Kinder und mit zwei Jungs bleibt so was nicht aus. Wir waren alle mal jung und haben über die Stränge geschlagen.«

2006 - Das Grauen setzt sich fort. Die Neuverfilmung *Das Omen* feiert am 06.06.06 Premiere, und der Dokumentarfilm *The Story of Psychobillies* wird am selben Tag im Cinemaxx Essen uraufgeführt.

Am 05. Juli 2006 beendet Martin die Schule. Endlich! Er erlangt die Mittlere Reife, den Realschulabschluss und steht am Anfang seines Lebens. *School's out forever!*

Grenzenlose Freiheit. Das Gefühl, den Schulabschluss geschafft zu haben und endlich durchstarten zu können, beflügeln Martin. Wie viele andere probiert er zu dieser Zeit seinen ersten Joint. Allerdings steht Martin Drogen eher skeptisch gegenüber. Auch Medikamente nimmt er bis heute ungern. Er spürt zwar die Wirkung des THC, aber der Kontrollverlust, das matte Gefühl und der Rausch sind alles andere als entspannend für ihn – er hat einen regelrechten Trip. Danach steht fest: Nie wieder. Sicher, man fühlt sich gut und berauscht, aber der Tag danach, die körperlichen Reaktionen stehen für Martin in keinem Verhältnis dazu. Er trinkt wie alle anderen in diesem Alter gelegentlich mal einen über den Durst, aber von allem anderen lässt er die Finger. Heute, im Alter von 32 Jahren, ist selbst der Alkoholgenuss selten geworden. Im heimischen Kühlschrank finden sich keine Spirituosen und auch die klassische Flasche Wein am Abend gibt es bei ihm und seiner Freundin nicht.

Was Martin in diesem Zeitraum allerdings entdeckt, ist seine Liebe zum Kaffee. Den ersten Schluck hat er auf einer Familienfeier bei den Großeltern probiert. Das Getränk der Erwachsenen. Trinkt man Kaffee, ist man kein Kind mehr! Die Verlockung ist also groß und so nimmt er mit 14 seinen ersten Schluck. Pfui Teufel!

2006 ist es anders. Er findet immer mehr Gefallen an dem belebenden Heißgetränk und wird bis heute, ähnlich dem Rauchen, ein leidenschaftlicher Kaffeetrinker bleiben. Zwischen zwölf und 20 Tassen am Tag sind keine Seltenheit. Es ist sein Ritual – Zigarette und Kaffee gehören zum morgendlichen Pflichtprogramm.

Im darauffolgenden Jahr wird Martin 18 Jahre alt und ist endlich volljährig. Ein magisches Datum – eröffnet es doch Tür und Tor in die weite Welt. Die Geburtstagsparty am 23. November 2007 wird mit Freunden bei seinen Eltern gefeiert. Martins Bruder kommt erst später hinzu, da er arbeiten muss, doch je später der Abend, umso schöner die Gäste und so feiern sie bis tief in den Samstagmorgen.

Auch der Führerschein lässt nicht lange auf sich warten. Die Absprache der Eltern mit den Söhnen lautet, dass sie die eine Hälfte übernehmen und die andere von den Söhnen finanziert wird. Martin besteht Theorie und Praxis im ersten Anlauf. Autofahren ist für ihn mehr als nur die Möglichkeit, von A nach B zu gelangen. Es ist für ihn die Verkörperung von Freiheit. Geografische Unabhängigkeit, das Fahrgefühl, das gemütlich Cruisen ermöglichen es Martin, abzuschalten. Vier Jahre später wird diese Begeisterung dazu führen, dass er eine Ausbildung bei einem namhaften Großkonzern beginnt.

Ein Pflichtprogramm der Bundesregierung ist damals der Wehrdienst, bei dem jeder männliche Deutsche im Umgang mit der Waffe geschult werden sollte. Eine nervende Begleiterscheinung dieses Wehrdienstes ist die Musterung, eine Tauglichkeitsprüfung. Wie jeder Jugendliche zu dieser Zeit hat auch Martin keinen Bock auf den Wehrdienst und will sich am liebsten davor drücken.

Die dümmsten Gerüchte gehen herum, wie man den Eignungstest austricksen könnte. Drei Tage nicht schlafen oder Unmengen an Koffein-Pillen fressen. Oder ganz einfach »auf dämlich machen«. Martins Plan ist es, beim Hörtest zu spät zu drücken. Ihm ist aber auch klar, dass das vermutlich nichts bringen wird. Dementsprechend angespannt ist er bei seiner Musterung.

Während er auf seine Tauglichkeitsuntersuchung wartet, hält ihm ein Typ, der ebenfalls auf seine Musterung wartet, einen Flyer unter die Nase. »Ja, wir sind dabei«, steht darauf.

»Das ist meine Freikarte«, sagt der Typ und grinst Martin an.

Was für ein Idiot, denkt sich Martin. Sein Plan steht fest. Er will beim Hörtest verkacken. Angeblich bekommt man dann automatisch die Tauglichkeitsstufe 3. Im besten Fall sogar T5.

Der Typ wird aufgerufen, und es geht endlich weiter. Martin ist der Nächste. Doch was meinte der Typ mit dem Flyer? Eine gefühlte Ewigkeit sitzt Martin im Wartebereich des Kreiswehrersatzamtes. Wie lange dauert denn der Scheiß? Der Warteraum füllt sich mit immer mehr jungen Männern. Martin fragt einen Jungen: »Alter, wie lange dauert das noch?«

»Beim letzten Mal ging es schnell. Nach einer Viertelstunde war ich wieder raus. Muss heute zur Nachmusterung«, antwortet dieser.

»Ich hock hier schon seit über einer halben Stunde«, sagt Martin genervt.

»Ist da überhaupt einer drin?«, fragt der Junge.

»Ja, so'n Idiot«, sagt Martin.

Der Junge lacht. »Findest du hier viele.«

Endlich geht die Tür des Untersuchungsraums auf. Der Typ vom Anfang kommt heraus. Sein diebisches Lächeln wird zu einem Grinsen und er zwinkert Martin zu. Leicht irritiert hört Martin seinen Namen: »Frost, eintreten!« Hat sich der Typ tatsächlich vor dem Wehrdienst gedrückt?

Martins Untersuchung geht schnell vorbei. Tauglichkeitsstufe 1. Scheiße. »Ja, ich bin dabei«, schießt ihm die dämliche Überschrift des Flyers durch den Kopf. Für heute hatte er genug. Kippe rauchen am Eingang. Die Nerven brauchen Beruhigung. Das Warten, der Stress, die Untersuchung. Martin inhaliert. Der Typ, der so gegrinst hat, steht ebenfalls vor dem Kreiswehrersatzamt.

»Ausgemustert!«, lacht er Martin zu und zieht an seiner Zigarette.

»Ach komm?«, fragt Martin ungläubig.

»Jo, gerade beim Psychologen gewesen, bin für den Dienst an der Waffe nicht geeignet.«

»Wie hast du das gemacht?« Martin will's jetzt ganz genau wissen.

»Ich habe dir doch den Flyer gezeigt. Ich habe dem gesagt, ich möchte mich für vier Jahre verpflichten lassen, dann testen die dich anders.«

Klingt einleuchtend, denkt sich Martin und beginnt die Strategie zu verstehen.

»Ich musste noch kurz zum Psychologen, und der hat mich ausgemustert. Live-Hacking nennt man das!«, sagt der Typ, zwinkert ihm wieder zu und haut ab.

Was für eine Story. Der Typ hat es tatsächlich geschafft, das System auszutricksen. Genial. Live-Hacking. Eine neue Ebene.

Vorhofflimmern

Martin kann sich vor der Bundeswehr nicht weiter drücken. Er wird eingezogen. Anfänglich mehr als skeptisch wird die Bundeswehrzeit zu einer der wichtigsten Erfahrungen in seinem Leben. Hier geht er auf. Struktur, Disziplin, Verantwortung. Er lernt diese Werte erstmals kennen und lieben. Die Bundeswehr macht aus dem jungen Martin Frost einen Mann. Sie schleift und formt ihn.

Zu dieser Zeit hat Martin auch seine erste Beziehung. Seine Freundin ist drei bis vier Jahre älter – wirklich ernsthaft und mit Perspektive ist diese Liebelei aber nicht. Letzten Endes sind die beiden knapp sieben Monate zusammen und die Sache endet recht unspektakulär via SMS.

Links, zwo, drei, vier, links, links. Diese Phase in Martins Leben hat bis heute eine nachhaltige Wirkung auf ihn. Er erzählt euphorisch von der Zeit und bezeichnet diesen Lebensabschnitt als eine seiner wertvollsten Erfahrungen. Disziplin, Gehorsam und der Umgang mit verschiedensten Charakteren war Martin in dieser Form bislang fremd.

Martin ist Feuer und Flamme, die Bundeswehrzeit ist genau sein Ding. Körperliche Grenzsituationen, den inneren Schweinehund besiegen und über sich selbst hinauswachsen. Endlich ein praktisches Lernen in Kombination mit Sport. Die Bundeswehr bietet dem Rekruten Martin Frost den Rahmen, den er braucht. Zwischenmenschliche Herausforderungen im Truppenverband und auf der Stube zu meistern, genauso wie die militärischen Grundkenntnisse zu verinnerlichen und im Training anzuwenden – all das macht diese Phase seines Lebens zu einer nachhaltigen Erfahrung.

Allerding kommt es zu einem folgenreichen Vorfall. Während eines Essens mit seinen Kameraden im Mannschaftsheim wird es Martin schwindelig und er kippt um. Kreislaufzusammenbruch? Erschöpfung? Die herbeigerufenen Sanitäter sind ratlos. Der angeforderte Krankenwagen braucht zu lange. Martins Kameraden erkennen die Situation, handeln schnell und bringen ihn mit einem VW T5 ins nächstgelegene Krankenhaus. Die Diagnose: Verdacht auf Herzmuskelentzündung. Bei der Untersuchung stellt sich heraus, dass Martin unter Vorhofflimmern leidet, eine angeborene Herzrhythmusstörung.

Eine Form der Behandlung ist, den bewussten Stillstand des Herzens durch ein Medikament herbeizuführen. Es ist der pure Horror. Das Herz bleibt stehen. Der tägliche Rhythmus, der uns am Leben hält, stoppt plötzlich. Null-Linie. Kein Ausschlag. Sekunden werden zu Stunden. Man fühlt, wie die Lebenskraft abnimmt, wie die Kräfte und die Sinne schwinden. Es sind die Wahrnehmungen während der medikamentösen Kardioversion, die das Ziel hat, das Herz wieder in den richtigen Rhythmus zu bringen. Martins Herzrhythmusstörung bringt ihn in absolute Grenzbereiche. Er macht erste Erfahrungen mit dem Thema Tod.

Für Martin bedeutet das Vorhofflimmern: Schwindelanfälle, Gleichgewichtsstörungen, starke Kopfschmerzen und vor allem Angst. Der Teenager hat in seinen jungen Jahren bereits ein ordentliches Päckchen zu tragen. Bis heute musste er vier Herzoperationen über sich ergehen lassen.

»Ich will das nicht überdramatisieren, und es gibt Leute, die tragen ganz andere Schicksale, dennoch ist es schon eine heftige Erfahrung. Man bekommt ein Medikament und dann kann man sehen, wie der Herzschlag aufhört und auf dem EKG die Null-Linie zu sehen ist. Zuerst pure Angst, dann breitet sich eine nicht greifbare Wärme im Körper aus und die Angst weicht einem komischen Gefühl, das sich fast gut anfühlt. Du bekommst einen Tunnelblick und alles ist ganz weit weg. Sobald der Herzschlag wieder einsetzt, bist du schlagartig da.«

Martin spricht sachlich und nüchtern über seine Krankheit.

»Schlimmer sind die OPs. Das findet unter Vollnarkose statt und da macht man sich dann doch seine Gedanken. Generell ist mir schon bewusst, dass es jeden Tag vorbei sein könnte. Ich bin jetzt nicht todkrank, das ist mir wichtig zu betonen, aber ich muss Medikamente nehmen und auf einige Dinge achten, vorwiegend, dass ich meine Notfalltabletten dabeihabe. Allein schon für die Psyche ist mir das wichtig. Das ist bei mir in Fleisch und Blut übergegangen, dass ich, bevor ich irgendwo hingehe, darauf achte, alles dabeizuhaben.«

Es ist sein Naturell, sich mit den Dingen intensiv auseinanderzusetzen, und so ist er auch hier Fachmann. Er kennt sich mit dem Krankheitsbild Vorhofflimmern gut aus und hat sich tief in die Materie eingearbeitet.

2009 - Am 25. Juni stirbt Michael Jackson. Der King of Pop tritt ab, Michael Jackson hat das Gebäude verlassen. Eine Musiklegende ist tot.

Das erste eigene Auto

Ein Meilenstein. Am 12. Januar 2010 soll der Kauf seines ersten Autos stattfinden. Martin hat lange für diesen Moment gespart und kann sein neues Auto endlich abholen. Er ist happy. Es soll gefeiert werden. Monatelang hat er auf diesen Moment hingefiebert. Das Objekt der Begierde: Ein weißer Dacia Sandero mit 75 PS. Er fühlt sich super. Erst am Tag zuvor hat er den Wagen mit seinem Vater im Autohaus abgeholt. Die Eltern haben bei der Finanzierung geholfen und der Deal ist, dass Martin den Wagen bei ihnen abstottern kann. Es soll ein unvergessliches Wochenende werden. Das wird es auch, leider im negativen Sinn.

Asbach Cola ist damals angesagt und Asbach Cola steht auch an diesem Abend auf dem Programm. Gefeiert wird im Bienenstand, einem Jugendclub im Ort. Die Gläser klirren, es wird gelacht und gefeiert. Schnell ist Martin ordentlich abgefüllt.

Mit einem Freund geht es um etwa 2 Uhr in Richtung Zuhause. Beide verabschieden sich vor dem Haus, und Martin geht in die Küche. Aus einem bis heute unerklärlichen Grund beschließt der 20-Jährige, noch einmal in sein neues Auto zu steigen, und fährt zurück in Richtung Dorf. Auf dem Weg kommt er von der Straße ab und entfernt sich dann ein paar Schritte vom Unfallort.

***

Die Frau aus dem vorbeikommenden Auto hört die Beruhigungsversuche des jungen Mannes und ist froh, dass ihm nichts passiert ist. »Er sieht aber ziemlich betrunken aus«, denkt sie sich. Sie schaut noch einmal, ob mit ihm wirklich alles in Ordnung ist und da er nicht blutet, fährt sie schließlich weiter.

»Ein Glück, sie ist weg«, denkt sich Martin. Er schwankt die Landstraße entlang und will nach Hause. Sein Plan steht fest: Er wird den Wagen aus dem Graben ziehen. Kann ja nicht so schwer sein. Die zwei Kilometer Fußweg vergehen wie im Flug. Zu Hause angekommen, plündert er die elterliche Küche, schmiert sich zwei Brötchen, schnappt sich die Autoschlüssel seiner Mutter und setzt sich in ihren Ford Mondeo. Er fährt zum Unfallort, merkt aber schnell, dass er den Wagen mit dem Mondeo nicht aus dem Graben bekommt. Martin entschließt sich, in Richtung Nachbardorf zu fahren. Das Ziel: eine Bekannte von ihm. Warum er ausgerechnet zu ihr fährt, lässt sich heute nicht mehr rekonstruieren. Martins Erinnerungen an den Vorfall sind aufgrund des Alkoholkonsums eher nebulös und schemenhaft.

Volltrunken klingelt er um etwa 5 Uhr morgens an der Haustür seiner Bekannten. Ein genervter Vater macht ihm auf. Er sieht den volltrunkenen Martin, der ihm lallend verklickern will, dass er seine Tochter jetzt unbedingt sprechen muss. Mittlerweile ist die ganze Familie wach. Es sind verantwortungsbewusste Menschen und so werden Martin erst einmal die Schlüssel abgenommen. Er erzählt bruchstückhaft von dem Autounfall und seinem Plan, den Wagen aus dem Graben zu ziehen.

Der Vater von Martins Bekannter ruft einen befreundeten Bauern an, um den Unfallwagen zu bergen. Gesagt, getan, sie fahren zu besagtem Bauern, holen einen Traktor und machen sich auf zur Unfallstelle. Dort angekommen erwartet den »Bergungstrupp« eine böse Überraschung: Die Polizei ist vor Ort.

Zwischenzeitlich hat die Frau aus dem Auto, die Martin am Unfallort getroffen hat, die Polizei gerufen und die Beamten haben die Unfallstelle begutachtet. Im Anschluss sind die Polizisten zu Martins Eltern gefahren, die den Polizisten allerdings versicherten, »dass es ihre Söhne nicht sein könnten« und »Martin nicht unter Alkoholeinfluss Auto fahren würde.«

Da kein Personenschaden entstanden ist, zeigten sich die Beamten beruhigt und wollten lediglich zur Beweissicherung noch einmal zur Unfallstelle zurück.

Martins Vater ist alarmiert. Er versucht Martin unzählige Male über sein Handy zu erreichen, um ihn zu warnen. Martin hat mit dem Traktor auf dem Weg zur Unfallstelle jedoch so viel Angst vor seinem Vater, dass er nicht ans Telefon geht. Das, was nun folgt, hätte somit vermieden werden können.

Den Beamten ist beim Anblick des Traktors sofort klar, was hier geplant ist. Der Vater von Martins Freundin versuchte es noch mit einer Ausrede, gibt aber nach der Belehrung des Beamten, dass eine Falschaussage strafbar sei, alles zu.

Das Ende vom Lied: Führerschein weg, Auto Totalschaden, Blutprobe im Krankenhaus, mit dem Ergebnis 1,6 Promille, rund 1700 Euro Geldstrafe, Punkte in Flensburg und Medizinisch-Psychologische Untersuchung. Bei Martin läufts-, leider bergab.

Die Reaktion seiner Eltern fällt erstaunlicherweise recht human aus. Täglich an dem Schrottauto vorbeilaufen zu müssen, um dann in den Bus zu steigen, ist Strafe genug. Martin ist seit diesem Ereignis nie wieder betrunken oder angetrunken gefahren. Am Ende hat auch diese Lektion seine Wirkung gezeigt.

Auf dem Weg ins Berufsleben

2010 ist Martin in einer Orientierungsphase. Er übt verschiedene Berufe aus, da er die Bundeswehr aufgrund seiner Vorhofflimmer-Erkrankung vorzeitig verlassen musste. Das bedeutet: Maßnahmen vom Arbeitsamt. Eine komplett neue Erfahrung. Hat man Martin noch Monate zuvor den Dienst an der Waffe gelehrt, darf er sich jetzt mit der deutschen Bürokratie herumärgern. Er ist nicht der Erste, der an den Sachbearbeitern des Arbeitsamts verzweifelt. Die beiden finden so gar nicht zueinander. Martin sucht einen Ausbildungsplatz, doch der zuständige Beamte hat andere Pläne. Die Arbeitslosenstatistik soll geschönt werden. Immer wieder werden ihm Angebote von Zeitarbeitsfirmen unterbreitet. Für seine berufliche Zukunft ist dieses Vorgehen keine große Hilfe.

Erst im darauffolgenden Jahr findet Martin eine Antwort auf die Frage, was er beruflich machen soll. Er fängt eine Ausbildung bei einer namhaften Firma in Stuttgart an. Eine Ausbildung zum Elektroniker. Sein Vater arbeitet ebenfalls in dem Konzern und hilft seinem Sohn während der Orientierungsphase. Martin findet seinen Platz im Leben.

Parallel gründet er mit einem Bekannten aus Dresden seine erste Firma für Affiliate-Marketing. Beide kennen sich über das Internet, teilen dieselben Interessen und verstehen sich gut. Sie sind sich sympathisch und voller Tatendrang. Dem Firmenkonzept folgend soll der aufkommende Markt dem Publikum zunächst fachmännisch erklärt werden. Dazu produzieren sie aufwendige Videos. Martin ist mehr für die Technik zuständig, während sein Partner aus Dresden die Rampensau macht. Eine Rolle, die gut zu ihm passt, da er ein ziemlicher Selbstdarsteller ist. Aber er könnte dem Papst ein Doppelbett verkaufen, also geht Martin den Kompromiss ein. Das Unternehmen läuft ausgezeichnet an und bietet einen angenehmen Nebenverdienst zum Lehrlingsgehalt. Martin scheint im Erwachsenenleben angekommen zu sein.

MORPHEUS-EFFEKT: ZWISCHEN TRAUM UND PARALYSE

Die Nacht ist kalt. Der Dezember 2011 ist verregnet, die Temperaturen bewegen sich um den Nullpunkt. Ein typisch deutscher Winter. Was macht man an so einem Abend? Richtig! Eine DVD schauen. Das denkt sich auch Martin. Das Jahr hatte zahlreiche Blockbuster zu bieten, darunter *In Time – Deine Zeit läuft ab, The Rite – Das Ritual* und natürlich *Ohne Limit.* Ein Film der Martin gleichermaßen fesselt wie begeistert.

Am Ende wird es *Matrix.* Martin haut sich Popcorn in die Mikrowelle, bevor er sich den Film zum weiß Gott wievielten Mal anschaut. Der Regen schlägt an die Fenster und der heimische Filmabend erfüllt jedes Klischee.

Die Grenzen zwischen Realität und Fiktion verschwimmen.

Neo greift ins Popcorn, während ihm Morpheus die Matrix erklärt. Martin hört interessiert zu. Lebhaft diskutieren die beiden, während der Film läuft und das Popcorn weniger wird. »Geht ja nur auf meinen Nacken«, denkt sich Martin etwas genervt, doch er lässt den beiden ihren Spaß. Neo steht auf und geht in die Küche.

Der fühlt sich ein bisschen zu heimisch bei mir, überlegt sich Martin. »Irgendwas mach ich falsch.«

Morpheus, immer noch im Redeschwall, zieht Vergleiche zwischen Gut und Böse, Traum und Realität, Lüge und Wahrheit.

»Junge«, denkt sich Martin, »ziemlich verwirrt, der Gute.« Dennoch nickt er interessiert. Morpheus kramt in der Tasche seines Ledermantels, als Neo mit einer Cola Zero zurückkommt. Morpheus hält Martin die Hände hin, auf denen eine rote und eine blaue Pille liegt. »Nimmst du die blaue, wird dein Leben gut verlaufen, nimmst du die rote, wirst du hinter die Matrix schauen.« »Ich würde die Blaue nehmen«, empfiehlt Neo und trinkt aus der Cola-Flasche.

Für welche Pille soll sich Martin entscheiden? Entscheidest du dich für die rote, lies einfach weiter im Buch. Entscheidest du dich für die blaue Pille, spring zu Kapitel 7 (Seite 121).

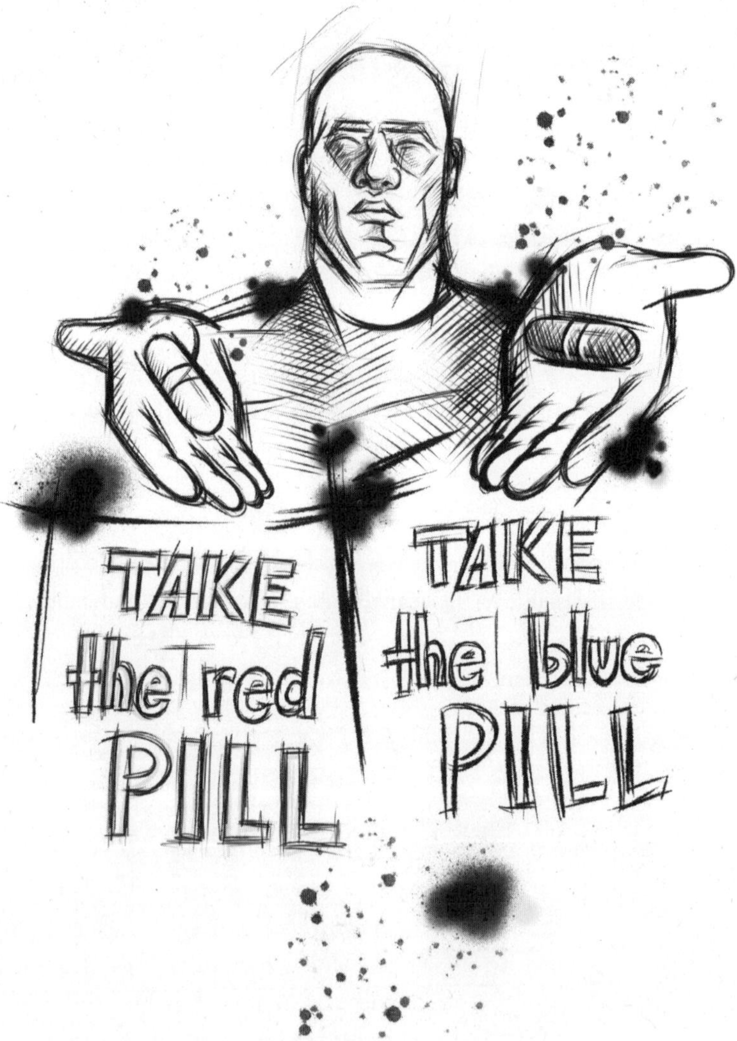

KAPITEL 5 – FRAUD-SZENE

Zeitraum 2005-2015, Alter 16-26 Jahre

»Am Ende ist es knallharter Betrug.«

Martin Frost, 2022

Am Anfang ist es nur ein Gedanke: Wie kommt man ins Darknet? Ähnlich dem Urknall manifestiert sich dieser Gedanke, bricht förmlich aus und explodiert im Gehirn. Der Gedanke kann manisch werden, fast wie eine Besessenheit. Stellt sich die Frage, wie oft muss man an die Tür des Teufels klopfen, bis er einem aufmacht?

Wir springen zurück in das Jahr 2005. Martin ist 16 Jahre alt. Filesharing ist sein Ding. Egal, welchen Film, welchen Song oder welche Software – Martin kann es besorgen. Jeder kennt diesen einen Typen, in der Schule, im Betrieb oder schlichtweg im Bekanntenkreis, der immer die neusten Filme auf Lager hat. Martin ist dieser Typ.

Vielleicht, um sich beliebt zu machen, »saugt« er alles, was im Trend ist, auf und verteilt es an Schulkameraden. Auf einmal hat er ein Image. Die Leute fangen an, ihn zu respektieren, schließlich nicht ohne Hintergedanken suchen sie die Freundschaft zu ihm. Was für eine Heuchelei. Er könnte kotzen.

Martin kann sich an jede Hänselei erinnern und plötzlich stehen dieselben Leute vor ihm, sind nett, schleimen sich ein, als wäre alles vergessen. Ach, so funktioniert die Welt. Er realisiert die Doppelmoral, mit der viele ihr Dasein fristen. Armselig, aber es funktioniert.

Immer tiefer steigt Martin in den Kaninchenbau der Filesharing-Szene ab.

Filesharing

eMule, ein kostenloses Filesharing-Programm, ermöglicht Martin den Zugang zu Musik, Filmen und Software. Das Prinzip ist einfach: ein Zusammenschluss von Computern, welchen man mit einem speziellen Programm vom heimischen Rechner aus betreten kann. Fast könnte man bereits von einer Art Darknet sprechen, da ohne Weiteres eben nicht jeder einen Zugang findet. Man lässt andere von seinem eigenen Rechner downloaden und saugt parallel von dritten Computern herunter – ein Verfahren, das auch Peer-to-Peer genannt wird. Geben und Nehmen, wie in der Bibel. Es sind traumhafte Zeiten.

In der breiten Öffentlichkeit ist Filesharing zu Anfang des Jahrtausends noch kein großes Thema. Die Musikindustrie hat den Puls der Zeit nicht erkannt und das Thema MP3 verschlafen. Die Filmindustrie hält das illegale Downloaden von Filmen schlichtweg für keine Gefahr. Die damaligen Daten-Leistungen reichen nicht aus, um Filme schnell und on demand herunterzuladen. An Streaming ist gar nicht erst zu denken. eMule bietet hier den vorläufig besten Lösungsansatz. Die User bieten auf unzähligen Rechnern verschiedenste Inhalte an. Technisch revolutionär, von den Behörden überhaupt nicht beachtet und eigentlich nur lukrativ, wenn man extrem viel Zeit hat. Strafrechtlich befindet man sich in einer Grauzone. Den Gesetzgeber interessiert die Sache nicht, die großen Musik- und Filmfirmen sind in ihren Strukturen gefangen, ein Unrechtsbewusstsein der Nutzer existiert nicht.

Und so gibt es einen regelrechten Filesharing-Boom. Es gehört schon fast zum guten Ton, sich dies oder das über eMule herunterzuladen, und so passiert das, was bereits in den 80ern mit den Kassetten passierte: Auf den deutschen Schulhöfen entsteht ein florierender Schwarzmarkthandel mit Filmen, Musik und Software.

Mit genug Aufwand und Zeit scheint einfach alles möglich zu sein. Software, die Tausende von Euro kostet, ist auf einmal »frei« verfügbar. Der Gedanke der ersten Hacker ist real geworden: Das Wissen der Welt ist frei zugänglich. An diesem Punkt weicht das erste Mal die Grenze zwischen legal und illegal auf. Einen Song herunterladen? Wen interessiert es. Wie soll das überhaupt einer mitbekommen? Für den Privatbesitz ist das doch okay.

Der Sechzehnjährige wägt ab. Ist das wirklich alles so einfach? Nicht, dass es Ärger gibt. Er informiert sich im Vorfeld, will überlegt an eventuelle Probleme herangehen und sich sein Leben nicht durch Leichtsinnigkeit versauen. Die mahnenden Worte seiner Eltern hallen oft in seinem Kopf nach. Vielleicht ist es auch der Gruppenzwang? Es machen ja schließlich alle. Oder ist es Naivität? Da wird schon nichts passieren und so hoch kann die Strafe ja nicht sein. CDs kosten ja nicht so viel. Die typischen Abwägungsgedanken eines Pubertierenden.

Martin ist mit am Start. Auch er zieht sich über eMule Musik, Filme und Software. Nach der Schule geht es direkt vor den PC. Er sitzt stundenlang vor dem Rechner und liest sich Unmengen an Anleitungen durch, sogenannte Tutorials. Er recherchiert und versucht zu verstehen. Eine Welt aus kryptisch wirkenden Zahlen, Zeichen und Wörtern ist die Basis für das Internet. Quellcodes in der Programmiersprache PHP, die Internetseiten auf magische Weise sichtbar machen. Skriptsprachen die »if-then«-Schleifen erstellen können.

Grundkenntnisse im Programmieren sind vorhanden, und auf Gulli.com ist er bereits seit einem Jahr unterwegs. Über das Filesharing kann er sich hervorragend in der jugendlichen Schulhof-Hierarchie positionieren. Was soll ihn noch abhalten? Let's do it!

In dem Forum Gulli.com tummelt sich alles, was halbseiden unterwegs ist oder schlicht und ergreifend unter purer Langeweile leidet. Man beschäftigt sich mit Themen der IT-Welt, etwa der Computersicherheit und Internetnutzung. Endlose Diskussionen rund um IT-Themen machen das Forum für normale User zu einer echten Herausforderung. Links, die gepostet werden, funktionierten oft nicht und man fängt sich durchaus mal einen Trojaner ein.

Für Einsteiger in den Graubereich hingegen ist *Gulli* das perfekte Spielfeld, um sich in dem ein oder anderen Beitrag mit seinem Wissen zu messen. Heute würde man »Battle« sagen.

Die Computerszene ist noch recht jung und entwickelt sich rasant. Anders als zum Beispiel im Maschinenbau kann hier noch nicht auf vorhandenes Wissen, welches fachgerecht unterrichtet wird, aufgebaut werden. Im IT-Bereich ist alles noch Pionierarbeit. Das kollektive Wissen fehlt hier zu dieser Zeit noch.

Programmiersprachen und Softwarelösungen kommen und gehen. Wer erinnert sich nicht an den Hype um den Flashplayer: Damals ein offenes Scheunentor für Hacker, heute so gut wie gar nicht mehr im Einsatz. Man versucht sich gegenseitig zu übertrumpfen, noch mehr aus der Technik herauszuholen und tüftelt. Nicht selten ergeben sich neue Standards aus dieser kreativen Arbeit heraus. Bei IT-Problemen bieten Seiten wie Gulli.com des Öfteren passende Lösungsansätze.

Gulli wurde im Mai 2018 offline genommen und verkauft. Wenige Wochen später kaufte der ehemalige Besitzer Randolf Jorberg Gulli.com zurück.

Martin wird schnell Teil der Community. Gerade die Filesharing-Szene beginnt Martin immer mehr zu interessieren. Kostenlose Filme, Software und Musik – es ist so einfach, wenn man das System erst einmal durchschaut hat.

»Die Anfänge waren geil, kann ich nicht anders sagen. Alles war neu, spannend und je mehr ich mich damit befasste, desto mehr habe ich verstanden und umso mehr wollte ich wissen. Auch die Filesharing-Szene hatte ihre eigenen Gesetze und Hierarchien. Schnell taucht man immer tiefer in die Thematik ein und wird automatisch Teil eines etwas elitäreren Kreises. In diese Kreise kommt man nur, wenn man auch selbst etwas für die Community leistet, ganz ähnlich wie ich es später in der Fraud-Szene erfahren habe – das hat mich damals einfach fasziniert und hatte etwas Geheimnisvolles.«

Martin lernt also eine ihm zuvor komplett verborgene Welt immer besser kennen. Doch schnell wird ihm das Filesharing zu langweilig. Er hört von anderen Communities, von Foren, die nicht von der breiten Masse genutzt werden. Er möchte mehr.

Auch damals schon finden sich bereits große Fraud-Boards im Clearnet, auf denen Themen wie Phishing, Faking, Carding oder das Programmieren von Schadsoftware thematisiert werden – eben alles, was mit Cybercrime zu tun hat.

Und genau diese Themen ziehen Martin in ihren Bann. Communities mit dunklen Designs, Elite-Usern und verschiedenen User-Leveln haben etwas Mysteriöses und Geheimnisvolles an sich. Es fühlt sich an wie in der Matrix. Über die Zeit fallen die Hemmungen, die Grenzen verschwimmen. Foren wie 1337-Crew.to, Carders.cc oder Zion-Network werden eine tägliche Anlaufstelle. Themen, die für Martin vorher noch undenkbar gewesen sind, verlieren ihre Mystik. Schnell entdeckt er die »Tutorial Sections« der Fraud-Foren. Hier wird gezeigt, wie man Phishing-Scripte aufsetzt, Schadsoftware erstellt oder Sicherheitssysteme umgeht.

User erstellen Botnetze, die Tausende Rechner infizieren, und posten Screenshots und Tutorials in den Foren.

2005 - Der »Botnet-Hack«: Jeanson James Ancheta wird von FBI-Agenten im Zuge der Operation »Bot Roast« festgenommen. Der damals 20-jährige Ancheta wird als Erster beschuldigt, eine große Anzahl von Computern infiltriert und für ein Botnetz genutzt zu haben. Er wird zu fünf Jahren Freiheitsstrafe verurteilt und muss 15.000$ für die »Infizierung« der Militärcomputer bezahlen. Es ist die erste wirklich harte Strafe für ein Cyberverbrechen.

Martin ist von dieser Story tief beeindruckt. Er realisiert, dass es Leute gibt, unwesentlich älter als er, die in der Lage sind, Botnetze zu erstellen, welche selbst Militär-Rechner befallen, für ihn unvorstellbar. Seine Neugierde ist geweckt. Wie funktioniert so etwas? Was benötigt man und welche Kenntnisse sind wichtig? Martin fasst einen Entschluss …

Das erste eigene Botnetz

Das Thema wird in der Fraud-Szene heiß diskutiert. Über Malware und Botnetze wusste Martin bereits einiges – zumindest in der Theorie. Aber durch Bushido und Joka wissen wir, dass »Theorie und Praxis« gerne weit auseinander liegen, und so liest sich Martin ein, und zwar richtig. Er diskutiert mit, stellt Fragen, ackert alles an Tutorials durch, das er in die Finger bekommt. Die Entwicklungsumgebung ist schnell eingerichtet, alles Nötige installiert und auch die Scripte sind vorhanden. Ein kurzer Klick auf »Ok« und … Error, scheiße, alles von vorn.

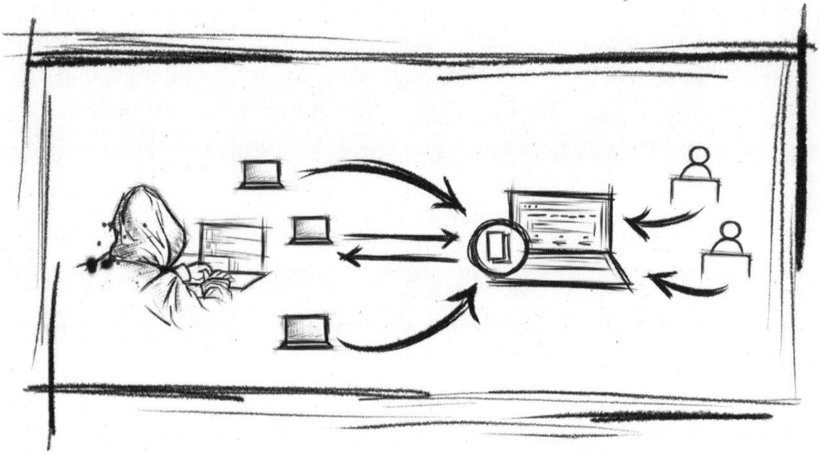

»Ich habe unfassbar viel ausprobiert, mir Heimnetzwerke eingerichtet und lokale Versuche durchgeführt. Du kennst das ja selbst, am Anfang funktioniert nichts. Hast du das eine Problem gelöst, kommen direkt zwei neue hinzu. Am Ende bekommt man es dann irgendwie hin und fühlt sich fast wie Gott.«

Martin ist fasziniert von den Möglichkeiten und schafft es nach vielen Rückschlägen, ein lokales Botnetz aufzusetzen. Für ihn ist es ein Projekt, welches sich über mehrere Wochen erstreckt und an dessen Ende ein fertiges lokales Botnetz steht. Martin lernt während dieser Phase, Probleme effizient zu lösen, um am Ende ein Ergebnis zu erhalten. Ist ein Projekt beendet, läuft man Gefahr, in eine Art Loch zu fallen. Die enge Taktung fehlt, die Struktur ist nicht mehr vorhanden, neue Aufgaben und Ziele fehlen. Um dieses Gefühl zu kompensieren, müssen neue Herausforderungen her.

Genauso ergeht es auch Martin, er sucht die nächste Aufgabe, noch komplizierter, noch umfangreicher, noch anspruchsvoller. Er gräbt tiefer und möchte mehr wissen, und er weiß genau, wo er dieses Wissen finden kann.

Wie in anderen Subkulturen auch gibt es in den Szene-Foren Hierarchien und Rangordnungen. Am unteren Ende der Nahrungskette stehen die normalen User. Für diese gibt es verschiedene Level mit eigenen Bereichen und exklusiven Inhalten. Diese Hierarchien dienen der Szene als Selbstschutz, um bestimmte Methoden und Informationen nicht öffentlich zu machen – und sie »NonPub« zu halten. Ähnlich wie in anderen Subkulturen wird eine gewisse Reputation und Vertrauen vorausgesetzt, um Zugang zu den höheren Kreisen zu erhalten.

Martin möchte Teil dieses Kreises werden. Ihm ist allerdings klar, dass er dafür das Vertrauen von einflussreichen Szenemitgliedern benötigt.

Vertrauen

Doch wie finden User in der Szene zusammen und bauen ein Vertrauensverhältnis auf, das sie über Jahre hinweg zusammenarbeiten lässt, ohne sich real jemals kennengelernt zu haben? Schwer vorstellbar, aber es kann erklärt werden.

Chatverlauf: Beispiel

[22:15, 6.5.[redacted]] TheOne: Hey du hattest mir auf auf CNW geschrieben.

[22:15, 6.5.[redacted]] D[redacted]: Kannst du dich dort verifizieren?

[22:15, 6.5.[redacted]] TheOne Hast ne PN

[22:15, 6.5.[redacted]] D[redacted]: Alles klar, ich habe gehört du verkaufst CCs. Was kostet eine Random?

[22:15, 6.5.[redacted]] TheOne: 5€ / Stück, 4€ wenn du mindestens 10 kaufst.

[22:16, 6.5.[redacted]] D[redacted]: Alles klar. TH oder gehst du first?

[22:16, 6.5.[redacted]] TheOne: Ich gehe sicher nicht first. Entweder du gehst first oder TH über CNW. Replace nur mit Video. TH wird nach Erhalt freigegeben.

[22:18, 6.5.[redacted]] D[redacted]: Alles klar, ich mach einen Treuhand Thread auf.

Der Chatverlauf ist ein anschauliches Beispiel dafür, wie die Vertrauensbildung innerhalb der Szene funktioniert. In der Regel wird über Messenger-Dienste wie »Jabber« kommuniziert. Kommt es zu einem Kontakt, werden Angaben sofort überprüft. Stellt man fest, dass die Angaben stimmen, wird die Kommunikation fortgeführt, gibt es hingegen Bedenken, ist an dieser Stelle bereits Schluss.

In einzelnen Szeneboards wird Vertrauen durch »Leistung« geschaffen. Viele Fraud Communities verfügen über sogenannte Free Sections, in denen User der Community Tools, Accounts oder Wissen umsonst anbieten können. Nutzer, die hier auffallen, haben es in der Szene meist deutlich einfacher, das Vertrauen von Admins und Moderatoren zu gewinnen und so in höhere Level aufgenommen zu werden.

Martin sagt hierzu: »In der Szene geht es viel um Vertrauen. Gerade, wenn man längerfristig mit verschiedenen Usern zusammenarbeiten möchte, ist ein gutes Vertrauensverhältnis wichtig – schließlich kennt man sich ja nicht persönlich. Auch bei mir und meinen späteren Mittätern war es so, dass wir über viele Jahre Kontakt hatten und sich so ein Vertrauensverhältnis entwickelt hat.«

Dieses Prinzip findet sich in allen anderen subkulturellen Bereichen wieder und ist tief im Menschen verankert.

Reziprozität in Subkulturen

Den Fachbegriff Reziprozität werden die wenigsten kennen, die Bedeutung hingegen schon. Damit ist in der Soziologie ein gegenseitiges oder wechselbezügliches Verhältnis zwischen Menschen gemeint. Reziprokes Verhalten stellt ein Grundprinzip des menschlichen Zusammenlebens dar. Oder einfach ausgedrückt: »Wie du mir, so ich dir« oder »Eine Hand wäscht die andere«

Negative Reziprozität ist formal gesehen am effektivsten: In einer Situation gegensätzlicher Interessen versuchen Individuen oder Gruppen, ihren Nutzen auf Kosten anderer zu maximieren. Interessanterweise gilt dies innerhalb vieler Subkulturen nur für die »Eigenen Leute«. Außenstehende werden ausgeschlossen. Fairness innerhalb der eigenen Szene wird groß geschrieben, aber nicht immer praktiziert, und bei Außenstehenden ist es schlichtweg egal. So baut sich schnell eine astreine Doppelmoral auf.

Komplett unmoralisch ist die Fraud-Szene aber nicht. Oft entwickeln sich, auf abstrakte Weise, sogar Freundschaften innerhalb der Szene. Dieses Phänomen ist auch in der analogen Welt durchaus zu finden. In einem Umfeld wie der Fraud-Szene wirkt sich ein solches Verhalten aber verheerend aus.

Falsche Freundschaft wird innerhalb der Szene nur zu gern ausgenutzt. Denn: Ein Betrogener kann nicht einfach vor der Haustür erscheinen und sein Geld einfordern – denn er kennt nur den Nickname seines vermeintlichen Freundes. Gehört man allerdings zum innersten Kreis, wird Loyalität großgeschrieben.

Finde deinen Weg, deinen Platz im Leben. Martin braucht nach der Schule Zeit, um sich zu orientieren. Eine Vorstellung von seinem Leben und seiner Zukunft hat er nicht.

Die Welt der Foren hat es ihm weiterhin angetan. Stundenlang surft er auf *Gulli*, *1337 Crew* und später *Crimenetwork* (CNW). Er ist fasziniert von Filesharing, Phishing und Trojanern.

Hinweise für seine Aktivitäten in der Fraud-Szene gibt es für Freunde und Familie nicht. Sicher, Martin sitzt stundenlang vor dem PC, aber das hinterfragt niemand in der Familie.

In dieser Phase taucht er immer tiefer in die Szene ein. Anfangs nur passiv, testet er Phishing-Scripte auf lokalen Xampp-Servern und ist schockiert, wie schlecht viele programmiert sind.

Diesem Umstand ist es geschuldet, dass er versucht, die Scripte zu verbessern, neu zu schreiben, um zum Beispiel das Blacklisting zu umgehen. Ein generelles Problem in der Szene, denn auch die Gegenseite rüstet auf.

Buch um Buch verschlingt er und lernt HTML, CSS, Javascript und PHP. Er will besser werden als alle anderen und stellt seine Scripte gern kostenlos auf einschlägigen Foren zur Verfügung.

Und es ist wie ein regelrechter Sog, der ihn erfasst. Er macht sich in der Szene immer mehr einen Namen. Man erkennt nicht nur seinen Lösungsweg an, sondern auch die innovativen Ansätze, die dahinterstecken. Martin denkt weiter als andere, was die Szene respektiert. Die User fangen an, ihm zu vertrauen.

Löse dich von konventionellem Denken. Martin wird immer besser und optimiert Phishing-Scripte mit Mysql-Anbindungen.

Die Monate vergehen. Er ist nun fester Bestandteil der Fraud- und Scammer-Szene. Fast schon fanatisch programmiert er, um Scripte zu optimieren oder Probleme zu lösen, die ihn verrückt machen.

Rätsel, die es zu lösen gilt und die ihm den Schlaf rauben. Umso erhebender das Gefühl, wenn er es geschafft hat. Schon fast wie eine Sucht, kommt er von der Fraud-Szene nicht mehr los.

Verein und Freunde vernachlässigt er immer mehr. Die digitale Welt ist faszinierender. Die Grenzen weichen auf. Was ihn vorher zurückschrecken ließ, umgibt ihn nun täglich. Die Szene hat ihn in ihrem Sog. Alles fühlt sich an wie ein Spiel.

Im Internet hat er ein neues Zuhause gefunden. Ähnlich wie in der Magie ist hier fast alles möglich.

Er merkt nicht, wie er immer mehr den Bezug zur Realität verliert und die digitale Welt von ihm Besitz ergreift.

Leider bekommt sein Umfeld von all dem nichts mit. Besser der Junge sitzt vor dem Rechner, als wenn er draußen rumlungert und besoffen ist, denken die Eltern.

Geld spielt für ihn keine Rolle. Martin denkt ausschließlich an die neuen Möglichkeiten, die sich ihm ergeben.

Legal, scheißegal. In diesem Alter macht man sich um viele Dinge keine übermäßigen Gedanken.

Übung macht den Meister, er verfeinert seine Skills. Vielleicht wird er nicht der beste Programmierer werden, aber er weiß, wie man Probleme löst und an sein Ziel kommt.

Computer sind seine Welt, das wird ihm immer mehr bewusst. Hier sieht er zum ersten Mal seine berufliche Zukunft. Der Wunsch, im IT-Bereich zu arbeiten, wird genau hier geweckt und lässt ihn bis heute nicht los.

Klick für Klick kommt Martin seinem Ziel näher. Er hat sich seinen Platz in der Fraud-Szene erkämpft.

<h1>CRIME NETWORK</h1>

<p id="D2deT2e5364">Das bekannteste Forum ist sicherlich Crime Network. Die Seite ist Anlaufstelle für alles, was mit <i>*Cybercrime*</i> zu tun hat.</p>

<p id="8efjfgFdfjw6">Keine anonyme Seite im Darknet, die nur mit dem Tor-Browser erreicht werden kann, nein, ganz normal im Clearnet für jedermann einsehbar.</p>

<p id="2gJdffg52">Viele aus der damaligen Szene wechseln von den alten Foren zu CrimeNewtwork, und schnell finden auch Martin und seine Kontakte ihr neues Zuhause. Moderner, schneller, frischer erhält CNW die Akzeptanz und Anerkennung der User.</p>

»Verbotene Früchte schmecken am besten,
gerade in diesem Alter. Also bin ich immer tiefer eingetaucht.«

Martin Frost, 2021

Getrieben von absoluter Neugierde, arbeitet sich Martin nächtelang in die Abgründe der Fraud-Szene vor. Für ihn selbst schon fast zur Normalität geworden, beschreibt Martin seine Ausflüge wie folgt:

»Als Jugendlicher ist das schon sehr spannend, man hat in dem Alter auch viel mehr Zeit und kann richtig abtauchen in diese Welt. Das würde heute wahrscheinlich gar nicht mehr so funktionieren mit Familie und Kind. Damals bin ich von der Schule gekommen, habe mich vor den Rechner gesetzt und teilweise einfach nur stundenlang gesurft. Dabei stößt man auf ziemlich viel uninteressanten Kram, aber hier und da ergibt sich ein interessanter Quellverweis oder ein Link und man taucht immer weiter in die Untergrund-Szene ein.«

> »Manche ahnen, kapieren aber nicht.
> Richtig abgeklärte Jugendliche aber begehren immer.«

Martin erinnert sich: »Die Tutorial-Sections waren mein Ding. Du musst dir vorstellen, da posten dann Leute Scripte, Lösungsansätze oder ganze Anleitungen, und du willst natürlich auch sehen, ob die funktionieren. Scripte habe ich dann lokal getestet, ist ja schnell eingerichtet und manchmal waren die auch einfach richtig schlecht umgesetzt. Das hat dann natürlich meinen Ehrgeiz geweckt und ich wollte die Scripte verbessern.«

Martin kommt ins Reden und die Informationen sprudeln nur so aus ihm heraus. »Natürlich ist man zu dieser Zeit dann auch stolz auf sich. Wer kennt das nicht? Und ja, ich habe auch das ein oder andere Script dann kostenlos zur Verfügung gestellt, einmal um etwas auf dicke Hose zu machen und auch, um zu zeigen, was möglich ist.«

Die Betreiber und Admins dieser Foren genießen hohes Ansehen in der Szene. Bieten sie doch zum einen Infrastruktur für den Austausch, aber auch einen Umschlagplatz für News und Gerüchte. Szene-Admins wie Sync werden teilweise wie Götter verehrt. Naturgemäß bildet sich eine gewisse Hierarchie: Die Admins stehen ganz oben, sie besitzen die komplette Kontrolle über das Board, können User bannen, Artikel und Beiträge löschen oder bestimmen, wer seine Waren und Dienstleistungen anbieten darf. Außerdem legen sie fest, wann ein User in ein »höheres Level« aufsteigt oder die Ehre erhält, als sogenannter »VIP-User« eingestuft zu werden.

Unter den Admins stehen sogenannte Super-Moderatoren und Moderatoren, die den Admins zuarbeiten. Meist halten sie die Foren von Spam frei, blockieren Trolle und sorgen allgemein für Ordnung, auch was den Umgangston angeht. Unter den Moderatoren folgen die User, auf deren Ebene es wiederum ein Ranking gibt. User, welche viel posten und qualitativ hochwertige Inhalte anbieten, steigen innerhalb des Rankings auf. Hier zeigt sich, wer wirklich über Wissen verfügt oder einfach nur mitliest. User, welche ein höheres Level erreichen, werden für andere farblich entsprechend gekennzeichnet und hervorgehoben. Dieses System erweckt vor allem bei jungen Teenagern oft Begehrlichkeiten und den Willen, »jemand zu sein«. Auch Martin ist von solchen Klassifizierungen fasziniert und will ganz oben mitmischen, einen blauen Nickname haben.

Man kann es mit dem Run auf den heutigen blauen Verifizierungshaken bei Instagram vergleichen: Jeder will ihn haben. Denn auch legale Communities und Social-Media-Plattformen arbeiten mit ganz ähnlichen Mechanismen.

Level, Elite User und Extra-Bereiche

Der Aufbau eines klassischen Fraud-Boards sieht wie folgt aus: Als Erstes wäre da der öffentliche Bereich. In ihm werden Grundsatzfragen diskutiert und besprochen. Alle Informationen, die sich hier finden lassen, sind mehr oder weniger öffentlich und haben keinen größeren Wert in der Szene.

Als Nächstes folgen die Bereiche der verschiedenen User-Level. Um hier mitlesen zu können, ist die »Beförderung« in das jeweilige Level notwendig. Die Auswahlkriterien sind meist recht überschaubar: Die User müssen sich im öffentlichen Bereich durch wertvolle Inhalte hervortun.

Im Member-Bereich angekommen, werden die Themen konkreter geordnet, teilweise stehen kostenlose Tools zur Verfügung und so staffelt sich das Ranking durch verschiedene Level bis hin zum Elite-Bereich, in dem die wirklich heißen Themen besprochen werden. Hier findet sich nur noch eine kleine Gruppe von Spezialisten wieder. Auf diese Weise verjüngt sich der Weg zur Spitze enorm, sodass automatisch eine Selektierung zwischen Usern, die es ernst meinen, und eventuellen Spionen oder Ermittlern stattfindet.

Ist man im Elite-Bereich angekommen, hat man es innerhalb der Szene geschafft. Doch was ist das Besondere am Elite-Bereich? Warum diese Anziehungskraft? Die Antwort auf die Frage ist recht einfach: Es geht um die Inhalte. Im Elite-Bereich finden sich die Scripte, die *fully undetected* sind, exklusive Tools, non-public Fraud-Methoden, vollständige Anleitungen und ein Netzwerk von spezialisierten Usern, die sich gegenseitig bei ihren »Geschäften« unterstützen.

In den Elite-Bereichen der verschiedenen Boards und Foren befinden sich nur noch wenige User, teilweise weit unter 100 Personen. Über die Level-Struktur dünnt sich der Personenkreis sehr schnell aus. Am Ende sind es eine Handvoll User, die die Szene aktiv bestimmen und am Leben halten.

Eine neue Generation Krimineller

Es ist deutlich zu beobachten, dass die Bereiche Cybercrime und Fraud schnell wachsen. Ebenfalls kann man feststellen, dass junge Menschen häufig weniger Berührungsängste in Bezug auf aktive Kriminalität haben. Das gilt besonders für den Fraud- und Cybercrime-Bereich.

Während viele vermuten, dass aktive Kriminelle aus der analogen Welt in die digitale wechseln, stellt man fest, dass beide Arten der Kriminalität weitestgehend parallel verlaufen und ein Wechsel in dieser Form zumeist nicht stattgefunden hat. Vielmehr ist es eine neue Generation von meist Jugendlichen oder jungen Heranwachsenden, die früh den Einstieg in die Szene finden. Die Affinität zu digitalen Medien ist bei Weitem größer als bei »klassischen« Kriminellen. Auch der Einstieg ist deutlich einfacher und schneller. Warum? Weil es keine offensichtlichen Opfer gibt und man die Konsequenzen seiner Taten nicht direkt miterlebt.

Nicht alles, was man im Internet betreibt, macht oder tut, ist zwangsläufig illegal oder kriminell. Gerade damals sind viele Bereiche weder reguliert noch vom Gesetzgeber erfasst. Für Martin und viele andere ist das Internet ein Spielfeld, auf dem es keine Grenzen gibt. Die Gesetzeslage gibt dem damaligen Jugendlichen recht. Es ist nicht alles klar definiert. Viele Bereiche der digitalen Welt müssen von der Gesellschaft und dem Gesetzgeber erst noch erschlossen werden.

So befand sich Martin in einem Dilemma zwischen Recht und Gesetz, aber auch interpretationsfähigen Moralansprüchen. Die digitale Welt nahm immer mehr Platz in Martins Leben ein.

»Rückblickend habe ich es mir natürlich leicht gemacht. Es war schwierig, in dieser Situation zum damaligen Zeitpunkt ohne konkrete Rahmenbedingungen ein Unrechtsbewusstsein zu entwickeln. Heute, mit dem nötigen Abstand, stellt sich die Frage nicht, aber gerade hier sehe ich auch die Gefahr für Jugendliche.«

Der Übergang ist fließend. Hemmungen und auch das Unrechtsbewusstsein werden mit der Zeit rapide abgebaut. Der Blickwinkel verändert sich, auch in Bezug auf die Gesellschaft. Alle nutzen Techniken, die sie nicht mal im Ansatz verstehen, gehen online ohne jeden Schutz vor Viren oder Trojanern. Kaum jemand benutzt eine Firewall.

Vergleicht man diese Sorglosigkeit mit der analogen Welt, würden überall offene Türen, Häuser, Autos stehen und eine große Menge an Bargeld unbewacht herumliegen. Genau diesen Umstand macht sich die Fraud-Szene zunutze. Unvorstellbar, aber im Grunde hat sich bis heute nur wenig daran geändert. Stellt sich die Frage: Hat sich die Gesellschaft vielleicht selbst überholt? Sind wir wirklich schon bereit für das digitale Leben 2.0?

***

2008 ist mal wieder ein bewegtes Jahr. Die globale Finanzkrise stürzt die Welt in eine tiefe Rezession, und zahlreiche Banken müssen Insolvenz anmelden. Am 29. April erscheint der vierte Teil der Game-Serie GTA von der Firma Rockstar Games. Hoffnung schöpft die Welt mit der Wahl von Barack Obama zum 44. Präsidenten der Vereinigten Staaten von Amerika, und die Olympischen Spiele in Peking werden mit einer verstörenden Zeremonie eröffnet, bei der Viren, Spritzen und Krankenbetten eine zentrale Rolle spielen. Musikalisch beschallt uns Amy Macdonald über den Sommer mit *This is the Life*, und Eminem ist laut eigenen Aussagen seit dem 20. April 2008 »clean« und nimmt mit Dr. Dre neue Songs für sein Album auf. Martin ist happy.

2008 ist auch das Geburtsjahr des Bitcoins. Als Erfinder gilt Satoshi Nakamoto, wobei es sich hierbei um ein Pseudonym handelt. Die wahre Identität des Bitcoin-Erfinders ist bis heute unbekannt. Es könnte sich um eine Einzelperson handeln oder aber um ein Kollektiv.

An dieser Stelle sollte angemerkt werden, dass viele junge Szene-User das Abgreifen von PayPal-Accounts oder Kreditkarten für sich entdeckt haben. Zur damaligen Zeit ist das Abgreifen und Stehlen ein wahrer Boom. Phishing-Scripte, die aussehen wie die Internetseite einer Bank oder der Webauftritt von PayPal, werden für wenig Geld innerhalb der Szene verkauft und immer weiter perfektioniert. Scripte, die es einem Angreifer erlauben, PayPal-Logins, Kreditkarten-Details oder Online-Banking-Logins ihrer Opfer abzugreifen.

Auch Martin beschäftigt sich intensiv mit Trickbetrug auf digitaler Ebene. Die Phishing-Mails zeigen dem jungen IT-Faszinierten eine neue Welt. Anfänglich versuchte er das Prinzip zu ergründen und ist erschrocken, wie leicht sich Menschen täuschen lassen. So schlitterte Martin unbewusst in eine Szene, die an Abgründen nicht zu übertreffen ist. Die Gutgläubigkeit sowie die Naivität der Menschen wird hier schamlos ausgenutzt.

»Wir brauchen uns da nichts vormachen, das ist knallharter Betrug, wovon wir hier reden, absolut keine Frage. Mich hat oft vor allem der technische Aspekt interessiert: Wie funktioniert ein Botnet? Was steckt hinter einem Phishing-Script, und wie genau geht eine SQL-Injection vonstatten? Diese Fragen waren mein Antrieb, und die Antworten habe ich in der Szene gefunden. Das Problem an der Sache: Gerade in diesem Alter fangen die Grenzen an zu verschwimmen, und die Hemmschwelle sinkt über die Zeit immer weiter.«

Die Begegnung mit den Mittätern

Während dieser Zeit traf Martin das erste Mal auf Coder420 und Kronos – seine späteren Mittäter. Über die damals üblichen Foren haben sie immer wieder Kontakt. Alle drei kennen sich gut aus und wissen, wie die Szene funktioniert.

Martin und Coder420 sind auf CNW unterwegs, verwenden dieselben Nicknames wie auf anderen Seiten, dadurch erkennen sie sich, und aus einem unerfindlichen Grund bleibt der Kontakt nicht nur bei dem üblichen »Ach, du auch hier«, sondern er vertieft sich. Die Unterhaltungen werden intensiver und vor allem regelmäßiger.

»Ich kann dir nicht mehr sagen, wie wir uns damals kennengelernt haben. Ich meine mich zu erinnern, dass wir uns über irgendeine Sache ausgetauscht hatten. Wahrscheinlich ist es der übliche Szene-Talk gewesen, auf jeden Fall fing es dann an, dass man sich regelmäßiger geschrieben und sich auch gegenseitig unterstützt hat. Als Beispiel: Wie könnte man das Blacklisting von Phishing-Scripten vermeiden? Und dann vielleicht die Antwort, man müsste die CSS-Klassen dynamisch erstellen können. Dann schreibt einer ein Script, der andere schreibt vielleicht ein paar Zeilen um, man schickt es sich hin und her und am Ende hat man eine vorerst gute Lösung. Ungefähr so musst du dir das vorstellen.«

Auffällig ist, dass sich der Kontakt über die »Arbeit« verfestigt. Dies ist tatsächlich kein reines Internet-Phänomen – man kennt das aus dem profanen Berufsleben. Kronos lernt Martin wenig später kennen. In seinem Fall kann sich Martin noch gut an den Erstkontakt erinnern.

»Bei Kronos war es ähnlich. Er war in der Szene bekannt, und zwar als Experte für Linux Administration. Kronos ist mir über seine Beiträge aufgefallen. Linux ist ja so eine Sache für sich, aber er war da mal richtig fit, und so ist er mir aufgefallen. Ich hatte das Problem, dass ich mir Gedanken gemacht habe, wie man die Anti-Fraud-Algorithmen der Provider umgehen könnte. Das ist ein wenig Katz- und Maus-Spiel, man versucht die Scripte so zu entwerfen, dass sie möglichst lange unentdeckt bleiben. Das lässt sich über einen speziellen Aufbau realisieren, in dem man wesentliche Teile so zu verändern versucht, dass sie nicht erkannt werden können. Ich meine, ich hätte ihn zu dem Thema angeschrieben und hab dann festgestellt, der Junge hat richtig was drauf, aber was das genau war, kann ich dir beim besten Willen nicht mehr sagen, das liegt ja auch alles Jahre zurück.«

So entstehen erste Kontakte zu den beiden späteren Mittätern. Jeder hat sein Spezialgebiet, sodass sie sich perfekt ergänzen. Über die Zusammenarbeit stellt man schnell fest, dass die Chemie auch auf menschlicher Ebene stimmt. Sympathien sind definitiv vorhanden, und jeder trägt seinen Teil zu dieser exklusiven Symbiose bei.

»Das war früher ein kompletter Mix aus Szene-Kram, technischem Austausch und Blödelei. Wir haben uns damals stundenlang über die Szene unterhalten, aber auch viel Zeit mit IT-Themen verbracht. Später wurden dann auch spezifischere Themen angesprochen.«

Was genau er unter diesen spezifischen Themen versteht, führt Martin nicht weiter aus. Man kann sich aber denken, was er meint.

2009 - »HPS-Hack«, Albert Gonzalez alias »Suppennazi« und Mitglied der Hackergruppe »ShadowCrew« fiel den US-Behörden bereits 2003 auf. Zur Bekämpfung der Finanzkriminalität wird der hochintelligente Autodidakt angeworben, um Jagd auf andere Hacker zu machen. Gonzales arbeitet nicht nur für die Behörden, sondern bricht parallel über den Zeitraum von circa fünf Jahren in Computersysteme der 500 reichsten Unternehmen ein. Mit zwei Mittätern aus der Ukraine und den USA stehlen sie Kreditkartennummern und verkaufen diese im Darknet. Laut Staatsanwalt fuhren die Hacker auf Parkplätze, beispielsweise von Kaufhäusern und drangen mit ihren Laptop-Computern in das drahtlose Netzwerk ein. Gonzales wurde zu 20 Jahren verurteilt.

Szenegrößen

Wie überall anders gibt es auch in der Fraud-Szene Helden und Legenden. Teilweise glorifiziert sind sie für viele Vorbilder. Nutzer wie Shiny Flakes, Sync oder OxyWhite sind Bestandteil des oberen 1 Prozents und geben maßgeblich den Ton in der Szene an.

Es sind User, die ein Stück weit die Szene zusammenhalten, sei es durch ihre Arbeit oder durch skurrile Aktionen. Hierzu gehörten auf jeden Fall auch Lab511, DebCore oder Pfostata, der Admin des Fraud Boards Bus1nezz war – man könnte noch viele weitere Pseudonyme nennen.

Nicht zu vergessen »Luppa« der Ripper. Er war der bekannteste Ripper/ Scammer der Fraud-Szene. Im negativen Bereich eine kleine Legende, füllen sich doch Seitenweise Postings auf diversen Internetseiten über seine Abzieher-Maschen. Dabei hat er auch nicht vor der Szene selber haltgemacht. Luppa hat förmlich alles gerippt, was nicht niet- und nagelfest war.

2010 - Das Atomprogramm des Iran wird gehackt. Der Computerwurm Stuxnet wird im Juni 2010 entdeckt und scheint speziell entwickelt zu sein, um die Steuerungssysteme des Herstellers Siemens (Simantic 7) zu manipulieren. Es fällt auf, dass erstaunlich viele Rechner im Iran infiziert sind und dies zu außergewöhnlichen Störungen beim iranischen Atomprogramm führte. Die Vermutung liegt nahe, dass der Wurm Stuxnet etwas damit zu tun hat. Die Herkunft von Stuxnet ist bis heute unklar. Der Fall geht als »Iran-Hack« in die Geschichte ein.

Asmir Cracker

Asmir M., alias »Asmir_Cracker« ist eine dieser Szenegrößen. 2016 kommt es zu einer Reihe von Razzien, zeitgleich gehen mehrere Szeneboards vom Netz. Dem BKA gelingt es auf einen Schlag, die Seiten Comlync.cc, Faking.to und Fato.me offline zu nehmen. Die Operation trägt den Namen »Trawler«. Der Hauptverdächtige Asmir M. wird von den Ermittlern in Bosnien festgenommen. Die Anklage: Betreiber der genannten Seiten zu sein. Auf den Boards werden neben kriminellen Dienstleistungen auch Waffen und Drogen gehandelt.

Insgesamt werden 69 Razzien durchgeführt. Asmir M. ist zu diesem Zeitpunkt 27 Jahre alt. Der in Srebrenica geborene M. wird mit einem weiteren Mittäter, Kenad M., verhaftet. Kenad wird wenig später freigelassen und Asmir M. an die deutschen Behörden überstellt.

Auffällig ist, dass Asmir M. keinen großen Hehl aus seiner Identität gemacht hat. Sein Username Asmir_Cracker zeigt nicht die Sorge um Anonymität, die in der Szene so verbreitet ist. Zudem verleiht die Zusammenarbeit von V-Leuten, BKA und Cybercrime dem Fall eine gewisse Brisanz. Das pubertierende Spiel von Kriminalität, Ego und Gier lässt viele überheblich und arrogant werden, was sich meist zu Lasten der Sicherheit auswirkt. Für Jugendliche sind derartige Geschichten der Durchlauferhitzer für eine kriminelle Karriere. Asmir-Crackers Ruhm ist also durchaus zweifelhaft.

Sync

Crimenetwork ist offline. Die Top-Seite für Cybercrime im deutschsprachigen Raum ist auch das Zuhause des mutmaßlichen Admins Sync. Zahlreiche Gerüchte ranken sich um ihn, so auch das Gerücht, dass man Sync »gebustet« habe. Sync, der auch unter den Pseudonymen »CarloTheGoD« oder »Captain Carlo« agierte, wurde jedoch bis heute nicht gebustet, obwohl seine Identität Insidern durchaus bekannt ist.

Sync, der über ein großes Botnetzwerk verfügt, nimmt CNW 2016 vom Netz. Das führt zu zahlreichen Spekulationen innerhalb der Szene. Sync selbst macht aus seiner Verbindung zur Fraud-Szene keinen Hehl, so schreibt er auf seiner Facebookseite zur damaligen Zeit, dass er sein Geld mit Fraud verdiene. Verwunderlich ist jedoch, dass Sync schon seit Jahren bei den Ermittlern bekannt ist, sich aber im Ausland befindet und sich so einer Festnahme entzieht. Sync erfüllt definitiv das »Idealbild« eines Cyberkriminellen und er lebt dieses fragwürdige Image nicht nur, sondern kehrt es in den sozialen Medien sogar nach außen. Ein Phänomen, das mit der zunehmenden Bekanntheit von zum Beispiel Instagram mehreren Verbrechern aus der Fraud-Szene zum Verhängnis wurde. Bestes Beispiel hierfür ist der Fall »Hushpuppi«.

Ein Video zu der Personalie Hushpuppi findet sich auf Martins YouTube Kanal.

Shiny Flakes

Hinter dem Pseudonym »Shiny Flakes« verbirgt sich der deutsche Maximilian Schmidt. Über das Internet verkauft er so ziemlich alles an Drogen, was der Markt zu bieten hat, aus seinem Kinderzimmer heraus. 2015 wurde Schmidt im Alter von 20 Jahren verhaftet und zu sieben Jahren Haft verurteilt.

»Der Typ ist schon krass, er hat damals extrem polarisiert. Er hat eine sehr eigene Art und zieht sein Ding ohne Rücksicht auf Verluste durch, das war damals schon bei *Crimenetwork* so, aber ein Dummkopf ist er definitiv nicht. Hat man etwas gegen ihn oder auch seinen Shop gesagt, wurde man sofort gesperrt oder ist geflogen. Er war sogenannter Monopol-Verkäufer und durfte als einziger Drogen auf CNW verkaufen. Außerdem war es ein offenes Geheimnis in der Szene, dass Shiny Admin-Rechte auf CNW hatte und extrem gute Kontakte zu der Führungsriege des Boards pflegte.« Martin lacht. »Das sind aber auch andere Zeiten gewesen. Mit heute lässt sich das schwer vergleichen.«

OxyWhite

2015 wird in der rheinländischen Kleinstadt Sankt Augustin versucht, einen 29-Jährigen durch das SEK und die GSG 9 festzunehmen. In seinen Arbeitsräumen in der Universitätsklinik Bonn kommt es zeitgleich zu einer Razzia.

Der Verdacht ist, dass sich hinter dem 29-Jährigen ein Darknet-Händler mit dem Pseudonym OxyWhite verbirgt. Bei der Razzia werden unter anderem 2,65 Kilogramm einer Substanz sichergestellt, die Ermittler zunächst für Amphetamine halten. Einen Tag später, am 5. Dezember 2015, gelingt die Festnahme. Zahlreiche Medien berichten über den mutmaßlichen Ermittlungserfolg gegen den Darknet-Drogenhandel. Da bei dem Verdächtigen 29-Jährigen keine Fluchtgefahr besteht, wird er kurze Zeit später freigelassen.

Doch was oder wer steckt hinter dem Pseudonym OxyWhite? Die Ermittler verfolgen bereits Monate zuvor, dass unter diesem Pseudonym ein Händler im Darknet verschreibungspflichtige Medikamente verkauft – und anscheinend auch im Clearnet über die einschlägigen Fraud-Seiten. Als »Lifestyle-Apotheke« beworben, wird ausschließlich mit Bitcoin bezahlt. Das Angebot umfasst alles, was es an verschreibungspflichtigen Medikamenten gibt. Zudem fällt auf, dass es wenige deutschsprachige Händler mit derart guten Bewertungen gibt. Erstaunlich ist zudem, dass sich auch die Betreiber von anderen Darknet-Marktplätzen durchweg positiv über den User OxyWhite äußern. OxyWhite hat offensichtlich einen sehr hohen Stellenwert in der Szene.

Eine Verbindung zu dem 29-jährigen Festgenommenen wird zwar vermutet, kann aber bis heute nicht bewiesen werden.

Letztes Statement von OxyWhite:
OXYWHITE SAGT BYE BYE!
[Waffen Quelle verkauft]
ICH BIN WEG.
siehe: http://germanyhusi[redacted](Beitrag #105)
Zitat:
»Sobald ich meine Waffen Quelle vertickt habe – bin ich wirklich -KOMPLETT WEG!
Auch wenn ich moechte kann ich mich nicht mehr hier einloggen da ich ALLES LOE-

SCHEN werde. Ab diesem Zeitpunkt bin ich ein komplett freier Mann und kann die Zeit mit meinen liebsten verbringen.«
@BKA/LKA: http://www0.[redacted]

Quelle: Pastebins von OxyWhite

Martin war schnell klar, dass die Digitalisierung die Gesellschaft überfordern wird. Nicht nur, dass der Bekanntenkreis immer gerne auf die IT-Fähigkeiten von Martin zurückgegriffen hat, sondern auch entfernte Bekannte. Ihm ist bewusst, dass die Menschen mit einer Technik arbeiten, die sie nicht verstehen.

2011 – Playstation-Hack Rund 77 Millionen Kundenkonten wurden illegal abgeschöpft inkl. der persönlichen Daten. Die Netzwerke der Firma Sony wurden komplett gehackt.

Verlockend für Jugendliche

Betrachtet man die aktuellen Angebote im Darknet, ist es erschreckend, für wie wenig Geld höchst sensible Daten angeboten werden. Man muss berücksichtigen, dass auch im Darknet der Markt den Preis bestimmt. Sprich: derart niedrige Preise kommen nur durch ein extrem hohes Angebot zustande. Spätestens jetzt sollte deutlich werden, wie arglos viele Nutzer mit ihren Daten umgehen und wie wenig Gedanken sich viele Menschen über das Thema Cybersecurity machen.

Es geht um viel Geld und die Interessen werden rigoros verteidigt, in einigen Fällen sogar mit Gewalt. Verlieren User ihre Anonymität, kann es auch im echten Leben gefährlich werden. Aber dazu später mehr.

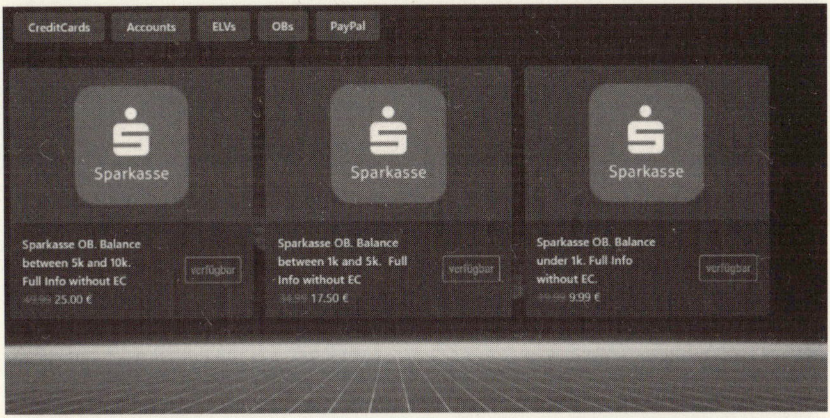

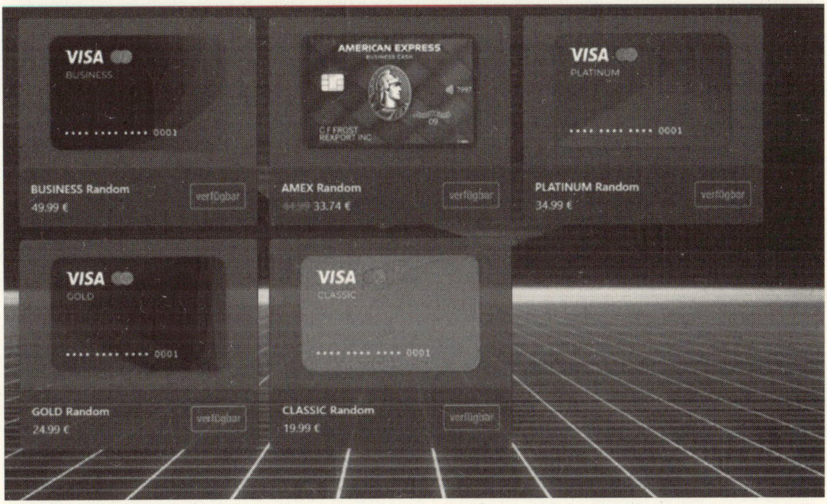

Die Subkulturen überschneiden sich, und so finden sich Parallelen zu anderen kriminellen Szenen, die in der digitalen Welt nicht aktiv sind, aber getreu dem Prinzip: »Eine Hand wäscht die andere« wird sich gegenseitig geholfen. Am Ende ist es ein knallhartes Geschäft und die Interessen werden genauso konsequent vertreten wie in anderen kriminellen Kreisen.

2012 ist ein Jahr, das geprägt ist von Zahlenmystik, endet doch der Maya Kalender am 21.12.2012. Diverse Propheten sagten für diesen Tag das Ende der Welt voraus. Ein regelrechter Hype um das Datum zog sich durch das Jahr.

Ebenso wird in diesem Jahr Kim Dotcom verhaftet! Auf diese Nachricht haben sich viele aus der Filmindustrie gefreut, galt er doch mit seiner Firma Mega als das Feindbild Hollywoods. Spektakulär wurde Kim in seiner Villa auf Neuseeland festgenommen, nachdem er sich in einem Panic Room versteckt hatte. Bis heute ist Kim Dotcom nicht an die amerikanischen Behörden ausgeliefert worden. Coder420 wird später sagen, dass eines seiner Vorbilder der berüchtigte Internet-Unternehmer Kim Dotcom gewesen ist. Der schillernde Lebensstil des selbsternannten Internet-Milliardärs wirkte auf ihn offenbar sehr anziehend.

2013 - Ross William Ulbricht alias »Dread Pirate Roberts« (DPR), der Betreiber des Darknet-Marktplatzes SilkRoad, wird verhaftet. Target-Hack und Silkroad - ebenfalls busted!

»Während meiner aktiven Zeit habe ich den Fall SilkRoad tatsächlich nur am Rande mitbekommen. Mit der Person Ross Ulbricht habe ich mich erst später beschäftigt. Nach unserer Festnahme hat mich der Fall natürlich geschockt und mir auch Angst gemacht. Denn auch in den USA wurde gegen uns ermittelt, und auch wir hätten dort sicherlich eine ähnliche Strafe zu erwarten. In diesem Leben werde ich die USA sicher nicht mehr besuchen.«

Martin lernt schnell die internen Codes kennen, mit denen er sich als Insider zu erkennen geben kann. Ihn fasziniert das immer tiefere Abtauchen in eine Subkultur, die nur digital und virtuell zu existieren scheint. Anonym und geografisch viele Kilometer von ihm entfernt, sind ihm die Leute hinter den Nicknames trotzdem vertraut und nah.

Suche und du wirst finden. Nach diesem Prinzip funktioniert auch die Cybercrime-Szene. *Crimenetwork* war über Jahre die Anlaufstelle für kriminelle Geschäfte im Internetbereich. Obwohl die Seite ohne staatliches Zutun offline genommen wurde, ermitteln die Behörden weiter nach den Betreibern von crimenetwork.biz.

Nach ungefähr 120 Hausdurchsuchungen mit circa 1000 Beamten und umfangreichen Ermittlungen konnten die Betreiber nicht eindeutig identifiziert werden. Koordiniert wurde die Aktion durch das BKA, das aber lediglich frei zugängliche Post auswertete. Bei den Durchsuchungen konnten Stichwaffen, Drogen, falsche Kreditkarten und Datenträger sichergestellt werden.

Der große »Bust« blieb aus. Was ist *Crimenetwork* genau? *Crimenetwork* war eine Seite, die neben einem Forum auch einen Marktplatz betrieb. Hier wurden Drogen, gestohlene Daten von Kreditkarten und Schadsoftware zum Kauf angeboten. Verkäufer konnten, natürlich gegen Bezahlung, Werbung schalten. Das Forum besaß circa 84.000 Mitglieder und war die zentrale Anlaufstelle der Fraud-Szene. Auch heute ist diese Community weiter aktiv.

Domain oder Webspace-Betreiber konnten nicht so leicht ermittelt werden, so konzentrierten sich die Ermittlungen auch auf Mitglieder/User des Forums.

Der vermeintliche Schlag gegen CNW hat nur kurzen Erfolg. Wenig später geht die Seite wieder online. Kurz nach der Razzia und der darauffolgenden Schließung von CNW geht die Nachfolgeseite »CNW v2« online. In einer dort veröffentlichten Stellungnahme heißt es: »Die aktuelle Lage ist so weit in Ordnung. Der Führungsstab von CNWv2 ist nicht betroffen. Es ist extrem unwahrscheinlich, dass das BKA Zugang zu Datenbanken von CNW.biz hatte. Allem Anschein nach wurden öffentliche Postings ausgewertet«.

Kurz vor dem Shutdown wird im Internet die vermeintliche Datenbank der Seite *Crimenetwork* geleakt. Der Datensatz umfasst um die 10 Gigabyte und enthält angeblich sowohl Privatnachrichten als auch Forums-Beiträge.

Martin erklärt im Folgenden praxisnah und detailliert, wie man in kürzester Zeit und mit relativ geringem Aufwand einen nicht unerheblichen Betrag mit Fraud-Methoden erwirtschaften kann:

[redacted]

[redacted]

[redacted]

[redacted]

[redacted]

[redacted]

[redacted]

[redacted]

[redacted]

[redacted]

[redacted]

[redacted]

[redacted]

»Dadurch, dass die Szene in vielen Bereichen sehr modular aufgebaut ist, benötigen die Täter oft keinerlei fundierten Kenntnisse, um Kreditkartenbetrug oder andere Fraud-Delikte durchzuführen. Genau das macht die Szene für junge Menschen sehr gefährlich: Ich schreibe oft mit Teenagern, die aktiv in der Szene unterwegs sind«, erklärt Martin. »Viele berichten mir, wie einfach es ist, Geld zu ›verdienen‹. Eine Sache haben aber alle gemeinsam: Keiner ist sich der Konsequenzen für sich und auch für andere bewusst.«

Wie genau man die entsprechenden [redacted] bekommt, lässt sich leicht erklären und ist am Ende kein Hexenwerk:

[redacted] und man braucht [redacted]

[redacted] Mit etwas Zeit bekommt man schnell die nötigen [redacted] und mit einem Proxy [redacted]

[redacted]

[redacted]

[redacted]

[redacted] Ist das geschafft, muss nur noch mit [redacted]

[redacted]

[redacted] scannt man [redacted]

[redacted]

[redacted] unter Kali geht das schneller, aber mit Windows oder Mac muss man halt einen [redacted]

[redacted]

[redacted] jetzt muss man nur noch die folgenden Codezeilen einfügen [redacted]

[redacted]

[redacted]

[redacted] und es kommt wirklich nur noch darauf an, wie man suchen muss.«

Beständigkeit und Effizienz

Das Jahr 2015 ist geprägt von zahlreichen Hackerangriffen. Cyberkriminalität wird immer mehr zum Thema. Selbst die Bundesregierung ist betroffen und vermutet, dass Russland die Hackerangriffe steuert, so können IT-Experten Indizien sammeln, dass der russische Militärgeheimdienst an den Cyberangriffen beteiligt sein könnte.

Ende Dezember des Jahres 2015, genauer am 23. Dezember, kommt es in der Ukraine zu einem kompletten Stromausfall. Dieser wird durch gezielte Hackerangriffe hervorgerufen. Rund 230.000 Stromkunden in der Westukraine sind betroffen. Ebenso kommt es 2015 zu Hackerangriffen auf die US-Demokraten. Die genauen Hintergründe bleiben ungeklärt.

»Dieser Hack hat mit Moral nichts zu tun«
Zeit-Online, 19. August 2015

Ashleymadison-Hack: Die Hackergruppe »Impact-Team« kapert das Seitensprungportal Ashley Madison und entwendet vom kanadischen Betreiber Datensätze in einer Größe von 9,7 Gigabyte, mit knapp 33 Millionen Nutzerdaten, Kreditkartentransaktionen, verschlüsselten Passwörtern, internen E-Mails, Chat-Logs und Admin-Logins. Die Daten werden später im Darknet auf einer anonymisierten Onion-Seite des Tor-Netzwerks angeboten.

Martins Stärke ist seine Beständigkeit. Er schafft es, Privates mit der Fraud-Szene in Einklang zu bringen. Anders als viele verbringt er nicht 24 Stunden vor dem Rechner, sondern setzt sich dafür gezielte Zeitfenster. Durch seine effiziente Einstellung dreht er sich wie eine Schraube immer tiefer in das Brett, das sich Fraud-Szene nennt.

»Ich hatte nie das Gefühl, ein dubioses Doppelleben zu führen, da mich gerade in der Anfangszeit gar kein Unrechtsbewusstsein begleitete, wie auch, ich hatte anfangs ja nichts Verbotenes gemacht, sondern mich informiert. Das Thema war faszinierend, die Leute waren spannend, und die Szene zog mich in ihren Bann. Der Sog war schlussendlich so stark, dass ich vom harmlosen Leser zum Cyberkriminellen geworden bin«, erinnert sich Martin. »Dass es sich dabei um einen schleichenden Prozess handelte, ist mir heute durchaus bewusst, und ich sehe persönlich auch in diesem Bereich die größte Gefahr. Man rutscht buchstäblich in eine Szene, die schnell eine Eigendynamik entwickelt, sodass es selbst für einen gefestigten Charakter schwer ist, sich dem zu entziehen, und das ist vor allem für junge Menschen extrem schwierig. Mir gelang es damals nicht, da ich gar nicht das Bewusstsein hatte. Für mich war es die tägliche Soap, die Serie, die einen über den Tag begleitet, spannend, faszinierend und geheimnisvoll, genau das Richtige, um meinen Wissensdurst zu stillen.«

Es ist erstaunlich, wie viel Zeit einige User in den einschlägigen Foren verbringen. Warum diese Zeit und Energie nicht von Anbeginn in etwas Legales, Positives investieren? In Martins Fall sind es das Alter und der schleichende Einstieg in eine Szene, die ihn schlussendlich blind machen für die eigentlichen Möglichkeiten seines Lebens.

Betrachtet man die Szene intensiver, stellt man zudem fest, dass Kreativität und Aktionismus überdurchschnittlich hoch sind. Es scheint so, als würden sich diese Eigenschaften bei vielen Usern der Cybercrime-Szene finden.

Wie in vielen anderen Subkulturen findet man auch in der Fraud-Hacker- und Cyberkriminellen-Szene diverse Ehrenkodexe, die sich teilweise inhaltlich überschneiden oder – je nach Szene – unterschiedlich ausgelegt werden. Mal mit mehr, mal mit weniger moralischem Anspruch. Während sich die Hacker-Szene, die gern mit der Fraud-Szene verwechselt wird, in drei grobe Bereiche aufteilen lässt (White, Gray und Black Hat), ist es bei der Fraud-Szene etwas anders. Hier handelt es sich eher um ein Sammelbecken verschiedenster User, bei denen der Hang zum Betrug mit digitalen Mitteln im Vordergrund steht. Die Bandbreite ist riesig.

Angefangen von der Ferienwohnung, die es nicht gibt, über Fake-Shops zur Weihnachtszeit bis hin zur Abzocke bei Kleinanzeigenportalen oder Erpressungsversuchen durch die Verschlüsselung von Daten.

Sucht man nach einer Art Verhaltens- oder Ehrenkodex, wird man in den Foren-Regeln schnell fündig. Sehr ausführlich beschrieben wird dort auf alle Eventualitäten eingegangen. Diese Regeln bieten den Rahmen, in dem sich die Szene zu bewegen versucht. Dass dies nicht immer gelingt, verwundert nicht wirklich – es sind lediglich Richtlinien, die von User zu User unterschiedlich ausgelegt werden. Bestimmte Regeln, zum Beispiel, dass man niemanden verrät, werden meist von allen befolgt.

Ehrenkodex (Auszüge)

Als Ehrenkodex kann man die Forenregeln bezeichnen. In ihnen wird auf Verhaltensregeln, Schutzmaßnahmen und Abläufe eingegangen. Von vielen gern überlesen oder einfach nur als akzeptiert angeklickt, bieten sie doch Einblick in eine verborgene Welt.

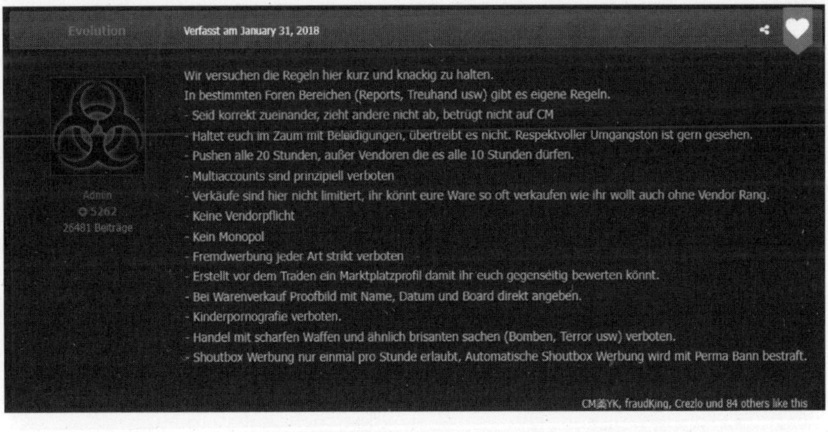
Evolution
Verfasst am January 31, 2018

Admin
5262
26481 Beiträge

Wir versuchen die Regeln hier kurz und knackig zu halten.
In bestimmten Foren Bereichen (Reports, Treuhand usw) gibt es eigene Regeln.
- Seid korrekt zueinander, zieht andere nicht ab, betrügt nicht auf CM
- Haltet euch im Zaum mit Beleidigungen, übertreibt es nicht. Respektvoller Umgangston ist gern gesehen.
- Pushen alle 20 Stunden, außer Vendoren die es alle 10 Stunden dürfen.
- Multiaccounts sind prinzipiell verboten
- Verkäufe sind hier nicht limitiert, ihr könnt eure Ware so oft verkaufen wie ihr wollt auch ohne Vendor Rang.
- Keine Vendorpflicht
- Kein Monopol
- Fremdwerbung jeder Art strikt verboten
- Erstellt vor dem Traden ein Marktplatzprofil damit ihr euch gegenseitig bewerten könnt.
- Bei Warenverkauf Proofbild mit Name, Datum und Board direkt angeben.
- Kinderpornografie verboten.
- Handel mit scharfen Waffen und ähnlich brisanten sachen (Bomben, Terror usw) verboten.
- Shoutbox Werbung nur einmal pro Stunde erlaubt, Automatische Shoutbox Werbung wird mit Perma Bann bestraft.

CM YK, fraudKing, Crezlo und 84 others like this

Wir reden über eine Szene, in der Betrug das Kerngeschäft ist. Und trotzdem: Diese Regeln werden ernst genommen, und man verhält sich nach diesen Regeln.

Fraud-Szene nachgefragt

Die Fraud-Szene entwickelt sich ursprünglich aus der Hacker-Szene. Gerade in den Anfängen sind die Grenzen fließend. Generell kann man jedoch sagen, dass sich die Fraud-Szene immer mehr zu einer abgeschlossenen Subkultur innerhalb der Hacker-Szene entwickelt hat und sich inzwischen klar von ihr distanziert.

Martin sagt hierzu: »Die Fraud-Szene wird von den richtigen Hackern belächelt, für die sind das nur irgendwelche Kiddies, die Leute abziehen. Allerdings programmieren viele hinter vorgehaltener Hand dann Tools oder Programme für die Szene. Wo viel Geld ist, verschwimmen dann auch bei den vermeintlichen Saubermännern die moralischen Grenzen.«

Gibt es Frauen in der Szene?

»Interessanterweise so gut wie gar nicht, weder in den Foren selbst noch in den oberen Kreisen. Frauen sind in dieser Szene fast gar nicht vertreten, meiner Ansicht nach. Genau sagen kann man das natürlich nicht, da sich die Nutzer hinter Pseudonymen verstecken. Vom Gefühl her würde ich den Frauenanteil aber als sehr gering einschätzen.«

Wie destruktiv ist die Szene?

»Das ist eine gute Frage. Es gibt schon viele Leute in der Szene, die Spaß haben, rumzutrollen, Leute abzuziehen oder einfach nur ihre Zeit mit Schwachsinn verbringen. Die hast du aber überall, egal ob im Clearnet bei Instagram, TikTok oder in E-Commerce-Foren. Das ist für mich komplett sinnbefreit. Es gibt aber auch andere, die haben Fachwissen, da geht es um technische Lösungen oder um juristische Analysen, da hast du die Destruktivität eher in dem, was gemacht wird, aber die Leute gehen dann, eher wie ich, lösungsorientiert an die Problemstellung heran. Es sind ja manchmal auch wirklich spannende Fragen, die sich ergeben. Generell ist es aber so, dass viele eine sehr destruktive Sicht der Dinge haben und auch einen verschobenen Humor besitzen.«

Wie geht die Szene mit Erfolgen der Behörden um?

»Der Fall *WallStreet Market* wurde als Beispiel intensiv auf Crimenetwork diskutiert. Die Szene analysiert aufmerksam die Fälle und versucht aus den Fehlern zu lernen. Spezielle Fragen zum Mixen von Coins und das Nachvollziehen ebendieser werden ebenso diskutiert wie die verwendeten VPN-Dienste. Die Szene versucht auch Rückschlüsse auf die Ermittlungsarbeit zu ziehen, diskutiert die Methoden der Beamten und schätzt deren Möglichkeiten ein. Es ist auffällig, dass User teilweise über erschreckendes Fachwissen auch in Bezug auf die Arbeit der Strafverfolgungsbehörden verfügen. Da wird genau analysiert, was eventuell falsch gelaufen ist und was man aus dem Bust lernen kann.«

Gibt es eine Art Moral innerhalb der Szene?

»Moral ist ja generell so eine Sache. Es kommt immer auf den Betrachtungswinkel an. Von außen gesehen sicherlich nicht. Es ist eine Szene, die sich intensiv mit dem Thema Betrug und all seinen Randerscheinungen befasst. Innerhalb der Szene aber schon, auf einer anderen Ebene. Wir, also Coder, Kronos und ich, hatten alle Zugriff auf die Wallets von *WSM*, insofern hätte jeder zu jedem Zeitpunkt abhauen können, und wir reden hier nicht von einer unerheblichen Summe. Aber die Sorge hatte ich nie, da es primär nicht um das Geld gegangen ist. Moral ist vielleicht doch vorhanden, aber auf einer anderen Ebene und in einem sehr kleinen Rahmen.«

Wie gefährlich ist die Fraud-Szene?

»In Bezug auf körperliche Gewalt eher ungefährlich, wobei man nicht vergessen darf, dass es hier um Geld geht und die Szene teilweise auch Schnittmengen zu anderen Subkulturen aufweist. Wenn deine Anonymität verloren geht, kann es auch im realen Leben sehr unangenehm werden. Es gab in der Szene einmal einen Fall, in dem es um einen internen Betrug ging. Der Nutzer, welcher ein anderes Szene-Mitglied gerippt hat, wurde gedoxxt, es wurde also seine wahre Identität öffentlich gemacht, und daraufhin wurden Schläger auf diesen User angesetzt. Meines Wissens nach war der Junge noch keine 18 Jahre alt und wurde übel zugerichtet. Das Ganze wurde aufgenommen, und das Video ist lange innerhalb der Szene kursiert. Es könnte sich auch um einen Fake handeln, ich bin aber sicher, dass es innerhalb der Szene Personalien gibt, die ihre Interessen notfalls mit Gewalt durchsetzen. Betrachtet man das rechtliche Risiko, war es früher wirklich ungefährlich. Allein die Manpower konnte gar nicht gestemmt werden von den Ermittlungsbehörden. Unser Fall hat es ja sehr deutlich gezeigt, dass auch der Gesetzgeber nachgerüstet hat und im IT-Bereich nicht mehr unterschätzt werden darf.«

Hat die Fraud-Szene etwas mit Anonymous zu tun?

»Nein, das hat nicht viel miteinander zu tun. Dass sich auch hier die Szenen überschneiden, steht außer Frage, auch dass die Ästhetik der Maske mitverwendet wird. Als die große Datenschutz-Debatte stattfand, die 2016 in der DSGVO endete, sind auch viele mit Anonymous-Maske aufgetreten. In zahlreichen Dokumentationen wird die Guy Fawkes-Maske als Sinnbild für Cyberkriminalität verwendet, obwohl sie ursprünglich nichts damit zu tun hatte. Sie sieht halt cool und etwas geheimnisvoll aus. Die Anonymous-Gruppierung lässt sich, meiner Meinung nach, am ehesten der Hacker-Szene zuordnen. Wobei sich auch innerhalb von Anonymous zahlreiche Untergruppierungen finden.«

Wie wird mit Aussteigern umgegangen?

»In der Regel bekommt man das nicht mit, wenn einer aussteigt. Derjenige ist dann einfach nicht mehr online. Das war es eigentlich. Anders sieht es aus, wenn einer aussteigt und auspackt. Aber ich denke, das ist in allen Szenen so. Viele User steigen auch offiziell aus, kommen dann aber unter einem anderen Synonym wieder. Das passiert oft, wenn es den entsprechenden Usern zu heiß wird. Andere User hören ganz einfach auf, weil sie gebusted und verurteilt werden. Ich habe auch schon Posts von Usern gesehen, die einfach zu ›alt‹ für die Szene geworden sind und sich persönlich weiterentwickelt haben. Manchmal ändert sich die Sicht auf die Dinge, und was vorher cool und aufregend war, fühlt sich auf einmal falsch und schlecht an.«

Arbeitet die Szene international? Und wie ist die deutsche Szene anerkannt?

»Die deutsche Szene genießt auf internationaler Ebene einen durchaus guten Ruf und ist im Vergleich zu anderen Ländern extrem aktiv und groß. Natürlich finden sich auch in deutschen Fraud-Foren immer mal wieder englischsprachige Nutzer, alles in allem ist die deutsche Szene aber nicht sehr international. Das liegt auch daran, dass die Betrugsmaschen und Methoden meist auf deutsche Ziele ausgerichtet sind. In Deutschland ist schon viel Aktivität im Cybercrime-Bereich, danach würde ich auf Russland und China tippen, das ist aber eine rein subjektive Einschätzung!«

2016 - Der »Telekom-Hack«: Am 27. November 2016 fallen circa1 Millionen DSL-Router aus. Grund hierfür ist ein Hackerangriff auf Deutschlands Telefonanbieter Telekom. Zudem sind circa 100.000 Kunden in Großbritannien betroffen. Der damals 29-jährige Brite Daniel K. wird zu einem Jahr auf Bewährung verurteilt.

Für Martin ist es heute eine Herzensangelegenheit, aktiv in der Präventionsarbeit zu arbeiten, auch nach seiner bevorstehenden Haftstrafe. Er möchte Jugendliche vor gravierenden Fehlern warnen, sie sensibilisieren für die Gefahren und die Faszination, die von Darknet und Cybercrime ausgehen.

--- ..- - --- ..-. - .... . -.. .- .-. -.- .-.-.- -.-. -.-. -..- ..--..

Vielleicht hätte Martin auch einfach auf die Rückseite seines iPhones schauen müssen oder etwas unterhalb seines iMacs. Vielleicht wäre ihm der angebissene Apfel aufgefallen, der doch stark an den Sündenfall erinnert, und vielleicht hätte Martin dann den Teufel in Form der Schlange erkannt, die ihn mit der verbotenen Frucht, der Fraud-Szene, verführt und in den Kaninchenbau lockt, aus dem er so schnell nicht wieder herausfinden würde.

Spätestens jetzt ist klar, Martin ist einen Pakt mit dem Teufel eingegangen. Sein Wunsch, tief in die Fraud-Szene einzutauchen, ist in Erfüllung gegangen. Doch der Preis, den er am Ende zahlt, ist hoch. Abgerechnet wird immer erst am Ende und Martin steht gerade erst am Anfang …

const unfold = (f, seed) => {
const go = (f, seed, acc) =>
const res = f(seed)
return go(f, seed, [])
DO NOT CROSS
POLICE
OT CROSS DO
NH
OH

CYBERCRIME

KAPITEL 6 – CYBERCRIME

Kompendium

Allgemeine Situation

Cybercrime und Cybersicherheit sind die relevanten Themen des 21. Jahrhunderts. Mit zunehmender Digitalisierung wird auch Cybersecurity immer wichtiger – für Unternehmen ebenso wie für Privatpersonen. Ein weiteres Problem ist der immer sorglosere Umgang mit den digitalen Medien. Die wenigsten verstehen die Technik in Gänze, nutzen sie aber täglich.

Statistik

Im Jahr 2019 stieg die Anzahl der Straftaten erneut an, so das Bundeskriminalamt (BKA). Demnach seien die Straftaten im Vergleich zum Vorjahr um 15,4 Prozent auf insgesamt 100.514 gestiegen. (Quelle: bka.de)[1]

Wohlgemerkt: Dies sind nur die Fälle, die gemeldet und entsprechend erfasst wurden. Die Dunkelziffer dürfte um ein Vielfaches höher liegen.

Cyberkriminalität

Über das Darknet, dem versteckten Bereich des Internets, den man nur mit speziellen Browsern betreten kann, wird der Zulauf auf illegale Marktplätze verstärkt. Schadsoftware wird angeboten und verkauft.

Mit etwas Zeit und Recherche lässt sich derartige Software auch im Clearnet finden. Das, was früher nur technisch begabten Profis vorbehalten war, wurde in den letzten Jahren so benutzerfreundlich, dass auch Laien sich angesprochen fühlen. Viren, Trojaner oder Ransomware findet immer mehr Interessenten.

Sicherheitsprogramme

Antivirenprogramme gewinnen immer mehr an Bedeutung und können durchaus helfen, die Sicherheit in Bezug auf Ransomware-Attacken, Phishing-Versuche oder Schadsoftware zu erhöhen. Die Programme werden immer besser und sicherer in der Identifizierung von Schadsoftware. Moderne Antiviren-Programme können schädliche Programme an ihrem Verhalten identifizieren oder Phishing-Seiten frühzeitig erkennen. Auch Echtzeitüberwachungen und Sandbox-Funktionen finden sich in vielen Cybersecurity-Lösungen. Hier ist es ratsam, den einen oder anderen Euro mehr auszugeben und eine passende Antiviren-Lösung auf seinem System zu installieren. Bordeigene Mittel, wie etwa der Windows Defender, bieten oft einen unzureichenden Schutz. Aber natürlich bieten auch Firewalls und An-

---

1 https://www.bka.de/SharedDocs/Downloads/DE/Publikationen/JahresberichteUndLagebilder/Cybercrime/cybercrimeBundeslagebild2019.pdf?__blob=publicationFile&v=3

tivirenprogramme keine 100-prozentige Sicherheit und sollten immer nur als ein Puzzleteil eines Sicherheitskonzepts betrachtet werden.

Die Angreifer

Angreifer, die Computer oder IT-Systeme infiltrieren, werden im Volksmund als »Hacker« bezeichnet. Aber nicht jeder Hacker ist automatisch auch ein Krimineller. Die überwiegende Mehrheit der Hacker sind sogenannte White-Hat-Hacker, die ihr Können ausschließlich für legale und positive Dinge einsetzen. Die Bezeichnung »Hacker« lässt sich also durchaus differenziert betrachten.

Differenzierung

- White-Hat-Hacker: Wie bereits erwähnt, stehen sie für das legale Hacken. Sie prüfen IT-Systeme, meist im Auftrag, auf Schwachstellen und helfen Unternehmen so, die IT-Security zu verbessern.
- Gray-Hat-Hacker: Sie nutzen ihre Fähigkeiten für legale, aber auch illegale Tätigkeiten.
- Black-Hat-Hacker: Sie arbeiten ausschließlich im illegalen Bereich.

White-Hat-Hacker

Die Aufgaben eines White-Hat-Hackers sind mannigfaltig. In der Regel versucht er in Computersysteme einzubrechen, um Schwachstellen für Firmen aufzudecken. Hier spricht man von sogenannten *Penetration Tests*. Dabei wird das angegriffene System auf alle möglichen Schwachstellen getestet, um so auszuschließen, dass unentdeckte Sicherheitslücken vorliegen. Große Unternehmen rufen regelmäßig zu *Penetration Contests* auf, in denen hohe Summen für die Entdeckung von systemrelevanten Schwachstellen ausgeschrieben werden. Entdeckt ein White-Hat-Hacker eine solche Schwachstelle, wird er durch eine »Bounty« belohnt. Bei der »Bounty« handelt es sich in den meisten Fällen um einen Geldbetrag. Die Höhe des Betrags richtet sich meist danach, wie kritisch die gefundene Lücke ist.

Black-Hat-Hacker

Bei den sogenannten Black-Hats handelt es sich um Hacker, die entweder getrieben durch Geldgier oder aus verklärten idealistischen Gründen handeln. In den meisten Fällen geht es aber um Geld. Eine der wohl bekanntesten Angriffsmethoden ist der sogenannte Ransomware-Angriff. Dabei wird das Zielsystem durch den Angreifer verschlüsselt und erst wieder entschlüsselt, wenn ein entsprechendes Lösegeld gezahlt wird – meist in Bitcoin. Ransomware-Angriffe richten sich dabei meist gegen Unternehmen, wobei es in den vergangenen Jahren auch immer häufiger Angriffe auf Behörden, Stadtverwaltungen und selbst Krankenhäuser gab.

Weitere Spezialisten

Es gibt Experten für Linux-Systeme, Webanwendungen, aber auch Programmierer, die sich auf das »Cracken« unterschiedlichster Software spezialisiert haben. Auch Kryptographie oder das Programmieren von Schadsoftware sind Themen, mit denen sich entsprechende Gruppen intensiv beschäftigen.

Zusammenfassung

Die Bandbreite an Spezialisten im Cybercrime-Bereich ist also sehr groß. Sie alle unter dem Sammelbegriff Hacker zusammenzufassen, ist zu eindimensional gedacht. Hat sich dieser Begriff doch, vor allem durch die Medien, als negatives Synonym etabliert, der für jegliche Form der Cyberkriminalität steht. Dabei ist bei Weitem nicht jeder Cyberkriminelle auch ein Hacker, der sich gut mit IT-Systemen oder Programmiersprachen auskennt.

Organisation der Szene

Bereits in den 80er-Jahren wurden Mailbox-Systeme im BTX, dem Vorläufer des Internets, genutzt, um Diskussionsforen zu betreiben. Diese Tradition hat bis heute bestand. Szene-Plattformen, die sich im Darknet, aber auch im Clearnet finden, dienen als Sammelbecken und Kommunikationsplattform innerhalb der Szene. Hier finden sich Angebote, Dienstleistungen und Services, die es auch Laien fast spielerisch per Klick ermöglichen, den Einstieg in die Cyberkriminalität zu finden. Und genau hier liegt die große Gefahr.

Die Cybercrime-Szene ist groß und unterteilt sich in verschiedene Bereiche. Diese Bereiche existieren weitestgehend unabhängig voneinander, aber es finden sich durchaus Überschneidungen und Schnittmengen – ganz ähnlich wie in anderen Szenen auch. Der Übergang von der Hacker-Szene zur Fraud-Szene ist stellenweise fließend.

Fraud-Szene

In der Fraud-Szene dreht sich so ziemlich alles um Online-Betrug. Gestohlene Kreditkarten, Phishing, Filling und eBay-Kleinanzeigen-Betrug. Betrachtet man die Entwicklung der letzten Jahrzehnte, wird einem schnell klar, dass diese Szene und somit der Markt sich progressiv entwickelt haben. Musste man vor 20 Jahren noch Fachkenntnisse und ein gewisses Maß an Intellekt mitbringen, braucht es heute nur noch den Link zu einer entsprechenden Community und die Reise kann beginnen und ja, es ist wirklich so einfach! Denn auch in der Cybercrime-Szene wird Benutzerfreundlichkeit großgeschrieben!

Phishing-Exkurs:

Der Begriff Phishing setzt sich aus dem Begriff Password und Fishing zusammen. Ähnlich dem Angler versucht der Phisher, möglichst viele Daten zu ergattern und geht meist nicht, wie zum Beispiel beim Hacken, gezielt gegen etwas Konkretes vor. Der Phisher hängt vielmehr einen Köder in einen Teich und hofft, dass jemand anbeißt. Bei diesem Köder handelt es sich zumeist um eine Phishing-Mail.

Am ehesten denkt man dabei an das Abfischen von Kreditkartendaten.

Prinzipiell können Daten nicht einfach vom heimischen PC abgezogen werden. Hierfür muss ein spezielles Szenario geschaffen werden, damit der User bereit ist, seine Daten einzugeben.

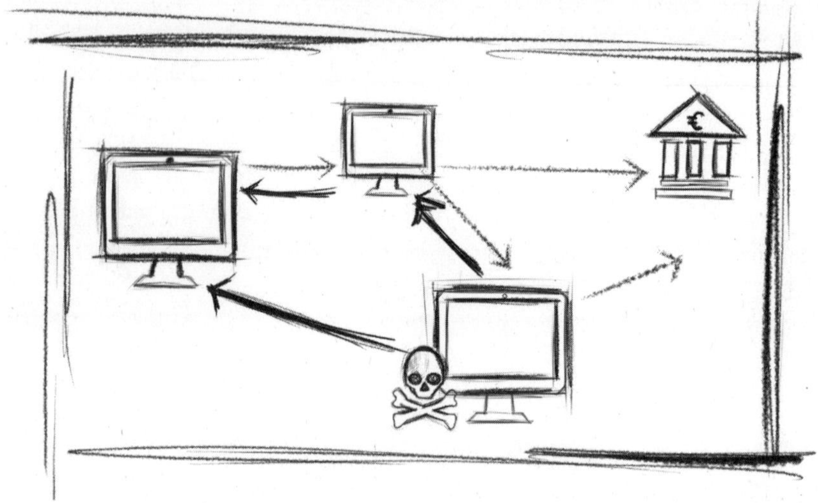

Das Prinzip ist Folgendes: Der User gibt seine Daten im Internet ein, und der Phisher versucht, die Daten abzugreifen. Hierzu lockt er den User auf eine betrügerische Seite, um dann seine Daten, zum Beispiel unter dem Vorwand einer Verifizierung, abzufragen. Meist werden die zugehörigen Links per E-Mail versendet.

Eine sehr bekannte Methode: Eine E-Mail der vermeintlichen Hausbank. Die »Sparkasse« sendet eine Mail, in der ausgeführt wird, dass das Konto des Empfängers gesperrt werde, wenn keine Verifizierung der Daten stattfinde. Infolge des Drucks, der in der Phishing-Mail aufgebaut wird, handeln viele Nutzer vorschnell und unüberlegt. Sie geben sensible Zahlungsdaten ein, in dem Glauben, sich bei ihrer Hausbank zu identifizieren. Tatsächlich landen die Daten jedoch direkt beim Betrüger und werden später für Carding, Faking oder andere kriminelle Methoden genutzt. Hierbei entsteht für das Opfer schnell ein nicht unerheblicher finanzieller Schaden.

Wer jetzt denkt, er müsse lediglich auf sein E-Mail-Postfach achten, irrt. Die klassische Phishing-Mail ist nur eine Methode von vielen. Täglich gibt es unzählige Phishing-Versuche, die teilweise zielgerichtet erfolgen, teilweise durch massenhaft versendete E-Mails, WhatsApp-Nachrichten oder Social-Media-DMs. Eines haben alle Phishing-Methoden gemeinsam: Am Ende wird auf den Faktor Mensch spekuliert, der eventuell einen Fehler macht, indem er zum Beispiel unachtsam einen Link öffnet.

Ist der Phisher erst einmal an die Daten eines Opfers gekommen, gibt es mehrere Möglichkeiten für ihn, diese zu Geld zu machen. Er könnte die gewonnenen Daten selbst verwenden oder gephishte Accounts und Logins anderen Usern innerhalb der Szene zum Verkauf anbieten. Es gibt anschließend zahlreiche Situationen, bei denen sensible oder auch weniger sensible Daten großen Schaden anrichten können.

Doch wie verhält es sich im Detail? Wie wird ein solches Phishing-Script geschrieben? Welche Kenntnisse braucht man und welche Programmiersprachen werden verwendet? Die Antwort ist erschreckend einfach: lediglich HTML, CSS und PHP. Will man etwas eleganter vorgehen, benötigt man noch einen MySQL-Server beziehungsweise eine Datenbank, vielleicht noch etwas Javascript, und das war's. Anders gesagt: Jeder mit etwas Erfahrung in der Web-Entwicklung kann ein solches Phishing-Script in kürzester Zeit erstellen.

Betrachtet man die Statistik der Cyberkriminalität in den letzten zehn Jahren, ist ein fast exponentieller Anstieg zu verzeichnen. Zu beachten ist, dass es sich hierbei nur um die erfassten und zur Anzeige gebrachten Straftaten handelt. Die Dunkelziffer wird vermutlich um ein Vielfaches höher liegen.

Eine ausführliche Erklärung zum Thema Phishing findet sich auf Martins YouTube-Kanal.

Kommentar Rechtsanwalt Christian Solmecke auf die Frage:

Mit welchen Strafen ist bei Kreditkartenbetrug beziehungsweise Phishing zu rechnen?

»Bei einem Kreditkartenbetrug kommt es auf die Vorgehensweise der Täter an. Je nachdem kommen verschiedene Straftatbestände und damit auch verschiedene Höhen der Strafe in Betracht. Zum einen gibt es den Betrug nach § 263 StGB, den Computerbetrug § 263a StGB und die Fälschung von Zahlungskarten gemäß § 152a StGB. Diese Delikte sind mit einer Strafe von bis zu fünf Jahren oder einer Geldstrafe belegt. Zum anderen kann auch der Missbrauch von Kreditkarten nach § 266b StGB erfüllt sein, der mit Freiheitsstrafe bis zu drei Jahren oder einer Geldstrafe bestraft wird. Beim Phishing ist zum einen die Datenbeschaffung als auch die Datenverwendung strafbar. Auch hier können verschiedene Straftatbestände erfüllt werden. Die Freiheitsstrafen variieren zwischen zwei und fünf Jahren.«

Botnetze

In der Szene machen viele User das Infizieren von anderen Rechnern zu einem wahren Sport. Das Ziel der meisten ist: So viele Rechner wie möglich zu infizieren und sich ein möglichst großes Botnetz aufzubauen. Viele prahlen damit auch in den Foren. Damit jedoch genug Nutzer mit einem Bot infiziert werden können, ist eine Sache für den Botnetz-Besitzer von größter Wichtigkeit: Der Bot soll so lange wie möglich unentdeckt bleiben. *Fully Undetected (FUD)* ist das Zauberwort! Wie der Name bereits erahnen lässt, wird Schadsoftware so angepasst, dass sie im besten Fall von keinem Antivirenprogramm erkannt wird.

Um eine Datei unsichtbar für die Algorithmen der Antivirenprogramme zu machen, sind sogenannte Crypter sehr beliebt in der Szene. Diese Tools haben das Ziel, Dateien, welche eine Schadsoftware enthalten, so zu modifizieren, dass Virenscanner nicht anschlagen. In den Fraud-Foren finden sich auch Programmierer, die eben solche Tools verkaufen. Wer es sich leisten kann, lässt sich einen individuellen Crypter programmieren. Die Programmierer verlangen für diese Tools aber meist viel Geld.

Die Alternative: Ein Crypting Service. User, welche Schadsoftware verbreiten wollen, senden ihre ausführbare Datei einem anderen User, welcher einen entsprechenden Service angeboten hat. Die Datei wird dann durch den »Servicedienstleister« entsprechend modifiziert, sodass diese nicht mehr von Virenscannern erkannt wird. Dieser Service ist in der Szene sehr beliebt, da er deutlich günstiger ist, als sich einen eigenen Crypter zu kaufen.

Ein Nachteil zeigt sich allerdings schnell: Viele Nutzer, welche einen Crypting Service anbieten, hängen ihrerseits ihre eigene Schadsoftware an, um die eigenen Botnetze weiter wachsen zu lassen. Denn sie wissen: Wenn ein User das Geld ausgibt, um eine Datei FUD zu bekommen, wird er diese auch verteilen wollen.

Um Schadsoftware »an den Mann zu bringen«, werden damals vor allem Filesharing-Dienste wie Limewire oder eMule genutzt. Durch sogenannte Binder kann ein Trojaner beispielsweise an das Installationsprogramm einer beliebten Software angehängt werden. Führt ein Nutzer dieses Installationsprogramm nun aus, erhält er neben dem Tool, welches er installieren will, auch eine böse Überraschung: Den Bot beziehungsweise die Schadsoftware.

So entstehen schnell riesige Botnetze, welche tatsächlich lange unbemerkt bleiben. Erst wenn das entsprechende Netz dann zum Einsatz kommt, wird die Schadsoftware entdeckt. Dergleichen aus dem Nichts zu erschaffen, ist für viele damals ein erhebendes Gefühl, vergleichbar mit dem Erstellen der ersten Homepage.

Szene-Software

Nicht nur im Hacker-Bereich findet sich speziell entwickelte Software oder Betriebssysteme wie Kali Linux, dem Betriebssystem für Hacker. Auch in der Fraud-Szene gibt es spezielle Software, die das Betrügen erleichtert. Die Programme, die professionell und vor allem benutzerfreundlich und intuitiv funktionieren, machen es Ungeübten problemlos möglich, mit wenigen Klicks aktiv in der Szene mitzumischen. Professionellen Betrügern erleichtern diese Programme das massenhafte Verwalten von zum Beispiel eBay-Kleinanzeigen-Accounts.

Das Interessante: Durch die cleane Oberfläche der Programme und den einfachen Aufbau wird die Hemmschwelle massiv abgebaut. Das Unrechtsbewusstsein tritt erschreckend schnell in den Hintergrund. Man hat das Gefühl, ein normales Programm zu bedienen, und vergisst, dass es tatsächlich um schwersten Betrug geht.

Es fühlt sich eher an, als würde man seinen Wocheneinkauf verwalten – und nicht, als würde man eine reale Person berauben.

Man erkennt sehr schnell, dass durchaus Spezialisten im Bereich Software ihre Fähigkeiten der Szene zur Verfügung stellen. Doch warum? Leute mit derartigen Fähigkeiten müssten doch ohne Probleme in der freien Wirtschaft einen gut bezahlten Arbeitsplatz bekommen, oder nicht? Die Realität sieht oft anders aus: In der Szene finden sich zwar viele User mit guten Fähigkeiten in den unterschiedlichsten IT-Bereichen, diese Fähigkeiten haben sie aber zumeist nicht in einer entsprechenden Ausbildung erworben, sondern sie sind aus dem Interesse an der Szene entstanden. Infolge der zumindest auf dem Papier fehlenden Ausbildung haben es diese User oftmals dann nicht leicht auf dem Arbeitsmarkt. Zusätzlich lockt die Szene mit vermeintlich schnellem Geld und wenig Arbeit. Die rechtlichen Folgen werden ausgeblendet.

Am Ende lautet die Antwort auf alle Fragen wieder einmal: Geld. Mit derartigen Softwarelösungen lässt sich sehr viel in der Szene verdienen. Oft wird nach dem Abo-Prinzip abgerechnet – die Preise für eine Woche liegen bei etwa 10 Euro, eine Monatszahlung kann bis zu 180 Euro betragen. Auch hier zeigt sich die Szene sehr anwenderfreundlich.

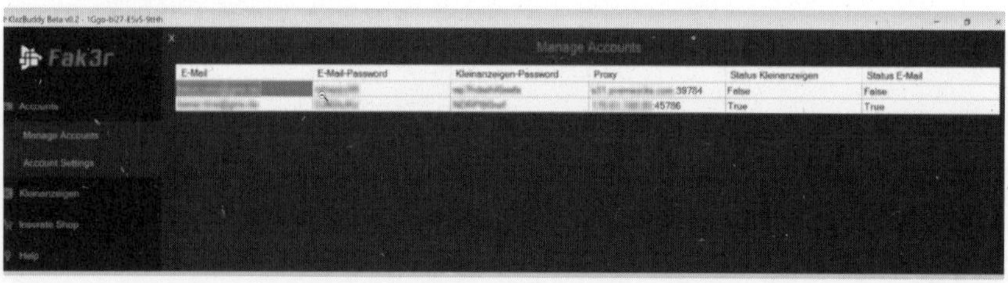

Hacker-Szene

Anders als in der Fraud-Szene geht es in der Hacker-Szene eher um IT-Systeme und das Infiltrieren von verschiedensten Netzwerken oder Systemen. Zudem sind hier nun wirklich gewisse IT-Kenntnisse vorausgesetzt. Viele User aus der Hacker-Szene sehen die Fraud-Szene sehr kritisch und wollen sich nicht damit vergleichen lassen.

Hacker, die mit Ransomware fremde Systeme verschlüsseln, um danach ein Lösegeld zu fordern, unterscheiden sich allerdings kaum vom klassischen »Fraudler«. Die Intention ist meist dieselbe: das schnelle Geld.

Interessiert man sich allerdings für das Hacken im White-Hat-Bereich, besteht über den Chaos-Computer Club ein offizielles Sprachrohr, welches dem Interessierten einen legalen Einstieg in die Szene ermöglicht.

Martin Frost zu Cybersicherheit

»Cybersicherheit wird sicher eines der zentralen Themen der Zukunft sein. Mit der wachsenden Digitalisierung und dem oft sehr naiven Umgang mit den entsprechenden Medien werden sich zukünftig immer weitere Ansätze für Cyberkriminelle ergeben. Die Gefahr, Opfer von Cybercrime zu werden, besteht dabei sowohl für Privatpersonen als auch für Unternehmen jeglicher Größe. Wir reden hier teilweise von Schäden in Millionenhöhe. Aus diesem Grund bin ich der Ansicht, dass wir als Gesellschaft zukünftig noch mehr daran arbeiten sollten, passende Lösungen im Bereich Cybersicherheit zu finden und auch die Sensibilität für diese Thematik zu erhöhen.«

Ransomware

Man liest es immer wieder in den Schlagzeilen: Angreifer versuchen, ganze Computernetzwerke von Firmen, Kliniken oder Stadtverwaltungen zu infiltrieren, um diese anschließend zu verschlüsseln. Die Daten werden erst wieder entschlüsselt, wenn eine Lösegeldzahlung erfolgt. Folgt keine Zahlung, werden die Daten im Darknet veröffentlicht oder verkauft. Ein prominentes Beispiel ist der Hack des Fraunhofer Instituts, dessen Daten nach einem Hack auf einer Darknet-Plattform namens Industrial Spy zum Kauf angeboten wurden.

Trojaner

Trojaner ist die Kurzform für »Trojanisches Pferd«. Es handelt sich um ein schädliches Computerprogramm, das zur Gruppe der Malware zählt. Umgangssprachlich werden Trojaner oft fälschlicherweise als Oberbegriff für Computerviren, Backdoors und Rootkits genannt. Oft tarnen sich Trojaner als nützliche Anwendungen, im Hintergrund werden aber andere Funktionen ausgeführt. Natürlich ohne das Wissen des Anwenders. Mit Trojanern lassen sich Computer fernsteuern, Programme ausführen oder sensible Daten auslesen. Die Bezeichnung geht auf die griechische Mythenwelt zurück: Während der Belagerung Trojas wurde ein hölzernes Pferd als Geschenk getarnt in die Stadt Troja eingeschleust. Das Pferd war allerdings nur auf den ersten Blick eine freundliche Geste. Im Innern der Holzkonstruktion befanden sich griechische Soldaten. Sie öffneten bei Nacht die Stadttore, sodass die griechische Armee eindringen konnte.

Viren

Ein Computervirus ist ein Programm, das in der Lage ist, sich selbst zu reproduzieren. Ähnlich wie bei einem Grippevirus, schleusen sich auch Computerviren in verschiedene Programme oder Speicher ein und infizieren so ganze Systeme. Viren können viele Funktionen haben. Sie beeinflussen die Funktionsweise des Computers und haben üblicherweise schädliche Auswirkungen auf das System. Die Viren löschen beispielsweise Dateien, verhindern das Ausführen des Betriebssystems oder beschädigen im Extremfall sogar die Hardware.

Keylogger

Bei einem Keylogger handelt es sich um eine Soft- oder Hardware, mit der sich die Tastenanschläge eines Benutzers auf einem Computer aufzeichnen lassen. So ist es möglich, vertrauliche Daten oder Passwörter auszuspionieren. Keylogger sind in der Lage, sämtliche Tastenanschläge zu protokollieren oder über eine selektive Aufzeichnung nur relevante Daten wie Passwörter oder PINs aufzuzeichnen. Die aufgezeichneten Daten werden dann entweder lokal auf einer Festplatte gespeichert oder über das Internet direkt an den Angreifer gesendet.

Router-Angriff

Ein Router-Angriff oder Router-Hacking, kurz DNS-Hacking, ist eine Vorgehensweise, in der Hacker versuchen, Schwachstellen zu nutzen, um sich Zugang zu einem Router zu verschaffen. Da ein Router oft mit mehreren Geräten innerhalb eines Netzwerks kommuniziert, lassen sich mit dieser Vorgehensweise oft auch weitere Geräte oder Netzwerke infizieren. Router-Angriffe sind ein Grund dafür, warum Unternehmen den Einsatz einer Hardware-Firewall in Betracht ziehen sollten.

Network Sniffing

Network Sniffing beziehungsweise ein Sniffing-Angriff ist ein Vorgehen, das sich als »im Netzwerk herumschnüffeln« beschreiben lässt. Meist mit Hilfe einer Software gelingt es Hackern, den laufenden Datenverkehr in einem Netzwerk auszulesen und auszuwerten. Ziel sind dabei oft Daten wie Bankinformationen, Logins und so weiter. Neben Software verwenden Hacker gelegentlich auch sogenannte Hardware-Sniffer. Network Sniffing wird zudem oft genutzt, um Informationen von Unternehmen auszuspionieren.

Genereller Betrug im Internet

Der Betrug ist im Internet in allen Bereichen zu finden und nicht lediglich im Zusammenhang mit Drogen, Waffen oder falschen Identitäten. Gerade im Alltagsbereich, beim Surfen oder beim Suchen nach der nächsten Ferienwohnung lauern zahlreiche Gefahren.

Fake Shops

Speziell zu Weihnachten schießen sie wie Pilze aus dem Boden: Fake Shops. Optisch kaum von bekannten und seriösen Onlineshops zu unterscheiden, bieten sie Trendprodukte wie Spielekonsolen, Drohnen oder Handys an. Meist zu sehr günstigen Preisen. Bestellt ein Nutzer jedoch in einem solchen Shop, wird er keine Ware erhalten. Fake Shops werden durch Betrüger aufgesetzt, um möglichst viel Geld in kürzester Zeit zu »erwirtschaften«. Die angebotenen Waren sind dabei nicht verfügbar, und es besteht auch nicht die Absicht, überhaupt etwas an die Zahlenden zu versenden. Eine klassische und weit verbreitete Betrugsmasche.

Kleinanzeigen-Betrug

Kleinanzeigen sind für Betrüger ein beliebter Ort, um entweder illegal erworbene Ware zu Geld zu machen oder aber, um Käufer und manchmal auch Verkäufer zu betrügen. So werden Kleinanzeigen-Accounts gekapert, Fake-Artikel eingestellt oder komplexe Betrugsmaschen wie der Dreiecksbetrug durchgezogen. Wird hier ohne Käuferschutz gekauft, ist das Geld meist verloren.

In folgendem Kurzvideo erklärt Martin, wie der Dreiecksbetrug abläuft.

Betrug mit Ferienwohnungen

Auch Bereiche, die auf den ersten Blick nichts mit Darknet und Cybercrime zu tun haben, sind betroffen. Nicht selten werden Ferienwohnungen angeboten, die es niemals zu mieten gab. Die Masche ähnelt dabei anderen Betrugsmaschen: Die Anzahlung für die Ferienwohnung wird eingesammelt, dann sind die Betrüger weg. Ähnliches gilt für den Autohandel oder für Textilien, der Markt im Bereich Betrug scheint unerschöpflich. Ist man betroffen, sollte man den Betrug unbedingt zur Anzeige bringen. Auch Verbraucherschutzbehörden können helfen oder weitere Ansprechpartner vermitteln.

Kommentar Rechtsanwalt Christian Solmecke auf die Frage:

Gibt es unterschiedliche Strafen bei unterschiedlichen Betrugsmaschen?

»Im Strafgesetzbuch sind verschiedene Betrugsdelikte normiert, alle in den §§ 263ff. StGB. Je nach Art des Betrugs wird dort ein unterschiedliches Strafmaß angeordnet. Zum Beispiel droht auf das Grunddelikt des Betrugs in § 263 StGB eine Freiheitsstrafe bis zu fünf Jahren oder eine Geldstrafe. Bei Kreditbetrug gemäß § 265b StGB droht hingegen ›nur‹ eine Freiheitsstrafe bis zu drei Jahren.«

Sicherheitsmaßnahmen

Ein perfektes Sicherheitssystem gibt es nicht, aber man kann es dem Angreifer möglichst schwer machen. Zu Beginn muss man sich die Struktur vor Augen halten. Die Internetleitung wird an den Router und dann an den Computer angeschlossen, über ein Kabel oder WLAN. Hier besteht die erste Möglichkeit, eine zusätzliche Sicherheitsschranke einzubauen, durch eine externe Firewall. Das Signal wird vom Router erst an die Firewall gegeben und dann zum Rechner weitergeleitet.

Als Nächstes muss man den Rechner betrachten. Die allgemeinen Schutzvorkehrungen sollten auch hier vorhanden sein – also ein Antivirenprogramm mit eingebauter Firewall. Um innerhalb des Rechners weitere Sicherheitsvorkehrungen treffen zu können, sollte man mit einer virtuellen Maschine arbeiten. Diese ist wichtig, um E-Mails, PDFs und Word-Dateien auf Viren zu prüfen, bevor sie auf den heimischen Rechner gelangen.

Hat man ein derartiges System eingerichtet, ist es wichtig, die verbundenen Endgeräte im Auge zu behalten. Je mehr Geräte zum Beispiel über das WLAN kommunizieren, umso größer ist die Gefahr, über besagte Endgeräte infiziert zu werden. Entsprechenden Firmware-Updates sollten deshalb regelmäßig und vor allem zeitnah installiert werden. Viel zu oft werden Updates verschoben oder erst nach Monaten durchgeführt.

Man wird nicht drum herumkommen, sich auch im Privaten eine kleine Sicherheitsarchitektur zu erschaffen. Das bezieht alle elektronischen Geräte ein, die über ein Heimnetzwerk verbunden sind.

Abwehr für Unternehmen

Insbesondere Unternehmen sind oftmals von Attacken betroffen, schließlich sind die Daten für den Betrieb von existenzieller Bedeutung. Je größer der Betrieb, desto höher auch das Risiko. Obwohl der Faktor Mensch nicht unterschätzt werden sollte, wird in vielen Betrieben wenig bis keinerlei Schulung für Mitarbeiter angeboten, um Cyber-Angriffe erkennen und vermeiden zu können.

Abhilfe bieten die bereits genannten White-Hat-Hacker, welche die Sicherheitsarchitekturen auf ihre Schwachstellen überprüfen. Ihre Angriffe laufen in Absprache mit dem Unternehmen und sind somit von der Strafverfolgung ausgenommen.

Der sogenannte Hackerparagrafen § 202c StGB

Strafgesetzbuch (StGB) § 202c Vorbereiten des Ausspähens und Abfangens von Daten

(1) Wer eine Straftat nach § 202a oder § 202b vorbereitet, indem er

1. Passwörter oder sonstige Sicherungscodes, die den Zugang zu Daten (§ 202a Abs. 2) ermöglichen, oder

2. Computerprogramme, deren Zweck die Begehung einer solchen Tat ist, herstellt, sich oder einem anderen verschafft, verkauft, einem anderen überlässt, verbreitet oder sonst zugänglich macht, wird mit Freiheitsstrafe bis zu zwei Jahren oder mit Geldstrafe bestraft.

(2) § 149 Abs. 2 und 3 gilt entsprechend

Datensicherung / Backup

Die Datensicherung, sogenannte Backups, können zumindest den laufenden Betrieb gewährleisten und insofern vor Hackerangriffen schützen, in dem ein System in den Zustand zurückgesetzt werden kann, der vor dem Angriff liegt. Damit eine derartige Sicherung funktioniert, müssen regelmäßige Backups durchgeführt werden.

Sensible Daten

Sensible Daten sind alle Daten, mit denen man in irgendeiner Weise Rückschlüsse auf eine private Person ziehen kann. Zudem sind sensible Daten wie das Geburtsdatum sicherheitsrelevant, wenn man etwa an den Secure Code bei Kreditkarten denkt.

Personalschulung

Unternehmen und Privatpersonen werden langfristig nicht darum herumkommen, sich regelmäßig in Sachen Cyber-Sicherheit auf dem Laufenden zu halten. Intensive Mitarbeiterschulungen im Umgang mit dem Handy im Firmennetzwerk sowie im Umgang mit Dokumenten wie PDF und Word sind zwingend notwendig. Das Thema Cyber-Sicherheit muss in die tägliche Routine eingehen; Firmen, Unternehmen, aber auch Privatkunden sollten diesen Punkt keinesfalls unterschätzen.

Martin Frost: »Wie kann man sich schützen?«

»Das Wichtigste ist primär sichere Passwörter zu verwenden und diese regelmäßig zu erneuern. Hier können Passwortmanager wie KeePass eine große Hilfe sein. Ein weiterer Sicherheitsfaktor ist die sogenannte Zwei-Faktor-Authentisierung. Dieses Verfahren erhöht die Sicherheit und ist bei den meisten Anbietern mittlerweile Standard.

Auch regelmäßige Updates und Backups wichtiger Daten tragen zu einer höheren Sicherheit bei. Neben Soft- und Hardwarelösungen ist zudem eine gewisse Sensibilität wichtig. Denn oft ist die größte Schwachstelle leider der Mensch selbst, und genau das nutzen Cyberkriminelle für sich.

Beachtet man diese Punkte, ist man schon recht sicher unterwegs. Problematisch wird es immer dann, wenn unbekannte Dateien geöffnet werden. Oft hängen Betrüger Schadsoftware an verschiedenste Anhänge, um so Privatrechner oder auch ganze Firmen-Netzwerke zu infiltrieren. Solche Dateien sollten im Zweifel nur in einer virtuellen Maschine (VM) geöffnet und geprüft werden. Für Firmen ist es außerdem ratsam, den kompletten E-Mail-Verkehr inklusive der Anhänge auf Viren zu prüfen.

Erschreckenderweise machen sich sehr wenige Unternehmen Gedanken über entsprechende Sicherheitsvorkehrungen. Gerade im mittelständischen Bereich sehe ich hier noch viel Handlungsbedarf.

Virtual Private Network (VPN)

Für das anonyme Surfen eignen sich sogenannte VPN-Dienste. Die Vergangenheit hat aber gezeigt, dass auch diese keine 100-prozentige Anonymität bieten. Viele Anbieter geben auf Anfrage die Daten ihrer Nutzer heraus. Und auch bei Anbietern, die in der Cybercrime-Szene als sicher erachtet werden, haben Behörden die Möglichkeit, User zu identifizieren. So ist es auch einem der Administratoren des *WallStreet Markets* geschehen.

Virtuelle Maschine (VM)

Virtuelle Maschinen, kurz VMs, sind Betriebssysteme innerhalb eines Betriebssystems. VMs schaffen eine geschlossene Umgebung, die getrennt vom Haupt-Betriebssystem funktioniert. Sie eignen sich besonders, um E-Mail Anhänge oder verdächtige Dateien auf Schadsoftware zu prüfen, ohne dabei das eigentliche Betriebssystem zu gefährden. Auch in der Szene werden VMs aus Sicherheitsgründen gern genutzt.

Pretty Good Privacy (PGP)

Ist ein populäres Programm, mit dem beispielsweise Nachrichten oder E-Mails über das Internet verschlüsselt und entschlüsselt werden können. Es wird außerdem dazu verwendet, die Echtheit von Nachrichten und verschlüsselten Dateien mit Hilfe digitaler Signaturen zu überprüfen. Darüber hinaus kann PGP auch zur Verschlüsselung von Dateien oder Ordnern verwendet werden. Sensible E-Mails werden oft mittels PGP verschlüsselt. E-Mail-Anbieter wie beispielsweise ProtonMail bieten heutzutage integrierte PGP-Verschlüsselungen für einen sicheren E-Mail-Verkehr. Auch in der Cybercrime-Szene ist die PGP-Verschlüsselung beliebt und wird in Darknet-Kreisen oft und gern genutzt.

Cyberkrimineller oder Whistleblower?

Ob es sich bei bestimmten Aktionen und Taten um Cybercrime handelt oder nicht, ist in einigen Fällen nicht ganz eindeutig. So finden sich in der Geschichte Personalien bei denen die Meinungen, je nach Standpunkt, durchaus auseinandergehen. Ist ein Journalist, der Kriegsverbrechen veröffentlicht, ein Cyberkrimineller, oder verdient er den Schutz der Politik und der Staaten? Heiligt der Zweck die Mittel? Einige Fälle der jüngsten Geschichte polarisieren sehr stark, und die Antwort auf die Frage »Kriminell oder Weltenretter?« ist oft nicht klar zu beantworten.

Edward Snowden

Edward Joseph Snowden ist ein ehemaliger CIA-Mitarbeiter, der 2013 zum Whistleblower wurde. Er gab Geheiminformationen und -akten frei, die einen Einblick in die teilweise umstrittenen Überwachungspraktiken der Geheimdienste der USA und Großbritanniens boten.

In den USA als Verräter eingestuft, hat Snowden mittlerweile in Russland Asyl gefunden und wird heute von vielen als einer der größten Whistleblower der jüngsten Geschichte gesehen.

PRISM - der Geheimdienst hört mit

Bei PRISM handelt es sich um ein streng geheimes Überwachungsprogramm des US-Geheimdienstes und der NSA. Die Software wertet die elektronisch gespeicherten Medien und Daten aus. Mithilfe dieser Software gelang es den Geheimdiensten in der Vergangenheit, die Server von großen Internetkonzernen anzuzapfen. Nachdem der Whistleblower Edward Snowden im Jahr 2013 die Existenz von

PRISM und dessen Funktion den Medien bekannt gab, sorgte PRISM für weltweite Schlagzeilen.

Julian Assange

Zwar ist der Wikileaks-Gründer Julian Assange kein »Hacker«, allerdings hat er, zumindest nach Ansicht der USA, mit einem solchen zusammengearbeitet, um geheime Militärprotokolle zu erlangen. Der aus Australien stammende Journalist hat über seine Seite Wikileaks diverse Geheimunterlagen veröffentlicht, welche das US-amerikanische Militär in ein fragwürdiges Licht rückte. Seit 2010 versucht sich Assage der Auslieferung an die US-Behörden zu entziehen. Aktuell verhandeln die USA mit Großbritannien über seine Auslieferung (Stand 06/2022). Viele Journalisten sehen das Auslieferungsverfahren als politisch motiviert und befürchten einen Eingriff in die Pressefreiheit.

Ross Ulbricht und Silkroad

Ross Ulbricht war in der Cybercrime-Szene so etwas wie eine lebende Legende. Seine Plattform Silk Road galt lange als der größte Darknet-Marktplatz der Welt. Früh begann Ross Ulbricht an der Verwirklichung seiner Idee, via Tor-Netzwerk und BitCoin-Zahlung einen Schwarzmarkt im Internet zu betreiben. Zwei Jahre lang tüftelte er herum, bis Silkroad Anfang 2011 online ging. Ulbricht hat eine eigene Definition von Freiheit, Gesellschaft und Selbstverwirklichung. Er sieht die Plattform Silk Road als eine Art letzten Ort, an dem man frei von Gesetzen und Politik kaufen, handeln und kommunizieren konnte. Ulbricht – oftmals unter seinem Nickname DPR – formuliert eine Art Darknet-Philosophie und lässt dabei alle negativen Themen außer Acht, die beispielsweise in Bezug auf Drogenhandel zu bedenken wären.

Ulbricht wurde am 1. Oktober 2013 in einer öffentlichen Bibliothek in San Francisco verhaftet. Er wurde zu zweimal lebenslänglich plus 45 Jahre in den Vereinigten Staaten von Amerika verurteilt. Zahlreiche Unterstützer forderten eine mildere Strafe, diese wurde aber nicht verhängt. Auch die erhoffte Begnadigung nach der Amtszeit von Donald Trump wurde ihm nicht gewährt.

Der Fall Silkroad und Ross Ulbricht sind einzigartig in der Geschichte des Darknets. Vermutlich wird Ross-Ulbricht seine restliche Lebenszeit im Gefängnis verbringen.

Kommentar Rechtsanwalt Christian Solmecke auf die Frage:

Welche Möglichkeiten hat jemand, der aussteigen will? Gibt es eine Art Erleichterung, wenn man sich zu einer Selbstanzeige entschließt?

»Eine Selbstanzeige kann sich positiv auf die Strafhöhe auswirken. Allerdings ist sie kein Freifahrtschein, straflos wird man dadurch natürlich auch nicht. Wenn man eine mildere Strafe erhalten möchte, empfiehlt es sich aber, geständig zu sein und umfänglich mit den Behörden zusammenzuarbeiten.«

Fazit

Man muss kein Prophet sein, um zu sagen, dass auch die Cyberkriminalität mit zunehmender Digitalisierung immer weiter wachsen wird. Folglich wird auch das Thema Cybersicherheit immer weiter an Bedeutung gewinnen. Wir alle müssen ein Bewusstsein für die Gefahr entwickeln und Routineaufgaben, die mit Cybersicherheit zusammenhängen, einen Platz in unserem Alltag einräumen. Wer nicht mit der Zeit geht – muss mit der Zeit gehen.

KAPITEL 7 – AUSBILDUNG

Zeitraum 2010–2013, Alter 21–24 Jahre

»Lehrjahre sind keine Herrenjahre.«
KÖRTES SPRICHWÖRTERLEXIKON VON 1847

Endlich ist es so weit. Martins erster Ausbildungstag. Lange ist er unentschlossen gewesen, konnte sich nicht entscheiden, hat diesen und jenen Job ausgeübt, um am Ende trotzdem ohne Idee dazustehen. Sein Bruder Michael hat bereits mit 16 Jahren eine Ausbildung als Koch begonnen. Umso mehr ist heute der große Tag. Martins Vater hat ihm geholfen, einen Ausbildungsplatz als Elektroniker für Betriebstechnik im Konzern zu bekommen.

Aufregung liegt in der Luft, als Vater und Sohn beim Werksgelände des Ausbildungszentrums vorfahren. »Viel Glück!«, ruft der Vater ihm zu, bevor Martin den Eingangsbereich der Ausbildungsstätte betritt. Mit 20 Jahren ist er nicht mehr der Jüngste, die anderen Azubis sind um die 16 Jahre alt.

»Was habe ich mir da angetan?«, denkt sich Martin. Er steht immer noch ungern im Mittelpunkt und versucht seine Nervosität zu überspielen.

Die Einweisung beginnt. Das Kennenlernen mit den Ausbildern und der obligatorische Rundgang durch den Betrieb machen den ersten Ausbildungstag zu einem Erlebnis. Seine Mitazubis scheinen alle okay zu sein, schließlich teilen sie Martins Schicksal.

Nach dem ersten Willkommen wird gemeinsam in der Kantine gegessen. Alles ist aufregend, man beschnuppert sich und versucht, möglichst cool zu wirken. Dann geht es zur Ausgabe der Arbeitskleidung. Der erste Blaumann. Ein wirklich gutes

Gefühl. Das Logo der Firma ist edel auf die Latzhose gestickt, und der Arbeitsausweis gibt dem Ganzen etwas hoch Offizielles. Martin ist stolz.

Erleichtert berichtet er nach Feierabend seiner Mutter von dem Erlebten und präsentiert seine Berufsbekleidung. Es wird klar, Martin hat seinen Platz im beruflichen Leben gefunden. Mit den Händen arbeiten, praxisbezogen und dazu noch in einem Top-Unternehmen. Ein guter Start in einen neuen Lebensabschnitt.

»Mein Mann und ich waren froh, dass es mit der Ausbildung geklappt hat und dass es Martin auch Spaß gemacht hat. Er kam ganz aufgeregt nach Hause und hat erst mal alles erzählt. Er ist ja auch richtig gut gewesen und wurde später übernommen«, erzählt Martins Mutter rückblickend.

Die erste Woche im Betrieb geht schnell vorbei. Der Konzern gibt sich viel Mühe, die Auszubildenden zu integrieren. So ist es Tradition, dass jeder Jahrgang nach den ersten Wochen im Betrieb eine »Kennenlern-Woche« absolviert: Alle fahren gemeinsam an einen idyllischen Ort, wo mit Gruppenspielen und Teamaufgaben das Wir-Gefühl gefördert werden soll.

Das Areal ist riesig. Überall stehen kleine Häuschen, eingerichtet mit Bad und Schlafzimmer. Zusätzlich befinden sich große Aufenthaltsräume auf dem Gelände, sogar ein Schwimmbad gehört zum Angebot. Der Konzern lässt es sich einiges kosten, seine Azubis für die Arbeitswelt vorzubereiten. Martin hat große Lust auf diesen Trip, ist es doch die perfekte Gelegenheit, etwas mehr über seine Gefährten zu erfahren. Die Fahrt mit dem gemieteten Reisebus ist aufregend. Alle sind gut gelaunt – es kursieren Gerüchte, dass in Thüringen gern gefeiert wird.

Dort angekommen werden als Erstes die Unterkünfte begutachtet, und Martin staunt nicht schlecht. Ein separates Bad ist schon mal die halbe Miete, auch der Rest ist überdurchschnittlich gut ausgestattet. Für den Jahrgang ist es Luxus pur, und so bleibt es nicht aus, dass auch über die Stränge geschlagen wird. Man ist jung, man ist weg von zu Hause, da gehen dem ein oder anderen die Pferde durch.

Obwohl ein striktes Alkoholverbot herrscht, wird am Abend ordentlich getrunken. Simon, einer aus Martins Jahrgang, der vom ersten Tag an als Nerd abgestempelt war, zeigt den anderen eine komplett neue Seite von sich. Er kehrt förmlich sein

Innerstes nach außen, als er nach einer halben Flasche Wodka im Schlaf sein Bett dekoriert.

Nach diesem Vorfall setzt der Konzern die allseits beliebte »Kennenlern-Woche« für zwei bis drei Jahre aus. Der Jahrgang von Martin hat es einfach zu sehr eskalieren lassen.

Seine Ausbildung als Elektroniker für Betriebstechnik fällt ihm leicht, und er steht schnell auf eigenen finanziellen Beinen. Mit der Unterstützung seiner Familie kann man durchaus von einem sorglosen Leben sprechen.

2012 - Boxweltmeister Wladimir Klitschko erlangt seinen 50. K.-o.-Sieg und bleibt Weltmeister, später wird er Bürgermeister der Stadt Kiew. Am 29.09. betreten Freimaurer den Hamburger Michel.

Die ersten Bitcoins

Der Bitcoin ist seit 2009 auf dem Markt und erfreut sich wachsender Beliebtheit. Martin interessiert sich früh für die Kryptowährung, sieht er in ihr doch die Zukunft. Die Wirtschaftskrise hat ihm gezeigt, wie vergänglich Geldwerte sein können, und irgendwie hat er das Gefühl, aus dem Bitcoin könnte später mal eine Art Apple-Aktie werden.

Er ist jung, Geld ist vorhanden. Warum nicht in diese neue Form der Währung investieren? Zu dieser Zeit spricht er oft über Bitcoins und den neuen Trend, doch seine Eltern können damit nicht viel anfangen. Viel zu viel Risiko, und auch im Betrieb interessiert sich zu dieser Zeit keiner für den Nerd-Kram. Ein altbekanntes Gefühl.

Martin vertraut auf seinen Riecher. Er investiert einen großen Teil seines Azubi-Gehalts in Bitcoin, die er damals zu einem Preis von circa 230 € das Stück kauft. Aus heutiger Sicht ein gutes Investment. Damals der komplette Irrsinn und Zündstoff für weitere Diskrepanzen zwischen Vater und Sohn.

Wie bei großen Konzernen üblich, zahlt auch Martins Ausbildungsbetrieb seinen Mitarbeitern eine Bonuszahlung Ende des Jahres aus. Hier haben sie die Wahl zwischen Aktien oder Geld. Martin entscheidet sich für die Bargeldauszahlung und investiert sein Geld in Bitcoin. Bereits jetzt wird deutlich, dass Martin gut mit Geld umgehen kann. Verschuldet war er nie, und seine Bonität ist durchgehend gut.

Die Ausbildung ist im klassischen Blockunterricht aufgebaut. Zwei Wochen Berufsschule, zwei Wochen Betrieb. Martin absolviert parallel zu seiner Ausbildung das Fachabitur. Er hat gemerkt, dass ein schlechterer Schulabschluss mit schlechteren Ausgangsvoraussetzungen im Berufsleben einhergehen.

In der Ausbildung zum Elektroniker für Betriebstechnik werden Martin die Grundkenntnisse der Elektrotechnik gelehrt, das Verständnis für Schaltanlagen und Industrieelektronik vermittelt. Ihm machen die Themen Spaß, und er kann den Lernstoff gut verinnerlichen. Anders als damals in der Schule hat er hier seine ersten Erfolgserlebnisse.

Martin fällt auf. Seine große Erscheinung, die offene Art und auch sein Humor helfen ihm dabei, mit seinen Kollegen ins Gespräch zu kommen. Er ist gern gesehen, auch bei den höheren Stufen, im Ausbildungszentrum bemerkt man den »Stift«, wie man so schön in der Auszubildendensprache sagt. Der unsichere Schüler hat sich, nicht nur durch die Bundeswehrzeit, zum jungen und immer selbstsicheren Mann gemausert.

Martin und sein Vater allerdings geraten immer öfter aneinander. Die Ansichten gehen stark auseinander. Die häusliche Nähe befeuert die Ressentiments. Sein Vater empfindet Martins Entwicklung als desaströs. Die ganze Internetgeschichte, auch dass Martin seinen eigenen Standpunkt findet und vertritt, ist dem Vater ein Dorn im Auge. Die Nerven liegen bei allen blank, und die Zündschnüre werden immer kürzer.

Martins Mutter erinnert sich noch gut an diese Phase. »Das war am Ende kein Spaß mehr. Martin hat keine Gelegenheit ausgelassen, meinen Mann zu provozieren, und der ist darauf eingegangen. Zuletzt stand es Spitz auf Knopf. Ich habe meinem Mann damals gesagt, er soll gar nicht auf die Idee kommen, mich vor die Wahl zu stellen, die Nummer verliert er. Umso glücklicher war ich, als Martin ausgezogen ist und wieder Frieden einkehrte. Diese Zeit war schon extrem belastend für alle von uns. Martin kann ganz schön polarisieren, wenn er will, kleine Sätze, die bei meinem Mann damals wie Sprengstoff gewirkt haben. Zum Glück war es nur eine Phase.«

Der Auszug

Es kommt zum Auszug aus dem elterlichen Heim. Der klassische Trennungsprozess verläuft im Fall von Martin und seinen Eltern etwas turbulenter. Letztendlich erkennen aber alle, dass der Abschied eine gute Entscheidung ist. Mit seiner Freundin zieht er 2012 nach Stuttgart, in eine 60-Quadratmeter-Wohnung im Erdgeschoss. Hier werden sie für die nächsten vier Jahre ihre Zelte aufschlagen.

Während dieser Zeit fällt Martin vorwiegend wegen seiner IT-Kenntnisse auf. Er weiß Bescheid, und das spricht sich herum. Da ist einer, der kann programmieren! Freunde und Arbeitskollegen nutzen gern die Fähigkeiten von Martin Frost. Sei es, dass die immer wiederkehrende Nachricht im Verlauf gelöscht werden muss, weil man wieder übereifrig auf ein sexy Bild geklickt hat, und … ups, reingefallen … einen Phishing-Link erwischt … Doch Martin kann helfen. Das bleibt auch in seinem Betrieb nicht verborgen, wo die ersten Ausbilder auf ihn aufmerksam werden. Immer praktisch, so ein Talent in den eigenen Reihen zu wissen. Schon während seiner Ausbildungszeit wird Martin mit dem ein oder anderen technischen Spezialauftrag betraut. Die Anerkennung in Schule und Betrieb zeigen ihm, dass man aus eigener Kraft etwas erschaffen kann. Und das fühlte sich mehr als nur gut an.

Der Ausbildungsbetrieb

Die Firma gehört zu den Big-Playern weltweit, und nicht wenige Mitarbeiter des Konzerns halten sich für etwas Besseres. Die Betriebskleidung wird mit Stolz getragen.

»Die Außenwirkung war dem Konzern schon sehr wichtig. Es wird zwar nicht direkt ausgesprochen, aber unterschwellig wird dir schon vermittelt, ›Du gehörst jetzt zur Elite‹. Ich habe mich damals stolz gefühlt zur ›Familie‹ zu gehören und meinen Teil zum Unternehmen beitragen zu können. Für mich war es ein Privileg, dort meine Ausbildung antreten zu dürfen.«

Martin wächst immer weiter über sich hinaus. Er versucht, in Lösungen zu denken, sich nicht in Problemen zu verlieren, die sich am Ende ohnehin nicht lösen lassen. Zeitverschwendung. Probleme machen keinen Spaß, sie ziehen runter. Zum ersten Mal hatte er das Gefühl, die Zügel seines Lebens selbst in der Hand zu haben. Die konservative Einstellung seiner Eltern, die strenge Erziehung. Die ewigen Vorträge des Vaters, dass man sein Leben selbst in der Hand habe. »Jeder ist seines eigenen Glückes Schmied«, hatte er Martin weit mehr als nur einmal vorgetragen.

Es scheint fast so, als würde der Vater damit recht behalten. Dieses Gefühl hat Martin angefixt. Jetzt weiß er konkret, wo die Reise hingehen soll, und auf einmal ergab alles einen Sinn. Der Frust in der Schule, die Suche nach Erfüllung, die strenge Erziehung seines Vaters und die Bundeswehrzeit lassen auf einmal einen roten Faden erkennen, den es weiterzuverfolgen gilt. »Erkenne dich selbst und arbeite an dir, dann kannst du auch was aus dir machen.« Scheiße, Mann, sein Vater hatte doch recht. Das alte Schlitzohr!

Bei einer Pause erzählt er seinen Azubi-Kollegen die Story vom Autounfall, nur so nebenbei, doch die Geschichte geht herum wie ein Lauffeuer. Warum auch immer. Sein Ruf eilt ihm von nun an voraus. Martin ist beliebt unter den jungen Elektronikern seines Ausbildungsbetriebs. Er hält sich, wie in der Schulzeit, gern in der zweiten Reihe auf, ist gern mit dabei, muss aber nicht unbedingt im Mittelpunkt stehen. Dennoch legen viele Kollegen Wert auf seine Meinung.

Freundin

Martin lernt damals auch seine heutige Lebensgefährtin kennen. Sie treffen sich auf einer Party, und bei ihr funkt es so gar nicht. Martin hingegen ist sofort Feuer und Flamme. Sie ist zwei Jahre jünger als er, kann mit den eher plumpen Anmach-Versuchen aber nichts anfangen.

»Er war schon lustig, aber irgendwie zu aufgesetzt. Später haben wir uns lange unterhalten, und dann hat er auch seine Coolness etwas abgelegt, den echten Martin etwas durchblicken lassen, und da war es für mich eigentlich klar.« Martins Freundin, mit der er einen gemeinsamen Sohn hat, steht fest im Leben.

Sie ist das komplette Gegenteil von Martin und hat eine ganz andere Auffassung vom Leben als er. Computer und alles, was damit zusammenhängt, nutzt sie nur für sich, aber taucht nicht tiefer in die digitale Welt ein. Sie legt keinen Wert auf Luxusgegenstände oder Markenhandtaschen. Ihre Werte liegen auf einer anderen Ebene. Vertrauen ist ihr wichtig, genauso wie Familie und Privatleben. Sie ist pragmatisch, packt mit an und bleibt lieber zu Hause, als die Nächte auf Partys oder in Diskotheken zu verbringen. Sie arbeitet als Angestellte in einem kleineren Unternehmen und geht in ihrem Job auf.

Das Zusammenleben mit Martin ist nicht einfach für sie. Er, der immer unter Strom steht, und sie, die in sich ruht. Sie bietet Martin den ruhigen Hafen, den er braucht, wenn auf hoher See die Wellen etwas turbulenter werden.

»Gerade in seiner Hochphase war er so gut wie gar nicht für mich da. Das Privatleben war auf ein Minimum geschrumpft, aber trotz all der Eigenarten und der Probleme möchte ich keinen anderen als ihn an meiner Seite haben.«

Martins Freundin steht zu ihm, von Anfang an. Seine Arbeitssucht, die Phase, in der er sich fast gar nicht um sie gekümmert hat, hat Spuren bei ihr hinterlassen. Ihr Geduldsfaden ist bis an die Grenze der Strapazierfähigkeit belastet worden. Und trotzdem halten beide aneinander fest. Zu viel haben sie gemeinsam durchgemacht, um das aufs Spiel zu setzen. So war es damals, und so wird es auch in Zukunft bleiben.

Zusammenbruch im Unterricht

Die während seiner Bundeswehrzeit diagnostizierte Herzerkrankung schlägt auch in der Ausbildungszeit immer wieder zu. Während des Berufsschulunterrichts geht es Martin plötzlich schlecht. Er merkt, dass etwas nicht stimmt. Sein Herz schlägt unregelmäßig, es fällt ihm immer schwerer, sich zu konzentrieren. Was genau los ist, realisiert er zunächst nicht. Dafür fehlen ihm die Erfahrungswerte.

Umso beängstigender ist es für alle, als Martin plötzlich umkippt. Panik bricht aus. Kollektive Hilflosigkeit erfüllt den Raum. Seine Lehrer leisten Erste Hilfe, während alle auf den Krankenwagen warten.

Für jemandem, der nicht gern im Mittelpunkt steht, genau das Richtige. Martin hat nichts Schlimmes, er wird nach einem Tag der Beobachtung wieder entlassen. Die Ärzte legen ihm allerdings eindringlich nahe, seine Herzrhythmusstörungen nicht auf die leichte Schulter zu nehmen. Er muss täglich an seine Tabletten denken und seine Notfallmedizin dabeihaben.

»Jeder hat sein Päckchen zu tragen. Es gibt Menschen, denen geht es bei Weitem schlechter, und die beklagen sich auch nicht«, kommentiert Martin den Zwischenfall. Seine Einstellung zu den Dingen ist wie immer sachlich und abgeklärt. Typisch Martin Frost.

Als Martin 2010 seine Ausbildung beginnt, wird zeitgleich das Atomprogramm des Iran durch den Computerwurm Stuxnet sabotiert. Der Angriff konzentriert sich auf das Steuerungssystem (SCADA-System) des Herstellers Siemens – kurz Simatic S7 genannt. Solche Steuerungen werden vielfach in der Industrie eingesetzt, so auch in der Firma, in der Martin arbeitet.

Allerdings muss man die S7 auch programmieren können. Durch sie lassen sich alle erdenklichen Befehle ausführen und Anlagenfunktionen steuern. Martin geht in der Programmierung auf. Er arbeitet sich immer mehr in die Materie ein und gilt schnell als kleines Genie im Umgang mit der S7.

Während seiner Ausbildungszeit wird Martin von seiner Freundin zur Arbeit oder zur Berufsschule gefahren – seinen Dacia hat er schließlich vor einem Baum geparkt. Das bleibt auch von den anderen Auszubildenden nicht unbemerkt. Mit ein wenig Häme wird das morgendliche Schauspiel betrachtet, vielleicht auch, weil er zu den wenigen gehört, die eine feste Freundin haben. Aber für Martin ist die Welt im Lot, und ein wenig erwachsen fühlt es sich auch an, diese Verabschiedung von der Frau am Morgen.

(Rein)fall Dresden

Parallel zur Ausbildung hat Martin immer noch seine Firma mit dem Dresdner Typen. Doch es kriselt. Die Ausbildung fordert zeitlich ihren Tribut, und irgendwie kommt zwischen den beiden Sand ins Getriebe. Der Dresdner nimmt immer öfter Beträge aus der Firmenkasse, fängt an, private Essen über das Geschäftskonto abzurechnen. Martin stellt ihn zur Rede, doch ein Schwall von Beschwichtigungen prasselt auf ihn ein. Verkaufen kann sich der Dresdner, so viel steht fest. Aber die Anzeichen sind erkennbar: Früher oder später wird man getrennte Wege gehen. Der Affiliate-Markt fasziniert Martin zu dieser Zeit auch nicht mehr sonderlich. Zu viel Show, zu viel Hype, zu viel Marketing-Gequatsche, und so kommt es, wie es kommen muss: Martin prüft den Kontostand des Geschäftskontos. Kontostand: 0,00 €.

»Das darf nicht wahr sein, der verdammte Bastard!«, denkt sich Martin. Das Blut pumpt ihm durch die Halsschlagader. Was jetzt?

Der Dresdener Partner hat offensichtlich das Firmenkonto leer geräumt. Ohne Ankündigung, ohne Absprache, alles weg. Martin ist kurz vor dem Durchdrehen. Er ruft ihn an, vielleicht war es ein Versehen? Ein kleiner Teil in ihm hofft, dass es sich bei dem Ganzen um ein riesiges Missverständnis handelt. Freizeichen, doch niemand geht ran. Sein Herz pocht, Blut schießt ihm in den Kopf. Auf dem Konto lagen rund 10.000 Euro! Und jetzt soll alles weg sein? Er ruft noch einmal an, wieder Freizeichen, nichts.

»FUCK!«, er schreibt eine SMS. »Willst du mich verarschen? Ruf zurück!«

Martins Partner hat ihn abgezogen. Er ist wie vom Erdboden verschluckt. Das Handy ausgeschaltet, E-Mails gelöscht, weg vom Fenster. Martin fühlt sich verkauft und verraten, hat er ihm doch zu blauäugig vertraut. Was nun? Anzeige erstatten? Versuchen, Leute zu mobilisieren und das Geld zurückholen? Die Emotionen kochen über. Rachegedanken, Gewaltfantasien, Hass.

Doch Martin gibt diesen Gefühlen nicht nach. Er unternimmt nichts von alledem. Interessanterweise sieht er solche Situationen am Ende oftmals sportlich. Ganz nach dem Motto: Mal gewinnt man, mal verliert man. In solchen Situationen wandelt er seinen Ärger nicht in Frust und Destruktivität um, sondern tritt die Flucht nach vorn an. Aus den Fehlern lernen, sich nicht mit negativen Gefühlen belasten, sondern neu anfangen und noch besser werden, das ist seine Philosophie. Martin kann durchaus einstecken.

»Es hat mich schon geärgert, die ganze Arbeit, und dann einfach abgezogen zu werden, das war eine bittere Pille und hat mich auch ein paar Wochen heruntergezogen. Aber was soll es, es muss ja weitergehen. Für mich war allerdings klar, dass ich erst mal ohne Partner weiterarbeite oder nur mit Leuten, denen ich zu 100 Prozent vertrauen kann. Rückblickend paradox, dass ich mich darüber aufgeregt habe, abgezockt worden zu sein. Schließlich habe ich in meinem weiteren Leben ganz andere Summen ›abgezogen‹.«

Ende der Azubi-Zeit

Mit Dennis, einem Azubi aus dem Jahrgang über ihm, verbindet Martin die Leidenschaft für den Sport. Man stellt schnell fest, dass man sich gut ergänzt. Die Schwächen des einen werden vom anderen kompensiert. Beide gehen immer öfter ins Fitnessstudio, um sich auszupowern und einen Ausgleich zu schaffen. Dennis ist Baujahr '92, drei Jahre jünger als Martin, und seine Kindheit war nicht die beste. Der frühe Tod seiner alkoholkranken Mutter und der Umzug zu den Großeltern hat ihn zu einem achtsamen Menschen gemacht.

Dennis liebt die Harmonie, ist kein Draufgänger und scheut übertriebenes Risiko oder Leichtsinnigkeit. Er definiert sich über das, was er macht, über seine Arbeit und den Ausgleich im Sport. Kraftsport ist sein Ding. Hier kennt er sich aus. Zu Beginn seiner Ausbildung war Dennis übergewichtig und alles andere als durchtrainiert. Inzwischen betreibt er Fitness so intensiv, dass er in kurzer Zeit nicht nur Körpergewicht verliert, sondern auch Muskelmasse zulegt. Eine echte Veränderung. Martin beeindruckt der Wandel von Dennis sehr und er tritt in dessen Fußstapfen.

Bis heute unterstützen sich die Freunde gegenseitig. Ihr gemeinsamer Lebensweg von der Ausbildung bis heute hat die beiden zusammengeschweißt. Überhaupt haben Freundschaften wie die zu Dennis oder zu seinem Freund Ahmet die positiven Aspekte von Martins Lebenswandel immer gestärkt. 2013 ist ein wichtiges Jahr für Martin. Die Gesellenprüfung und die Frage, ob er übernommen wird, treiben ihn an.

Die drei Ausbildungsjahre sind wie im Flug vergangen. Martin steht vor seiner Gesellenprüfung, die er ohne größere Probleme besteht. So wie sich dieses Kapitel dem Ende nähert, schließt sich auch eines in Martins Leben. Zudem bietet ihm der Konzern die Übernahme an. Martin kann sich seine Wunschabteilung aussuchen. Der Job ist super, das Klima unter den Arbeitskollegen top – und Dennis arbeitet in derselben Abteilung. Mehr als genug Gründe, dort anzuheuern. So enden für Martin drei aufregende Ausbildungsjahre, und das neue Kapitel Berufsleben kann für ihn aufgeschlagen werden.

KAPITEL 8 – BERUFSLEBEN & FREUNDSCHAFTEN

Zeitraum 2014-2021, Alter 24-32 Jahre

»Man lernt wirklich für sein Leben.«

Martin Frost, 2022

2014, ein Fußball-Märchen wird wahr. Die deutsche Fußballnationalmannschaft gewinnt das Endspiel in Brasilien und wird Weltmeister. Jogi Löw und »Die Mannschaft« stürzen Deutschland in einen WM-Rausch. *Auf uns* von Andreas Bourani wird zum ARD-WM-Song, Russland annektiert die Krim, und Ebola bricht aus.

Das Team der Abteilung ist Martins neues Zuhause, und Martin fügt sich gut in die Gruppe ein. Die Abteilung besteht aus etwa acht Personen, und eine davon ist Dennis. Durch die Ausbildung kennt Martin die verschiedenen Abteilungen, doch der Teamgeist innerhalb der Gruppe ist ein anderer. Die täglichen Kaffeepausen bieten Stoff für viele Gespräche und schweißen die Truppe immer mehr zusammen. Es herrscht eine freundschaftliche Atmosphäre. Die Tage vergehen hier schneller als in anderen Abteilungen. Martin ist erleichtert, jetzt Teil dieser Gemeinschaft zu sein.

Wenn man schon hart für Geld arbeitet, liegt es nah, auch das passende Auto zu fahren. Martin war während der Ausbildungszeit auf den allseits beliebten »Fußbus« angewiesen, doch damit sollte es nun ein Ende haben. Das Gesellengehalt ist gut, und als Schwabe hat er selbstverständlich einen Notgroschen im Säckchen. Das Objekt der Begierde ist ein Porsche Boxster.

Richtig gelesen, der Frauen-Porsche. Aber was das Herz will, will das Herz, und so kauft sich Martin für knapp 21.000 € zum zweiten Mal ein Auto. Obwohl er heute zugibt, dass der Wagen, zumindest was den Platz angeht, eher ein Fehlkauf war, fühlt er sich damals wie Gott. Denn: Frauenauto hin oder her, der Fahrspaß ist überragend. Der Porsche beschleunigt, drückt einen in den Schalensitz, und der Boxer-Motor gibt dem Fahrer das Gefühl, direkt auf dem Motor zu sitzen. Fahrfreude pur, und für den mittlerweile 26-Jährigen der passende Lifestyle.

»Rückblickend war der Wagen eigentlich zu klein für mich, aber ich hatte mir das in den Kopf gesetzt und musste den Boxster unbedingt haben. Emotional war der Porsche für mich das Größte«, schmunzelt Martin. Kleiner Tipp an alle: Spätestens ab einer Körpergröße von 1,80 Meter ist der Boxster nicht das richtige Auto. »Ich saß da schon teilweise wie eine Ölsardine in der Dose. Mein nächster Porsche – ein Panamera – war da schon um einiges bequemer.«

2015 - Das Jahr beginnt mit einem verheerenden Terroranschlag in Frankreich auf die Redaktion des Satire Magazins *Charlie Hebdo*. Das Jahr ist außerdem geprägt von einer regelrechten Flüchtlingswelle. Das Folkwang Museum Essen versucht eine Kunst-Ausstellung im Hirschlandsaal wegen angeblicher Markenrechtsverletzungen vergeblich zu verhindern.

Die Geburt des Sohns

Im Job läuft es, und in der Beziehung mit seiner Freundin auch. Sie sind das fünfte Jahr zusammen, und beiden ist klar, das wird auch so bleiben. Grund genug, sich wohnlich zu verändern und dem Paarleben einen passenden Rahmen zu geben. Die 60-Quadratmeter-Wohnung in Stuttgart-Weilimdorf passt nicht mehr zu ihnen. Umfeld und Wohnkomfort bedürfen einer Optimierung.

Martin und seine Freundin suchen ohne großen Druck und finden nach etwa sechs Monaten ihr neues Zuhause in Esslingen bei Stuttgart. Die Wohnung verfügt über 100 Quadratmeter, und es handelt sich um einen Erstbezug. Die angeschlossene Tiefgarage wertet das Objekt zusätzlich zu seiner zentralen Lage auf, und alle nötigen Einkaufsmöglichkeiten sind fußläufig zu erreichen.

Die Geburt des Sohnes ist im Jahr 2016 dann das Highlight für Martin und seine Freundin. Nachdem beide lange versucht haben, ein Kind zu bekommen, soll der

Wunsch nun endlich in Erfüllung gehen. Zu diesem Zeitpunkt haben die beiden schon gar nicht mehr mit einer Schwangerschaft gerechnet. Trotz der bevorstehenden Geburt entschließen sich die beiden gegen eine Heirat. Das wiederum führt zu Irritationen bei Martins konservativem Vater. Er hätte es gern gesehen, wenn sein Enkel ein eheliches Kind gewesen wäre, aber Martin und seine Freundin denken moderner. Auch wenn es Martins Vater damals schwerfällt, das zu akzeptieren.

Vater werden ist nicht schwer, Vater sein dagegen sehr – dieses Sprichwort trifft es bei Martin wie die Faust aufs Auge. Die Wehen kommen immer schneller. Höchste Zeit, mit seiner Freundin ins Krankenhaus zu fahren. Die obligatorische Tasche steht gepackt am Eingang der Wohnungstür, und Martins Puls rast vor Aufregung.

So ein Moment haut den stärksten Hünen aus dem Leben, genauso ergeht es auch Martin. Er brettert mit seinem Porsche Panamera in Richtung Krankenhaus und nimmt beim Einparken im Parkhaus erst mal mit dem rechten Kotflügel eine fette Betonsäule mit. Wie sich herausstellen soll, ist es sein geringstes Problem an diesem Tag, dem 23. April 2016. Zwar hatten die Ärzte diesen Geburtstermin datiert, aber wer rechnet schon mit einer Punktlandung. Martin leidet mit, steht machtlos neben seiner Freundin und versucht das Erlebnis irgendwie zu verkraften. Eine Geburt ist das eindrucksvollste Ereignis, das ein Mensch erleben kann.

Martins Freundin erinnert sich wie folgt an den Tag der Geburt: »Die Geburt war schon sehr anstrengend für mich. Mir ist bereits morgens die Fruchtblase geplatzt, und ich habe Martin dann geweckt. Er dachte erst mal, er hat verschlafen. Wir sind dann ins Krankenhaus gefahren, aber es war noch nicht so weit. Also sind wir wieder nach Hause, und ich habe mich in die Badewanne gelegt. Mittags sind wir wieder in die Klinik, und es hat lange gedauert, bis es so weit war. Dann ging alles sehr schnell, ich habe auch keine PDA mehr bekommen, und am Abend war unser Sohn geboren. Es war für uns alle ein anstrengender, aber auch wunderschöner Tag.«

Familie ist Martin enorm wichtig, Freundschaften sind es auch. Ahmet ist ein Arbeitskollege von Martin, der ihn von Beginn an tief beeindruckt hat. Er ist älter als Martin und fast so etwas wie ein großer Bruder, den er immer um Rat fragen kann und der ihm den Rücken stärkt. Ahmet ist Baujahr 1976, türkischer Abstammung – und Familienvater. Fast zeitgleich sind Martins Freundin und Ahmets

Frau schwanger gewesen, und das verbindet auch die Männer. Ahmet und Martin wachsen immer mehr zusammen. Die beiden Paare unternehmen viel gemeinsam, treffen sich und teilen die Sorgen werdender Eltern.

Zusammen mit Dennis bilden Martin und Ahmet eine Art Dreamteam innerhalb des Konzerns. Sie arbeiten nicht nur zusammen, sondern gehen auch gemeinsam am Wochenende feiern. Ahmet hat einige Erfahrung als Türsteher und ist ein Charakter, der sich durchsetzen kann. Er ist jemand, der Ansagen macht, und er bringt Martin die Regeln der Straße näher.

Die drei haben denselben Humor und ergänzen sich gut. Die Clubbesuche sind unvergesslich, und etwas Wehmut schwingt mit, wenn Martin über die alten Zeiten redet: »Wir waren schon eine gute Truppe und haben es teilweise richtig krachen lassen, haben gefeiert, Spaß gehabt, sind durch die Clubs gezogen und waren sorgenfrei in diesen Momenten. Zu Ahmet habe ich immer etwas aufgeschaut, er war auch ein Stück weit Vorbild für mich. Gerade in den Anfängen hat er mich geprägt. Bis heute frage ich ihn bei wichtigen Entscheidungen nach seiner Meinung. Mit seinen Ratschlägen bin ich immer gut gefahren, und ich weiß, ich kann ihm blind vertrauen.«

Wie sich allmählich herausstellt, fällt es Martin schwer, sich mit der neuen Vaterrolle zu arrangieren. Er stürzt sich in Arbeit und verbringt Stunden vor dem Rechner, während seine Freundin ihrer neuen Mutterrolle gerecht wird. Insgeheim hatte sie sich erhofft, dass die Geburt seines Sohnes ihn mehr zu ihr bringen würde, doch das Gegenteil ist der Fall. Sicherlich, Martin kümmert sich liebevoll um sie und seinen Sohn, und sie merkt auch, dass ihn die Geburt verändert hat. Doch er ist oft nicht wirklich für die junge Familie da. Er arbeitet versessen und versucht, eine Absicherung für sie und das Kind zu ermöglichen. Dabei wäre ihr gemeinsame Zeit viel wichtiger. Ihre Sehnsüchte und Wünsche fallen buchstäblich hinten um. Martins Prioritätenliste ist klar definiert.

Auch in Martins Umfeld bleibt die Entwicklung nicht unbemerkt. Martins Mutter betrachtet die Situation mit Sorge, viel zu oberflächlich erscheint ihr der Umgang von Martin mit ihrem Enkelkind. Oft ist dies Thema zwischen ihnen, doch Martin ist beratungsresistent. Aus seiner Perspektive ist sein Handeln das genau angemessene Verhalten für seine derzeitige Lebenssituation. Wenn man ehrlich ist, steht die Selbstverwirklichung im Job für ihn an allererster Stelle – und dann kommt lange nichts. Vielleicht noch Kaffee und Kippe, und erst dann kommen Freundin und Sohn.

»Streckenweise war ich wie im Wahn. Wenn ich mich heute daran erinnere, muss ich die Hände über dem Kopf zusammenschlagen. Ich habe meine Freundin und meinen Sohn damals vernachlässigt. Die ersten Jahre habe ich fast gar nicht miterlebt. Klar, wir haben viel unternommen, aber im Kopf war ich fast immer woanders. Heute bedaure ich sehr, damals so falsche Prioritäten gesetzt zu haben. Gerade in der Zeit entwickeln sich Kinder so schnell, und man kann das Verlorene einfach nicht nachholen. Das nagt heute sehr an mir.«

Martins Mutter sagt hierzu: »Das war eine komplette Katastrophe, und ich habe oft versucht, mit Martin darüber zu reden, aber da kann man sich dann auch mit einem Stuhl unterhalten. Umso glücklicher bin ich, dass er jetzt wie ausgetauscht ist. Er nimmt sich viel Zeit für seinen Sohn und auch für seine Freundin und ist mit dem ganzen Herzen dabei. Damals hatte er ja permanent sein Handy in der

Hand. Heute macht er es bewusst aus. Ich bin überglücklich, dass Martin seinen Platz im Leben mit seiner Familie gefunden hat. Heute bin ich sehr stolz auf ihn, weil er sich wirklich vorbildlich verhält, auch uns gegenüber, also meinem Mann und mir. Das war nicht immer so.«

2017 - Donald Trump wird 45. Präsident der Vereinigten Staaten von Amerika. Bei einem Konzert der Sängerin Ariana Grande im Mai sprengt sich der Selbstmordattentäter Salman Abedi im Foyer der Arena in Manchester in die Luft und reißt 23 Menschen mit in den Tod.

Gedanken beim Kraftsport

Martin, der immer etwas kräftiger war, will seinen Körper definieren, den Babyspeck loswerden, aus dem Halbstarken einen Mann machen. Ganz ähnlich geht es Dennis. In einer Phase, in der man sich selbst entdeckt und findet, probiert man verschiedene Styles und Grenzbereiche aus. Wahrscheinlich kennt das jeder von sich selbst. Bei Martin und Dennis ist es der Kraftsport.

Auf YouTube entsteht zu dieser Zeit ein regelrechter Hype. Karl Ess und Tim Gabel zeigen in ihren Videos, wie sie mit Krafttraining Muskeln aufbauen können. Und auch Dennis und Martin leben diesen Lifestyle und sind immer mehr im Fitnessstudio, teilweise gehen sie an sechs Tagen die Woche ins Gym und finden so ein gemeinsames Hobby, das sie noch mehr zusammenschweißt. Sie stemmen unermüdlich ihre Gewichte und tauschen sich über die verschiedenen Trainingsmethoden und den damals förmlich explodierenden Markt an Nahrungsergänzungsmitteln aus.

Beide legen nun mehr Wert auf ihr Aussehen, interessieren sich für Mode und Trends. Sie versuchen sich selbst zu definieren, den rauen Stein langsam zu bearbeiten, die Ecken und Kanten förmlich abzumeißeln. Und es fühlt sich gut an. Für Martin ist das Fitnessstudio ein Ort der Ruhe, der Erholung, hier kann er sich auf sich selbst konzentrieren und den Stress des Alltags vergessen. Der Geist ist gezwungen, sich auf die Curls zu konzentrieren, die Atmung ist regelmäßig und versorgt den Muskel mit dem nötigen Sauerstoff. Martin gelingt es, seine Gedanken, die manchmal mit ihm durchgehen, in den Hintergrund zu drängen und sich selbst etwas Entspannung zu gönnen. Er entwickelt ein Bewusstsein für das Zusammenspiel von Körper und Geist. Er spürt, wie gut ihm der Sport und das Gemeinschaftsgefühl innerhalb der Fitnessszene tun. Man muss dem Körper das geben, was er braucht, denkt er.

Und hier beginnt er nun, die Idee für ein neues Vertriebssystem zu entwickeln. Man muss dem Körper geben, was er braucht, vielleicht geht das auch auf einer anderen Ebene? Vielleicht muss man dem Kunden nur das geben, was er braucht. Das Training verschmilzt mit der digitalen Welt, der Gedanke brennt sich ein und begleitet ihn fortan, bei allem, was er tut. Man muss den Leuten geben, was sie wollen. Dieser Satz wird noch viel in Martins Leben verändern.

Der Großkotz

Ende 2018 sind Martin und Ahmet in Martins neuem Mercedes AMG GTS auf der Autobahn unterwegs, als ein Audi Q7 auf der linken Fahrbahn überholen will. Eine komplett unspektakuläre Situation, sie fahren nicht mehr als 130 km/h. Aber Martin reagiert komplett über. »Was will der Pisser denn?«, sagt Martin abfällig zu Ahmet und meint im Anschluss: »Den Penner zieh ich ab, das kann der vergessen!«

Ungläubig schaut ihn Ahmet an. »Spinnst du? Bruder, komm mal runter.«

Martin ist überrascht von der Reaktion, er dachte eigentlich, er könnte mit der Aktion auf dicke Hose machen und seinen Freund beeindrucken.

»Im Ernst, Digga«, fährt Ahmet genervt fort. »Was soll denn die Scheiße? Denkst du, nur wegen dem GTS bist du etwas Besseres? Komm mal klar, Junge.«

> »Von dem Geld, das wir nicht haben, kaufen wir Dinge, die wir nicht brauchen, um Leuten zu imponieren, die wir nicht mögen.«
> Tyler Durden, 1999

Scheiße, er hat recht, denkt sich Martin, nimmt den Fuß vom Gaspedal und lässt den Q7 an sich vorbeiziehen. Das Ereignis ist ihm allerdings bis heute in

Erinnerung geblieben, denn er hat an diesem Tag das erste Mal wirklich begriffen, wie sehr Geld eine Persönlichkeit verändern kann. Später spricht er mit Ahmet über den Vorfall, und Ahmet erklärt ihm, wie sehr er sich in letzter Zeit verändert hat, im Grunde seit der Geburt seines Sohnes. Martin ist von Jahr zu Jahr überheblicher geworden – je besser er im Leben dasteht, um so mehr lässt er es offenbar raushängen. Seine gute finanzielle Situation scheint seine Arroganz zu befeuern, sein Charakter entwickelt sich fragwürdig. Ahmet zeigt ihm deutlich die feine Linie zwischen Coolness und absoluter Peinlichkeit auf.

Dennis erinnert sich ebenfalls an diese Zeit: »Ich hab die Veränderung natürlich mitbekommen, auch wenn er mir gegenüber eigentlich wie immer war. Teilweise hat es mich aber angenervt, dieses Überhebliche, und dann alles immer mit Geld regeln zu wollen. Das war teilweise schon übel. Er war halt oft sehr von oben herab. Großkotzig trifft es gut. Seine Art wurde immer ätzender.«

Wer hoch fliegt, wird tief fallen. Martin denkt, dass ihm keiner etwas kann. Im Straßenverkehr führt er sich immer mehr wie der Boss auf, fährt hinter Leuten her, steigt an der Ampel aus, macht Ansage beim Vordermann wegen vermeintlicher Fahrfehler und hält sich mit dem GTS für Gott. Die fahrende Penisverlängerung holt die schlechtesten Seiten von Martin hervor. Er verliert immer mehr den Bezug zur Realität. Höhepunkt dieser Phase ist ein Vorfall mit einem Türsteher in einem angesagten Club in Stuttgart. Dennis, Martin und ein paar andere Freunde gehen in die Stadt, feiern. Martin lädt alle zum Essen ein, bevor es in das Nachtleben von Stuttgart geht. Er trinkt viel und gerät in einem Club mit der Freundin des Veranstalters in einen Streit.

Dieser will ihn freundlich darauf hinweisen, dass er doch bitte einen Gang runterschalten soll, dann eskaliert die Situation. Martin, der ziemlich besoffen ist, macht auch ihm eine ordentliche Ansage. Ende vom Lied: er wird rausgeschmissen. Das ist zu viel für das Ego von Martin. Er flippt aus, provoziert den Türsteher, macht auf Obermacker. Der Türsteher warnt, warnt noch mal und schlägt dann zu. Es gibt einen ganz schönen Rums, wenn ein 1,87 Meter großer Mann auf den Boden knallt. An Peinlichkeit ist die Szene nicht zu übertreffen. Dennis, der die ganze Zeit damit beschäftigt ist, Schlimmeres zu verhindern, schnappt sich Martin, und der Abend ist fürs Erste gelaufen.

Leider nicht für Martin. Ihn beschäftigt die Situation, der Gesichtsverlust und die Peinlichkeit sind schwer zu ertragen. Das Ego ist zu labil, um sich selbst in Frage zu stellen, also fährt er eine Woche später wieder zu dem Club. Er parkt direkt vor dem Eingang, nicht ohne Hintergedanken. Martin will zeigen, dass er jemand ist. Der Türsteher, es ist derselbe Mann, ein alter Hase im Geschäft, gibt sich keine Blöße und ist unbeeindruckt.

Er geht zu ihm, erklärt ganz sachlich und nüchtern, dass sein Verhalten in keiner Weise tragbar ist und dass er ihm den guten Rat geben würde, zukünftig eine Spur ruhiger zu machen, da Situationen wie diese auch schnell aus dem Ruder laufen können. Martin, der anfänglich noch den Plan hatte, den Türsteher runterzuputzen, kommt ins Nachdenken. Da ist dieser Türsteher, ein eindrucksvoller Typ, der nach dem ganzen Vorfall die Größe besitzt, mit ihm sachlich zu sprechen. Das beeindruckt Martin sehr. Er sieht, wie weit er selbst von einer solchen Souveränität entfernt ist. Nach diesem Erlebnis fängt Martin an, sein Verhalten zu überdenken.

2019 - Mord an dem CDU-Politiker Walter Lübcke, durch einen bereits in der Vergangenheit auffällig gewordenen Rechtsradikalen. Eine abscheuliche Tat.

Fantastic Gym

Das eigene Fitnessstudio. Ein lang gehegter Traum von Martin und Dennis. Nun soll es endlich so weit sein. Oft haben sie in der Vergangenheit von diesem Projekt geträumt. Sie haben abends im Büro von Dennis zusammengesessen und Pläne geschmiedet oder während des gemeinsamen Trainings überlegt, wie man etwas Derartiges realisieren könnte.

Dennis Freundin, die bereits in einem Fitnessstudio arbeitet, ist schnell für das Projekt gewonnen. Und so nimmt das eigene Fitnessstudio immer mehr Gestalt an. Das Konzept ist durchdacht, eine neue Form von Kraftraum soll entstehen – persönlicher, mit speziellem Fokus auf die Trainingsbegleitung und Ernährungsberatung und individueller Beratung durch einen persönlichen Trainer. Martin macht Tempo und ist mal wieder Feuer und Flamme. Dennis, der bei solchen

Dingen sonst zögerlich unterwegs ist, genießt die Energie seines Freundes und lässt sich mitreißen. Gleichberechtigte Partner, alles bleibt in der Familie, ein kleiner Traum könnte wahr werden.

Die Vorbereitungsphase ist anstrengend. Jede freie Minute opfern die beiden, um ihrem Ziel näher zu kommen. Sie genießen das Aussuchen der Trainingsgeräte oder die Besichtigung der Räumlichkeiten. Für Martin ist es Business, für Dennis eine neue Welt, er lernt sich selbst in dieser Phase mit einem ganz anderen Selbstbewusstsein kennen. Auch seine Freundin, Franzi, sieht in dem Projekt eine Chance für die berufliche Weiterentwicklung. Als studierte Fitnessökonomin ist der Fitnesssport genau ihr Ding. Sie ist ein aktiver Mensch, der frei heraussagt, was ihr auf dem Herzen liegt. Franzi ist eine Macherin und voller Energie. Zudem ist sie sehr diszipliniert und zuverlässig. Eigenschaften, die Martin sehr zu schätzen weiß.

Franzi kündigt mit drei Monaten Vorlauf ihre Festanstellung im Fitnessstudio. Die Chance, ein eigenes Studio zu leiten und mit den beiden Jungs zu führen, ist genau der richtige Schritt, um aus ihrem aktuellen Job ein Stück weit zu flüchten. Die Vorbereitungen laufen gut, die Renovierungen schreiten voran, und Martin und Dennis sind im Zeitplan. Alle Zeichen stehen auf Go.

Kommentar Dennis: »Das war eine unfassbare Zeit! Voller Vorfreude, Aufregung und Spannung. Du bist kurz davor, deinen Traum zu verwirklichen, und das alles aus eigener Kraft, ein unbeschreibliches Gefühl.«

Kommentar Martin: »Das war unser Ding, unser Baby. Ich konnte es gar nicht erwarten, dass es endlich losgeht. Du musst dir mal vorstellen, man fährt nach der Arbeit in sein eigenes Fitnessstudio, wie geil ist das bitte!«

Kommentar Franzi: »Am Anfang war ich skeptisch. Das ist ja schon ein großer Schritt, auch seinen Job zu kündigen, aber ich hab ja gesehen, wie sie alles geplant haben, da war für mich klar, da will ich dabei sein.«

Der Abend vor der Gewerbeanmeldung ist für alle aufregend. Dennis und Franzi verbringen ihn gemeinsam auf dem Sofa und vergehen in Vorfreude. Dennis versucht ruhig zu bleiben, aber innerlich zerreißt es ihn. Franzi versucht in einen meditativen Zustand zu kommen, denn sie könnte platzen vor Energie. Immer wieder vibriert das Handy von Dennis mit Nachrichten von Martin, der nach der Spätschicht noch zum Training gefahren ist und schreibt: »Schon bald fahr ich in unser eigenes Studio, Bruder.«

Morgen wird ein besonderer Tag werden, da sind sich alle sicher. Wie hätten sie auch ahnen sollen, dass alles ganz anders kommt?

MORPHEUS-EFFEKT: DIE GRETCHENFRAGE

Der Kleine schläft, und Martins Freundin liegt eingekuschelt unter einer Decke auf der Couch. Was für ein Jahresanfang. Die frisch gebackenen Eltern sind erschöpft, aber glücklich. Die Strapazen der Geburt liegen gerade hinter ihnen. Ihr Sohn hat ihnen während der letzten Wochen die Nächte geraubt, sie gerade in den ersten Wochen ordentlich auf Trab gehalten. Jetzt schläft er tief und fest, und die jungen Eltern können etwas zur Ruhe kommen. Zu ihrem Glück fehlt nur noch eine Pizza.

»Danke Gott, dass es Lieferdienste gibt!«, denkt sich Martin und bestellt.

Selbstverständlich gehört auch ein guter Film zu einem solchen Abend. Die Schwangerschaft hat seine zierliche Frau mitgenommen, sie ist erschöpft und kuschelt sie sich an Martins durchtrainierte Schulter. Plötzlich klingelt es an der Wohnungstür – ding dong, ding dong.

Ungläubig dreht sich Martin zur Tür um. Nie im Leben wird das der Pizzabote sein, hat er doch erst vor einer Minute bestellt. Er springt auf und öffnet die Wohnungstür. Tatsache. Ein Pizzabote. »Wie schnell bist du denn unterwegs?«, fragt Martin den jungen Mann.

»Bin ich richtig bei Familie Faust?«, fragt der Pizzabote.

»Nein, mein Name ist Frost, nicht Faust«, antwortet Martin verdutzt.

Der Pizzabote schaut grübelnd auf seinen Zettel. »Sicher, dass Sie nicht Faust heißen?«, fragt er und muss selbst schmunzeln.

»Sorry, echt nicht. Mein Name ist Frost, aber ich habe auch bestellt. Was hast du denn dabei?«

Der Pizzabote öffnet seine Warmhaltebox und sagt: »Einmal Schinken-Salami und eine Pizza Hawaii.«

»Scheiße«, denkt sich Martin, »Hawaii isst normalerweise nur die Anne«, eine Bekannte von ihm. Er fragt seine Frau: »Schatz, ist Hawaii auch okay?«

»Das ist jetzt die Gretchenfrage«, freut sich der Pizzabote.

»Ja, ist okay«, ruft sie aus der Wohnung, während der Bote Martin noch eine Flasche Wein in die Hand drückt.

»Ist auch für Faust.«

»Mann, ich heiß Frost!«, antwortet Martin etwas genervt.

Doch der Pizzabote zwinkert ihm nur zu und sagt: »Siehst du, bekommst du doch alles, was du willst«.

»Recht hat er«, denkt sich Martin und drückt dem Pizzaboten zwanzig Euro in die Hand. »Stimmt so.«

»Moment, ich bekomm 23,50!«, beklagt sich der Pizzabote.

Mist, wie unangenehm. »Sekunde«, sagt Martin, zieht zehn Euro aus der Hosentasche und gibt sie dem Pizzaboten. »Hier, scheiß drauf, Rest ist für dich. Ich hab`s nicht kleiner, aber tu mir einen Gefallen und schreib den Namen beim nächsten Mal besser auf.«

Beide lachen zum Abschied, und der Abend scheint gerettet zu sein.

»Was war denn los?«, will Martins Freundin wissen.

»Ach, so ein Typ hat falsch bestellt, oder die haben den Namen falsch notiert … keine Ahnung. Der wollte zu einem Faust … Kann er das nächste Mal haben! Scheiße! Warum fallen mir so Sprüche immer erst hinterher ein?«

»Guten Appetit«, unterbricht ihn seine Freundin und nimmt sich ein Stück von der Pizza Hawaii.

Martin öffnet den Wein, und beide stoßen an. Normalerweise trinken sie keinen Alkohol, haben auch nichts im Haus, aber die unverhoffte Flasche Wein lassen sie sich nicht entgehen. Nicht an diesem Abend. Der Sohnemann hat von dem Trubel an der Tür nichts mitbekommen und schläft den Schlaf der Gerechten. Martin trinkt einen großen Schluck und merkt direkt, wie der Alkohol ihm in den Kopf schießt.

Trinkt er sein Glas aus, könnte es ein heiterer Abend werden, mit einem langen tiefen Schlaf – lies weiter bei Kapitel 11 (Seite 167)!

Oder Martin steigt in den Kaninchenbau hinab und wir lernen die dunklen Seiten des Darknets kennen – dann lies einfach weiter.

KAPITEL 9 – BITCOINS & KRYPTO

Kompendium

Kryptowährungen

Unter Kryptowährung, Kryptogeld, Token oder Coins versteht man digitale Tauschmittel beziehungsweise Vermögenswerte. Darunter werden alle Krypto-Projekte mit handelbaren Teilen zusammengefasst. Bekannte Vertreter sind Coins wie der Bitcoin oder Monero. Kryptowährungen werden auch in der Cybercrime-Szene als Zahlungsmittel genutzt.

Datenbanken nutzen starke Kryptografie, welche die Erschaffung oder Vernichtung der Coins und die Besitztümer und Transaktionen sichert und verifiziert.

Über dezentrale Exchanges, kurz Dexes, und über verschiedene Kryptobörsen können die Coins gekauft oder verkauft werden. Anschließend wird das Kryptogeld auf eine Wallet transferiert, die nur über einen privaten Schlüssel zugänglich ist und somit vor Zugriffen von Dritten geschützt wird. Im Jahr 2021 gab es über 10.000 verschiedene Kryptos, die nicht alle als Währung entworfen wurden. Weltweit wurden die Kryptos von über 220 Millionen Menschen genutzt.

Immer mehr Länder akzeptieren Kryptowährungen. Zu nennen sind Paraguay, Venezuela, Anguilla sowie die Ukraine. In zahlreichen weiteren Ländern laufen Diskussionen und Debatten, ob man Kryptowährungen wie den Bitcoin als Zahlungsmittel zulassen soll. Noch ist die Mehrheit der Länder skeptisch eingestellt, und viele Länder, auch die EU, versuchen Kryptowährungen stärker zu regulieren.

Kryptowährungen arbeiten mit der sogenannten Blockchain-Technologie. Die Blockchain lässt sich als große Datenbank verstehen, welche die technische Basis für Kryptowährungen wie Bitcoin stellt. Sie ist ein Beispiel einer Distributed-Ledger-Technologie. Diese Datenbank ist wie eine Liste von Datensätzen mit einzelnen Blöcken, die immer wieder erweitert werden kann.

Alles fängt mit einem Ursprungsblock an, an den sich dann immer neue Datenblöcke in chronologischer Reihenfolge anhängen. Diese Blöcke werden zuvor überprüft und bestätigt. Mit Hilfe von Kryptoverfahren werden neue Blöcke an die bestehende Kette angehängt. Die Blöcke enthalten einen sicheren Hash, einen Streuwert des vorherigen Blocks, einen Zeitstempel und Transaktionsdaten. Das bedeutet: Jeder Block beinhaltet die Transaktionsdaten des Vorgängers und die Daten des neuen Blocks. Somit soll sichergestellt werden, dass frühere Transaktionen nicht getilgt oder anderweitig manipuliert werden können. Denn wäre etwas verändert worden oder würde etwas fehlen, könnte man den Unterschied in den Blöcken sehen, da diese aufeinander aufbauen.

Wallets

Eine Wallet ist eine Art digitale Geldbörse und wird auch als Digital Wallet, Kryptowallet oder E-Wallet bezeichnet. Die Wallet ermöglicht es Nutzern, Guthaben zu speichern, um damit im Internet für Dienstleistungen oder Waren zu zahlen. Bei einer E-Wallet zahlt der User das Geld von seinem Konto oder der Kreditkarte auf einer Plattform ein, welches als Guthaben verzeichnet wird. Damit kann er dann im Internet für Dienstleistungen oder Waren bezahlen, ohne Daten der Kreditkarte oder Ähnliches angeben zu müssen.

Kryptowallets haben die Aufgabe, die privaten Schlüssel der User sicher aufzubewahren, sie aber immer jederzeit parat zu haben, um Coins wie beispielsweise Bitcoin oder Ethereum sicher versenden zu können. Wallets finden sich in vielen verschiedenen Formen: Es gibt mobile Lösungen sowie Online-Wallets. Aber auch sogenannte Hardware Wallets werden immer beliebter. Die Cyberwallet unterscheidet sich von der E-Wallet, denn sie ist nicht an materielle Dinge wie Zahlungskarten gebunden.

Dazu Martin Frost: »Wallets dienen zum Lagern von Kryptocoins wie Bitcoin oder ETH. Auch Kryptobörsen, auf denen Kryptoassets gehandelt werden, verfügen meist über integrierte Wallets, mit denen Coins empfangen und gesendet werden können. In der Vergangenheit wurden solche Börsen aber immer wieder gehackt und auch Coins der User gestohlen. Aus diesem Grund empfehle ich immer die Nutzung einer Paper- oder Hardwarewallet.«

Mining

Unter dem Begriff Mining versteht sich das »Schürfen« von Kryptowährungen wie Bitcoin oder Ethereum. Um die Coins zu generieren, muss Rechenleistung aufgebracht werden. Vereinfacht gesagt wird die Leistung der eigenen Hardware dazu genutzt, die entsprechenden Coins zu erstellen. Anfangs war das Minen von Kryptowährung auch im privaten Bereich sehr beliebt und profitabel. Während User damals noch den heimischen Rechner nutzten, um Kryptos zu minen, wurden bald spezielle Krypto-Miner entwickelt, die ganz auf das Schürfen der Coins ausgelegt waren.

In den letzten Jahren haben sich vor allem Grafikkarten der Firma Nvidia als wahre Mining-Monster erwiesen, und so stiegen die Grafikkarten-Preise wegen der hohen Nachfrage von Krypto-Minern in ungeahnte Höhen.

Infolge der immer größeren benötigten Rechenleistung ist das private Mining in Deutschland mittlerweile oft unrentabel geworden. Aus diesem Grund erfuhr das sogenannte Cloud Mining einen Boom. Wer nicht den heimischen Rechner für das Minen der Coins nutzen will oder einfach nicht über die entsprechende Hardware verfügt, nutzt das Cloud Mining. Verschiedenste Unternehmen bieten dabei ihren Kunden die Möglichkeit, Rechenleistung zu mieten und diese dann für das Schürfen unterschiedlichster Coins zu nutzen. Einige Anbieter verfügen teilweise über riesige Mining-Farmen. Bei der Wahl eines passenden Anbieters für Cloud-Mining sollte man allerdings ganz genau hinschauen: In der Vergangenheit haben sich viele Anbieter als Scam erwiesen und sind mit den Geldern der Kunden durchgebrannt.

Illegales Krypto-Mining

Heutzutage ist das Krypto-Mining ein äußerst teurer, ressourcenintensiver und aufwendiger Akt. Durch das sogenannte »Halfing« steigt der Aufwand und damit auch die benötigte Rechenleistung und der Strombedarf. Miner verlagerten ihre Geschäfte daraufhin immer mehr in Länder, in denen die Stromkosten geringer sind.

Cyberkriminelle müssen sich um die Strompreise dagegen keinen Kopf machen: Sie nutzen Malware oder infizierte Webseiten, um andere für sie die Kryptos schürfen zu lassen. In der Fraud-Szene findet sich mittlerweile eine ganze Palette an Lösungen, um illegales Krypto-Mining zu betreiben. Cyberkriminelle nutzen dabei die unterschiedlichsten Methoden, wobei zu Anfang vor allem das Mining über infizierte Webseiten unter den Internet-Gangstern beliebt war: Webseiten wurden durch Hacker infiziert und sogenannte Javascript-Miner eingebaut. Surfte nun ein Besucher diese Webseite an, nutzten die Miner dessen Rechenleistung, um Kryptocoins zu minen. Ein sehr bekannter Vertreter dieser Art des illegalen Minings war Coinhive – das mittlerweile aber von den meisten Antivirenprogrammen erkannt und geblockt wird. In entsprechenden Foren werden aber weiterhin ähnliche Javascript-Miner angeboten.

Einen Nachteil hat diese Methode für Cyberkriminelle: Die Kryptos werden nur so lange geschürft, wie sich der Besucher auf der infizierten Webseite aufhält. In der Cybercrime-Szene setzte sich deshalb eine andere Methode durch.

Um die Rechenleistung ihrer Opfer über längere Zeit nutzen zu können, versuchen Angreifer, entsprechende Schadsoftware auf die Rechner ihrer Nutzer zu schleusen. Über Trojaner oder Botnetze lassen sich Krypto-Miner auf den Rechner installieren und so diese Rechenleistung für das Schürfen der begehrten Coins zu nutzen.

Ist die Schadsoftware gut programmiert, bekommt das Opfer von diesem Vorgang nichts mit. Krypto-Miner nutzen meist nicht die komplette Rechenleistung aus, um nicht aufzufallen. Wäre der Rechner des Opfers nämlich dauerhaft unter extrem starker Belastung, würden eventuell Gegenmaßnahmen getroffen werden. Genau das wollen die Angreifer vermeiden. Sie wollen möglichst lange und dauerhaft profitieren.

Oft versuchen die Kriminellen, zunächst möglichst viele Opfer mit einer anderen Schadsoftware zu infizieren, um sie zu einem Teil eines größeren Botnetzes zu machen. Ist eine große Zahl an Opfern infiziert, wird der Cryptominer nachgeladen, und die Ressourcen der infizierten Rechner werden gebündelt genutzt. So steigt der Profit. Besitzer von großen Botnetzen bieten in entsprechenden Foren zudem die Möglichkeit, Cryptominer oder andere Schadsoftware auf den Rechnern ihrer Opfer zu installieren. Natürlich gegen Geld.

»Krypto-Mining ist über die Jahre bei Cyberkriminellen immer beliebter geworden«, sagt Martin. »Während Cryptominer früher eher auf Privatrechnern platziert wurden, werden heutzutage auch gerne Server oder Unternehmensinfrastrukturen genutzt, um Kryptocoins zu minen. Dazu wird zum Beispiel nach Schwachstellen in Programmen gesucht, die auf möglichst vielen Servern laufen, um über eine gefundene Lücke dann einen Miner einzuschleusen. Auch das ist ein guter Grund, seine Systeme immer auf dem aktuellen Stand zu halten.«

In der Fraud- und Darknet-Szene ist der Bitcoin noch immer sehr beliebt, aber auch Privatcoins wie beispielsweise Monero oder Dash werden immer häufiger genutzt, da diese für die Ermittler nicht so leicht zurückverfolgbar sind. Allerdings genießen diese Währungen auch einen etwas zweifelhaften Ruf.

Wie schütze man sich vor illegalem Krypto-Mining?

Auf die Gefahr hin, alle zu enttäuschen: Es gibt kein einzelnes Tool gegen illegales Schürfen. Eher sollten verschiedene Sicherheitslösungen kombiniert werden. Zum einen sollte ein Antivirenprogramm installiert und immer auf dem aktuellen Stand gehalten werden. Das gilt genauso für das Betriebssystem und alle anderen Programme. Software sollte nur von vertrauenswürdigen Webseiten heruntergeladen werden. Manchmal ploppen während eines Installationsprozesses Angebote auf, um weitere Software zu installieren. Gerade bei nicht verifizierter Software sollte man hier vorsichtig sein. Denn oft verbergen sich darin auch schädliche Programme – wie zum Beispiel ein Krypto-Miner. Und auch bei E-Mails sollte man aufpassen. Spam-Mails sind nicht immer sofort als solche zu erkennen. Oftmals werden darin Links platziert, die auf verseuchte Webseiten führen oder Dateien angehängt, die entsprechende Schadsoftware beinhalten.

Gerade Unternehmen sollten den Umgang mit E-Mails von unbekannten Absendern sowie den Umgang mit unverifizierten Quellen intern mit Bedacht handhaben. Sensibilisierung ist hier das Zauberwort.

»Auf *WallStreet Market* haben wir damals die Möglichkeit geboten, neben Bitcoin auch mit Monero zu zahlen. Obwohl Monero deutlich sicherer ist, hat sich der Großteil der Verkäufer und Käufer für eine Bitcoin-Zahlung entschieden. Aus meiner Sicht liegt das daran, dass die User bereits an Bitcoin gewöhnt waren und somit Bequemlichkeit über Sicherheit gestellt haben«, sagt Martin zu dem Thema.

NFT

Ein Non-Fungible Token, kurz NFT, ist ein eindeutiges, unteilbares, einzigartiges, überprüfbares kryptografisches Token. Es repräsentiert einen bestimmten digitalen oder physischen Gegenstand in einer Blockchain. Somit lässt sich beispielsweise der Besitz eines digitalen Kunstwerkes nachweisen. NFTs haben in den letzten Jahren einen regelrechten Hype erfahren. Digitale Kunstwerke wie die Cryptopunks wechselten für bis zu 23 Millionen Dollar die Besitzer. Aber es gibt auch Probleme: NFT-Projekte werden oft genutzt, um gutgläubige Investoren hinters Licht zu führen und diese um ihr Geld zu bringen.

In folgendem Kurzvideo erklärt Martin detailliert wie NFTs funktionieren.

Mythos Satoshi Nakamoto

Er ist ein Mythos und wahrscheinlich der vermögendste Mann der Welt. Die Rede ist von Satoshi Nakamoto. Doch wer ist Satoshi Nakamoto? Wer verbirgt sich hinter diesem Namen?

Der geheimnisvolle Bitcoin-Erfinder
FAZ, 09.01.2021

Der Gründer und Erfinder der Kryptowährung Bitcoin ist den meisten unter dem Pseudonym Satoshi Nakamoto bekannt. Im Oktober 2008 wird das entsprechende WhitePaper veröffentlicht. Kurz danach, im Januar 2019, ist es dann so weit: Der erste Block wird gemined. Die ersten 50 Bitcoins kommen auf den Markt. Bitcoin gilt als die erste dezentrale Währung, welche auf der Blockchain-Technologie basiert.

Verschlüsselung in der Vergangenheit

Kryptografie als solche ist ein alter Hut, denken wir nur an den sagenumwobenen Piratenschatz oder die Verschlüsselungsmaschine Enigma im Zweiten Weltkrieg. Die Menschen haben von je her versucht, ihre Privatsphäre zu schützen, egal ob in Form von Codes, Zeichen oder Symbolen. Heute nutzt man digitale Mittel. Ähnlich wie die Zinken des »fahrenden Volks« an den Hauswänden finden sich auch im Internet versteckte Hinweise, die dem normalen Betrachter verborgen bleiben, der Eingeweihte aber zu deuten weiß.

Die Enigma ist eine fast schon legendäre deutsche Verschlüsselungsmaschine, die zu Anfang des zweiten Weltkriegs noch als unknackbar galt. Zwischen der Wehrmacht und den Alliierten gab es einen regelrechten Wettlauf um die Verschlüsselung und Entschlüsselung von militärischen Nachrichten. Obwohl die Wehrmacht die Enigma kontinuierlich verbesserte, lohnte sich der gewaltige technische und personelle Aufwand, den die Alliierten bei der Entschlüsselung betrieben. Sie behielten die Nase vorne und konnten an eine große Zahl an kriegsentscheidenden Informationen gelangen.

Ein Beispiel aus der Vergangenheit wäre auch die verschlüsselte Schatzkarte des französischen Piraten »La Buse«. Bei seiner Hinrichtung 1730 warf er ein geheimnisvolles Kryptogramm ins Publikum, das angeblich die Wegbeschreibung zu seinem riesigen Schatz enthielt. »La Buse« verwendete hierbei einen Freimaurer Code, der zwar entschlüsselt werden konnte – trotzdem ist der Schatz bis heute nicht gefunden worden.

Kryptographie ist also definitiv keine Erfindung der digitalen Welt. Die Computertechnologie eröffnet jedoch ungeahnte neue Möglichkeiten, und langfristig werden wir uns an ihre Existenz gewöhnen müssen.

KAPITEL 10 – DIE KÖNIGSDISZIPLIN

Zeitraum 2015-2016, Alter 26-27 Jahre

»The Takedown of a Dark-Web Marketplace«

The New Yorker, 23.01.21

Sie sind Legenden in der Fraud- und Darknet-Szene: die Administratoren. Sie haben die Macht über den Marktplatz, entscheiden, wer mitspielen kann und wer nicht, sie fungieren wie Gott in einem kleinen Mikrokosmos. Ihre Pseudonyme, die Nicknames, genießen Kultstatus. Es funktioniert wie bei einem Instagram-Profil in der normalen Welt, nur dass sich das Ranking nicht nach Followern richtet, sondern nach der Anzahl der Beiträge. Die digitale Identität ist enorm wichtig, denn aufgrund der Anonymität in der Szene kann man das Selbstbild nicht durch schöne Bilder beeinflussen. Was zählt, ist die eigene Relevanz. Es gilt, das persönliche Image zu schärfen. Bekanntestes Beispiel ist DPR (*Dread Pirate Roberts*), der Nickname von Ross Ulbricht, dem Gründe des Online-Schwarzmarktes *Silk Road*, der schon fast Legendenstatus hat. Ebenso Satoshi Nakamoto, der Erfinder des Bitcoins.

Pseudonyme und Künstlernamen haben eine lange Tradition und sind kein reines Internetphänomen. Denken wir an den Schlagersänger Roy Black, der mit bürgerlichem Namen Gerhard Höllerich hieß, oder an Papst Benedikt, dessen bürgerlicher Name Joseph Aloisius Ratzinger ist. Man könnte sagen: Nicknames hat es schon immer gegeben, im Internet haben sie lediglich an Bedeutung gewonnen, da sie den Charakter ihres Benutzers noch einmal deutlicher widerspiegeln müssen. Sie sind ideenlos oder übertrieben, wirklich witzig oder aus einem schlechten Wortspiel zusammengebaut. Anne Theke, Adams Apfel oder Rainer Hohn sind nur einige Geistesblitze der Nutzer. Ursprünglich aus der Gamer-Szene stammend, ist der Nickname Identität und Ausdruck des virtuellen Avatars.

Wer sind Coder420, Kronos und TheOne?

Man könnte also vermuten, dass sich Martin, Tibo und Jonathan ihre Pseudonyme mit vergleichbaren Hintergedanken ausgesucht haben – um sich selbst im Netz darzustellen. Doch das ist ein Irrtum. Ihre Nicknames haben sich die drei rein für die interne Kommunikation zugelegt. Von Beginn an steht fest, dass man geschlossen unter dem Namen des Marktplatzes auftreten will, nicht als Einzelpersonen. Der Hype um die Pseudonyme ist erst mit der medialen Öffentlichkeit entstanden. Weder in der Fraud-Szene noch im Darknet sind die Nicknames bekannt gewesen oder wurden von ihnen verwendet. Das gilt für alle drei Beteiligten.

»*TheOne* ist die Figur Neo aus dem Film Matrix, und irgendwie ist mir der Name als Erstes in den Sinn gekommen«, sagt Martin. »Du musst wissen, dass wir uns speziell für das Projekt neue Nicks gegeben haben, und es konnte ja auch keiner wissen, dass die Nummer mal so groß wird. Diese Nicknames haben wir uns nur für das Projekt *WallStreet Market* gegeben, und sie waren natürlich auch nie dazu bestimmt, in die Öffentlichkeit zu geraten. Ursprünglich dienten die Nicks nur für unsere interne Kommunikation.«

Martin, Tibo und Jonathan interessieren sich zu diesem Zeitpunkt immer weniger für die Fraud-Szene. Sie haben den Drang, sich weiterzuentwickeln, das nächste Level zu erreichen. Große Herausforderungen fehlten seit Längerem schon, und so stürzten sich alle auf das neue Projekt: das Darknet.

Wer der drei am Ende auf die Idee kommt, einen Marktplatz zu etablieren, lässt sich nicht mehr nachvollziehen. Fakt ist jedoch, dass die Marktplätze seit Längerem im Fokus von Martin Frost, Tibo L. und Jonathan K. stehen, gelten sie doch seit *Silkroad* als Königsdisziplin innerhalb der Szene. Ein Forum zu administrieren, das ist die eine Sache, aber einen Marktplatz zu betreiben, da trennt sich die Spreu vom Weizen! Vielleicht ist es Übermut, der einen der drei auf den Gedanken bringt, einen derartigen Marktplatz auf die Beine zu stellen. Eventuell ist es auch nur der Gedanke: »So'n Ding schraub ich dir in einer Nacht zusammen!« Als sie sich schließlich einige andere Marktplätze anschauen, fällt jedenfalls schnell das Urteil: »Das können wir besser!«

Doch so ein Projekt stampft man nicht einfach mal aus dem Boden. Allen ist bewusst, dass hier noch einiges an Arbeit zu leisten ist.

Der Szene-Laptop

Der sogenannte Szene-Laptop. Dieses Gerät wird ausschließlich für das Projekt angeschafft und speziell gesichert. Zudem dient dieser »Szene-Laptop« dazu, auf Distanz zur normalen Welt zu gehen. Ab diesem Punkt wird sorgfältig darauf geachtet, keinerlei Verbindung zwischen Klarnamen und Szene-Identität zu schaffen. Den meisten Usern ist der Szene-Laptop heilig, er wird im besten Fall nicht aus den Augen oder auch nur aus der Hand gegeben. Im Fall von Ross Ulbricht (*Silkroad*) oder Alexandre Cazes (Admin von *AlphaBay*) zeigt sich, wie wichtig so ein Laptop für die ermittelnden Behörden als Beweismittel werden kann.

In der Szene finden sich sogenannte OPSEC-Anleitungen, die detailliert die Einrichtung eines Laptops beschreiben. Diese Anleitungen werden regelmäßig auf den aktuellen Stand gebracht und sind über die einschlägigen Foren wie das *Crimenetwork* (CNW) erhältlich.

Auch mit Hilfe einer solchen Anleitung richtet sich Martin damals ein sicheres Setup ein: Eine Verschlüsselung mit Truecrypt, eine VM, ein Mac Adress Changer, sichere Browser-Einstellungen, den CCleaner, dazu Jabber mit OTR und die nötigen VPN-Dienste richtet er auf seinem Szene-Laptop ein. Würde man die gesamte Liste an Tools und Vorkehrungen nennen, würde das den Rahmen sprengen.

Die Liste ist lang und je nachdem wie man durchkommt, kann es auch mal zwei Tage dauern, bis der »Szene-Laptop« fertig eingerichtet ist. Derartige Anleitungen haben gerne einmal 46 Seiten.

Ursprünglich kamen derartige Anleitungen von Szenegrößen wie Ebola (Ex-Admin eines Fraud Boards) und sind später durch die Szene immer weiter angepasst worden.

Gerade in den jungen Teenagerjahren hat das Ganze zunächst etwas von einem Gangster-Spiel. Martin fühlt sich wie Neo, er hat einen verschlüsselten Laptop. Der ganze Charme rund um das Thema Fraud, Krypto und Anonymität lässt ihn zwischen zwei Welten wandeln, und die jugendliche Fantasie wird durch technischen Schnickschnack zusätzlich befeuert.

Der spätere Szene-Laptop ist voll verschlüsselt. Truecript7.1A, VM-Ware. Ein Container mit Veracrypt-Verschlüsselung und für jeden Container ein eigenes Passwort. Praktisch unknackbar.

Passwort-Management

Passwörter sind das Gold der Szene, sie öffnen viele Türen. Allerdings sind sie auch die Schwachstelle vieler Nutzer. Selbst Atomsprengköpfe sind teilweise suboptimal gesichert, aber dazu später mehr. Martin verwendet damals *KeePass,* um seine Passwörter zu managen. KeePass gilt bis heute als Standard in der Fraud- und Darknet-Szene.

Ein sicheres Passwort sollte mindestens acht Zeichen besitzen, besser 16, und über verschiedene Symbole und Zahlen verfügen. Im besten Fall ist das Passwort so zufällig wie möglich. Denn auch wenn eine Festplatte verschlüsselt ist, lässt sie sich durchaus knacken, sobald sie nur mit einem unsicheren Passwort geschützt ist. Martin weiß um die Wichtigkeit eines Passworts, und so ist die Kennung seines Szene-Laptops über 30 Zeichen lang. Dieses Passwort hatte er nirgends aufgeschrieben oder gespeichert. Es existierte nur in seinem Kopf. Interessant ist, dass er es bis heute nicht aufschreiben oder aufsagen kann. Er braucht dafür eine Tastatur. Bei den Vernehmungen und der Offenlegung seines Laptops mussten die Beamten eine Tastatur besorgen, damit Martin das Passwort eingeben konnte.

»Ich weiß noch genau, wie es war, als ich damals das Passwort freigeben sollte. Ich saß in der Zelle und hatte die ganze Zeit Angst, dass ich das Passwort bei der Vernehmung nicht richtig wiedergeben könnte. Als es dann so weit war, musste ich das Passwort über eine Tastatur eingeben. Ich habe mir das rein motorisch gemerkt und kann es bis heute mit einer Tastatur eingeben, aber nicht mit einem Stift aufschreiben.«

12345 ist KEIN sicheres Passwort!

00000000: Passwort für US-Atomraketen - Fast 20 Jahre lang war der Launch-Code für alle in den USA stationierten Minuteman-Atomraketen wohl eine einfache Kombination aus acht Nullen. Das denkbar schlechteste Passwort für die Sicherung eines Weltvernichtungsarsenals. Quelle: Heise Online, 04.12.2013, Fabian A. Scherschel

---

Die Administratoren

Im echten Leben haben sie sich nie kennengelernt, trotzdem sind sie über Jahre hinweg enge Weggefährten. Für viele nicht nachvollziehbar, aber alle privaten Themen sind tabu. Es wird überwiegend sachbezogen kommuniziert, und bis auf wenige private Nachrichten, die meist humoristischer Natur waren, ist der Kontakt für den Betrachter absolut konspirativ.

»Wir haben uns vorher nicht gekannt.«

Martin Frost, 2019

Sie nennen sich Kronos und Coder420, Martins Mittäter. Doch wer steckt hinter den Pseudonymen? Die Ermittlungen identifizieren Tibo L. (24) alias Coder 420 aus Kleve und Jonathan K. (33) alias Kronos aus Bad Vilbel. Beide sind schon lange in der Fraud-Szene unterwegs und durchaus relevant. Fest steht auch, dass beide eine Vorgeschichte haben. An dieser Stelle hält sich Martin aber bewusst bedeckt.

»Sie sollen ihre eigene Geschichte erzählen. Ich möchte an dieser Stelle keinem vorgreifen. Ich denke, meine Geschichte ist exemplarisch genug. Wenn einer von beiden das Bedürfnis hat, die Story in dieser oder jener Form zu erzählen, soll jeder die Möglichkeit haben. Ich denke, das ist fair.«

Coder420

Tibo [redacted], (24) alias »[redacted]1« alias »[redacted]1« alias »Coder420«, aus Kleve, Nordrhein-Westfalen. Er hat zwei Geschwister und 2016 sein Abitur am Freiherr-vom-Stein-Gymnasium gemacht. Er ist mutmaßlich genau wie Martin seit Jahren in der Fraud-Szene unterwegs, beide kennen sich bereits vor *WallStreet Market*. Er ist ein Genie im Programmierbereich. Ein echtes Naturtalent. Er wohnt noch bei seinen Eltern, hat den Keller zu seinem Computerzimmer ausgebaut und verbringt Stunden vor dem Rechner und codet.

Im Zuge der Ermittlungen finden die Polizeibeamten bei dem Klever Programmierer, der im Netz als »Coder420« tätig war, unter dem Bett in einer Sporttasche eine halbe Million Euro Bargeld. Der Zahlencode in seinem Nickname steht für eine Uhrzeit und symbolisiert den Konsum von Cannabis.

420, »four twenty« ausgesprochen, ist das Codewort für regelmäßigen Cannabiskonsum. Seinen Ursprung hat 420 in den USA, wo sich im Jahr 1971 Studenten der San Rafael High School täglich um 4:20 p.m. (nachmittags) zum Kiffen trafen. Der 20. April gilt in dem Bezug als eine Art Feiertag. Leider ist es auch das Geburtsdatum von Adolf Hitler.

Eine halbe Million mag viel erscheinen, es handelt sich jedoch nur um einen kleinen Bruchteil dessen, was die Betreiber des Marktplatzes in Form von Kryptowährungen einnehmen. Alle drei überlassen, nachdem sie aufgeflogen sind, den Ermittlern bereitwillig alle Zugangsdaten. So ist es den Behörden möglich,

Beträge in zehn verschiedenen digitalen Währungen sicherzustellen. (Quelle: *Rheinische Post*)

»Mit Coder hatte ich ein sehr freundschaftliches Verhältnis«, erklärt Martin. »Ich habe ihn als Mensch und Programmierer sehr geschätzt. Während des Prozesses hatte ich mit ihm allerdings weniger Kontakt. Der ganze Prozess und auch das, was er seiner Familie angetan hat, hat ihn schon sehr belastet. Zumindest war das meine Wahrnehmung. Am Ende war das für alle Beteiligten ein heftiger Schlag in den Nacken.«

Die Prozesstage werden die Nerven aller noch stark belasten. Auch an Martin geht das Ganze nicht spurlos vorbei.

Coder420 war hauptsächlich für die Programmierung von *WallSteet Market* zuständig und hat eine nicht vergleichbare Arbeitsweise. Extrem schnell, sehr sauber und Zielorientiert.

Programmieren ist genau Tibos Ding. Er beherrscht den Code wie kein Zweiter. Damit hat er sich auch früh einen Namen in der Szene gemacht, und genau über dieses Talent hat Martin ihn seinerzeit kennengelernt. Noch heute sagt Martin, dass Tibo der perfekte Mann für den Job war. Coder war wie eine Maschine, ein regelrechtes Genie. Ähnlich wie Martin hat Tibo L. einige Interviews zu dem Fall gegeben, aber hält sich ansonsten medial komplett zurück.

Kronos

Jonathan K[redacted], (33) alias »D[redacted]e« alias »Kronos« aus Bad Vilbel, Hessen. Über Jonathan K. ist nicht viel bekannt. Er meidet die Öffentlichkeit. Kronos, hat durchaus eine Vergangenheit in der Fraud-Szene und ist der Älteste der drei Angeklagten, zwei Jahre älter als Martin. Er ist für die Serveradministration bei *WallStreet Market* zuständig. Kronos steigt circa ein halbes Jahr vor dem Exit Scam aus und verlässt das Administratoren-Team.

»Kronos ist ein richtig alter Hase und ein Ass, was Serveradministration angeht. In dem Bereich hat er ein wahnsinnig hohes Fachwissen. Ich denke, auch er wird, wenn das alles durch ist, seinen Weg finden und auch beruflich noch mal durchstarten. Während des Prozesses hatte ich öfter die Gelegenheit zu einem Gespräch mit ihm, und wir haben uns über viele Dinge ausgetauscht. Ich wünsche ihm und auch Tibo nur das Beste für die Zukunft.«

TheOne

Martin Frost, (31) alias »[redacted]« alias »TheOne« aus Esslingen bei Stuttgart, Baden-Württemberg. Über Martin findet sich viel, nicht zuletzt durch seine mediale Präsenz als Experte oder O-Ton Geber.

Auch sein eigener YouTube-Kanal arbeitet die *WallStreet-Market*-Geschichte detailliert auf. In über 30 Videos erzählt Martin von der U-Haft oder berichtet von den psychischen Folgen. Auf diese Weise erfährt man viel über ihn und seine Beweggründe.

Die Arbeitsaufteilung unter Kronos, Coder420 und TheOne lässt sich im groben wie folgt abbilden:

- Coder420 ist für alle Programmieraufgaben zuständig. Kronos und TheOne arbeiten ihm zu. Er hat den Shop weitestgehend allein aufgebaut.
- Kronos ist für die Serverkonfiguration zuständig und kümmert sich mit TheOne um die Datenbanken.
- TheOne ist zuständig für die Serveradministration und die Kommunikation mit dem Provider (CyberBunker). Auch kümmert er sich um Frontend, Marketing und Kundenbetreuung.

Zudem sind TheOne und Kronos für die organisatorische Abwicklung der *Wall-Street-Market*-Geschäfte zuständig. Martin sagt, dass es wirklich eine Art Dreamteam war. Zwischenmenschlich, in Sachen Arbeitseinstellung, der Zielstrebigkeit und Effizienz. Das Interesse an den Nicknames der drei Täter entstand wie bereits erwähnt erst nach der Verhaftung. Durch die Medien gehypt, wurde gerade der Nickname von Martin Frost zu einem regelrechten Mythos.

Das großspurig klingende Pseudonym TheOne hinterlässt bei vielen das Bild eines kalkulierten Cyberkriminellen. Darüber hinaus wirkt Martin Frost wie der Prototyp eines Darknet Millionärs, nicht zuletzt durch seine Vorliebe für schnelle Autos und teure Chronographen.

»Natürlich hab ich mich damals in einigen Situationen auch großkotzig, arrogant oder überheblich verhalten. Ich würde lügen, wenn ich sagen würde, mir in meiner Rolle als »TheOne« damals nicht gefallen zu haben. Meine Mutter hat damals öfters mit mir gesprochen und mir gesagt, wie sehr sie meine Art ankotzt, aber wirklich darauf gehört hab ich nicht. Schaue ich heute auf diese Momente zurück, dann ekle ich mich teilweise vor mir selbst. Denn man darf nicht vergessen: Diese Arroganz resultiert aus kriminellen Handlungen, die einem eigentlich eher einen Anlass dazu geben, sich zu schämen.«

Das Shopsystem

Kronos, Coder und TheOne arbeiten damals emsig am neuen Shopsystem. Hierbei handelt es sich um eine Eigenentwicklung, kein Wordpress, kein Woocommerce-Plugin, keine Weiterentwicklung des Os-Systems, sondern ein Shopsystem, das ganz auf die Anforderungen des Darknets zugeschnitten ist.

Modular aufgebaut liegt das Hauptaugenmerk auf der Performance. Frontend technisch schon eine Herausforderung, soll die Seite doch möglichst ansprechend sein, macht auch die Datenbankverwaltung auf Grund der Größe und der Mengen an Abfragen später aber durchaus Probleme.

»In der Szene finden sich teilweise fertige Shopsysteme, und auch fertige Lösungen für Marktplätze werden auf der ein oder anderen Seite angeboten. Oft sind dort aber *Backdoors* beziehungsweise Lücken eingebaut, die es den Verkäufern später ermöglichen, Bitcoins abzuzweigen. Aus diesen Gründen entschlossen wir uns dazu, alles von Grund auf selbst zu programmieren. Streckenweise sah es so aus, als hätten wir uns gnadenlos übernommen, aber irgendwie konnten wir alle Probleme in recht kurzen Zeitfenstern lösen.«

Bei der Konzeptionierung des Marktplatzes schauen sich die drei einiges bei bereits bekannten Marktplätzen wie *AlphaBay* oder *Dream Market* ab. Aber auch Einflüsse von legalen Plattformen wie eBay oder Amazon sind zu erkennen. Eine Treuhandanbindung für Bitcoin und Monero sowie ein ausgeklügeltes Bewertungssystem machen den Shop benutzerfreundlich und bringen Elemente aus dem Clearnet in die Darknet-Szene.

Das Erstaunliche: Sie brauchen für den gesamten Shop nicht länger als sieben Monate. Um die Leistung einschätzen zu können, dienen Angebote der freien Wirtschaft als Vergleich. Hier lässt sich feststellen, dass eine Eigenentwicklung dieses Umfangs von den wenigsten Agenturen geleistet werden kann und die Preise für die Umsetzung in den fünfstelligen Bereich schnellen.

Noch interessanter ist das Zeitfenster, in dem das System erstellt wurde. Eine Zeitvorgabe von sieben Monaten wurde von allen angefragten Agenturen vehement verneint. In der Regel wurden Zeitangaben von etwa 12 Monaten genannt, um einen solchen Shop zu realisieren. Bedenkt man nun, dass Kronos, Coder420 und TheOne normalen Berufen nachgegangen sind beziehungsweise zur Schule gingen, erscheint eine Entwicklungszeit von gerade einmal sieben Monaten definitiv beeindruckend. Coder420 hat täglich zwischen vier und acht Stunden an der Programmierung gearbeitet und somit fast seine ganze Freizeit diesem Projekt geopfert.

Mitte März 2016 fassen die drei Betreiber den Entschluss, den Marktplatz zu programmieren. Wie verhängnisvoll dieser Entschluss am Ende sein wird, ahnt damals keiner der drei.

KAPITEL 11 – PRIVATLEBEN

Zeitraum 2011-Heute, Alter 21-32 Jahre

»Realtalk«
PA Sports, 2019

»Kümmer dich gefälligst auch mal um uns! Dein Sohn braucht seinen Vater.« Martins Freundin ist stinksauer. Mit dem Kind auf dem Arm läuft sie hinter ihm her.

»Ich weiß«, sagt er und packt seine Sporttasche.

»Bleib gefälligst stehen, wenn ich mit dir rede!« Ihre Stimme wird lauter. »Du willst jetzt nicht allen Ernstes zum Training gehen? Tickst du noch sauber!?«

Martin ist genervt und übermüdet. Im Prinzip hat sie ja recht, nur nicht heute. In der Nacht sind wichtige Server abgerauscht, und er hat durchgearbeitet. Er muss ins Gym, sich auspowern, den Kopf freibekommen. Jetzt mit ihr Schöne-heile-Welt zu spielen ist einfach nicht drin. Er lässt sie stehen und geht die Treppe zur Tiefgarage hinab. Ein kurzer Druck auf den Schlüssel, und die Blinker signalisieren, dass der Mercedes GTS entriegelt ist.

»Kribbelt doch jedes Mal auf Neue«, denkt sich Martin und steigt in das rund 100.000 Euro teure Fahrzeug. Noch kurz das Garagentor über die Fernsteuerung hochfahren, und es kann losgehen. Die Strecke kennt er wie im Schlaf, Mucke an und gib ihm. Der V8 entfaltet seine Kraft, Martin wird leicht in den Schalensitz gedrückt. Was für ein Gefühl, Freiheit pur.

Der Geist lüftet sich, die Anspannung und der Stress des Tages fallen allmählich ab. »Es ist wie eine Therapie«, denkt er und beginnt in Gedanken, die Probleme der Nacht und des Tages zu sortieren. Vielleicht doch alles nicht so dramatisch, wie zuerst gedacht.

Er tritt aufs Gas, und der Mercedes beschleunigt. Er fährt die Kurve zum Fitnessstudio hinauf, während er bereits Dennis sieht. Jetzt zwei Stunden auspowern, und dann geht's zurück an den Rechner. Stress pur. Und bald steht auch noch ein Urlaub an. Doch bei *WallStreet Market* gibt es zu viel Arbeit. »Na toll!«, denkt er sich.

Der nächste Urlaub wird besser

Martin ist kein großer Mallorca-Fan, und so entscheidet sich die junge Familie für eine Reise nach Barcelona. Er wäre lieber gefahren, doch das stand für seine Freundin nicht zur Diskussion. Also muss es eben das Flugzeug sein. Die ersten Marktplatz-Versuche laufen gut, und das Team sammelt viel Erfahrung. Rund ein Jahr läuft der Marktplatz zu diesem Zeitpunkt schon, und selbst im Sommerurlaub ist es Martin fast unmöglich, abzuschalten.

Zwei Wochen Urlaub können verdammt lang werden, wenn man im Kopf bei einer ganz anderen Sache ist. Mit jedem Tag, an dem er nicht prüfen kann, ob bei seinem »Baby« alles läuft, wird er unruhiger und sehnt sich der Rückreise entgegen. Martins Freundin geht es besser: Sie genießt die Sorglosigkeit, das morgendliche Buffet und das Entspannen am Strand. Würde es nach ihr gehen, könnten diese Tage ewig dauern.

In diesem Urlaub kauft Martin sich eine Luxusuhr: Eine *Mido* mit mechanischem Werk und braunem Lederband. Uhren sind Martins Leidenschaft, genauer gesagt Chronographen mit mechanischem Werk. Sie geben ihm ein beruhigendes Gefühl: Die Mechanik zu spüren, die Kunstfertigkeit der Uhrmacher am Handgelenk zu tragen, das leise Kribbeln, wenn sich das Schwungrad dreht.

Martin ist froh, als sie endlich wieder im Flugzeug in Richtung Heimat sitzen. Bald wird er seinem gewohnten Tagesablauf nachgehen können und die Zügel wieder im Griff haben.

»An diesen Urlaub kann ich mich noch sehr gut erinnern. Ich bin das erste Mal seit einer langen Zeit wieder geflogen, und ich habe es gehasst. Ich hatte richtig Panik vor dem Flug und habe mir vorher sogar eine Beruhigungstablette eingeschmissen. Ich hasse Situationen, in denen ich keine Kontrolle habe und es keinen Ausweg gibt. Der Urlaub war schön, und Barcelona ist bis heute eine meiner Lieblingsstädte. Im Nachhinein hasse ich mich selbst dafür, dass ich den Urlaub nicht bewusster genossen habe. Wann ich das nächste Mal nach Barcelona oder überhaupt in ein anderes Land reisen kann, steht aktuell nämlich noch in den Sternen«, erzählt Martin über diesen Urlaub. »Besonders schön waren für mich auch die Abende an der Bar mit meiner Freundin. Nur wir beide und ein paar Drinks. Auch solche Momente habe ich viel zu selten ermöglicht.«

Tausche Gin gegen Korn

Der obligatorische Abend an der Strandbar. Ob das wirklich sein muss, man weiß es nicht, auf jeden Fall gefällt es Martins Freundin. Mainstream-Musik, Schirmchendrinks und angetrunkene Party People.

»Wenn ich schon mal da bin, warum nicht«, denkt sich Martin. Schnaps und Bier sind nicht sein Ding, er mag lieber Mixgetränke oder Cocktails. Unschlüssig steht er vor der Getränkekarte und überlegt, als der Barkeeper ihm ein Pinnchen Klaren hinstellt. »Okay, man will nicht unhöflich sein« – er trinkt den Kurzen. Würg.

»Was ist das denn?« Die Kehle brennt, man sieht ihm den Ekel an.

Der Barkeeper lacht und sagt: »Du Germany!? Korn!«, und nickt ihm freudig zu.

Was für ein Blödmann! Als würden alle deutschen Korn saufen!, ärgert sich Martin und sagt: »Tausch Korn gegen Gin!«

Der Barkeeper ist überrascht.

»… ow«, antwortet er.

Martin kribbelt die Nase von dem Kurzen, und der Reiz zu niesen lässt sich nicht mehr unterdrücken.

»… ski!«, zischt es aus ihm heraus.

Der Barkeeper ist eine Frohnatur. Oder amüsiert er sich über Martin?

»Schmeckt nicht?«, fragt er und grinst Martin an.

»Nein, überhaupt nicht«, antwortet Martin und freut sich, den unangenehmen Geschmack des Schnapses mit dem Gin Tonic aus dem Mund spülen zu können.

Martins Freundin liebt die Abende an der Bar.

Jede Beziehung hat ihre Höhen und Tiefen, nicht anders ist es bei Martin und seiner Freundin. Sie führen nicht die übliche »Vorzeigebeziehung«, in der die Mutter den Vater höflich fragt: »Schatz, wann essen wir zu Abend?«

Ihr Umgang miteinander ist eher wie in Teenagerzeiten unter guten Freunden. Beide ziehen sich gegenseitig gern mit dem einen oder anderen Spruch auf oder sorgen anderweitig dafür, den Alltag durch Humor aufzuwerten. Doch Martins Freundin wird, bei all der Leichtigkeit, auch ihrer Rolle als Frau und Mutter gerecht. Generell lachen beide viel. Selbst wenn die Situationen düster erscheinen, sie versuchen sich den Humor zu erhalten. Diese Eigenschaft wird für ihr zukünftiges Leben noch wichtiger werden, als damals gedacht.

»Humor ist für mich immer eine wichtige Eigenschaft gewesen. Ich finde, man geht einfach leichter durchs Leben, wenn man auch schwierige Themen mit etwas Humor nimmt und sich selbst nicht zu ernst nimmt. Diese Eigenschaft hat mir bei vielen Themen geholfen. Sei es in Bezug auf meine Krankheit oder auch meinen bevorstehenden Haftantritt. Knastwitze sind in letzter Zeit absolut keine Seltenheit«, lacht Martin.

YEAR'S
89€

MORPHEUS-EFFEKT: ERNTE 23

Um ein Haar wäre er eingeschlafen. 23:20 Uhr, noch drei Minuten, dann muss Martin spätestens los. Das Treffen ist um 0 Uhr. Er hat keine Lust und ärgert sich, was er da wieder angezettelt hat. Scheiß Darknet, denkt er. Letzte Woche hat er jemanden kennengelernt, der jemanden kennt, der jemanden kennt.

Wieder mal steht Martin in seinem Leben an einer Weggabelung. Jeder kennt diese Situation. Er läuft den Weg hinunter auf die Kreuzung zu. Erinnert mich an den Film *Crossroads*, schießt es ihm in den Kopf.

Die Straßenkreuzung ist im Mondlicht nur schwer zu erkennen. Martin steckt sich eine Zigarette an und stellt sich neben das Straßenschild. Tausendmal wurde ihm eingebläut, bloß pünktlich zu sein. Genau 0 Uhr, nicht fünf Minuten vorher, nicht fünf Minuten danach, genau 0 Uhr!

Er schaut auf seine Uhr. Punktlandung! Das Wetter wird schlechter, Wolken verdunkeln den Mond. Martin wird auf einmal kalt. Ohne Ankündigung steht er da. Ein großer Typ, schlank mit dunklen Haaren.

Er scheint etwas zu humpeln. »Alles fit?«, fragt er Martin.

»Jo, bei dir auch?« Martin macht auf cool, ihm ist die Situation unangenehm.

Der Typ, der unter dem Mondlicht keinen Schatten wirft, holt eine Schachtel Kippen raus. Ernte 23, wer raucht Ernte 23?

»Willst du eine«, fragt er Martin.

»Nee, danke, grad ausgemacht.«

Der Typ macht sich die Kippe mit einem Sturmfeuerzeug an. »Hier, rauch jetzt endlich eine!« Er hält ihm die geöffnete Schachtel hin.

»Scheiß drauf«, denkt sich Martin und greift zu. »Schmeckt nicht schlecht«, sagt er, und der andere nickt.

Irgendwie flößt ihm der Unbekannte Respekt ein. Vielleicht sogar Angst?

»Kannst du behalten«, sagt der Unbekannte und wirft ihm die Zigarettenschachtel zu. Er verbeugt sich, grinst hämisch und stellt sich mit seinem Nickname vor: »Legba«, raunt er. »Manche nennen mich auch Esu. Ich habe viele Namen, aber jetzt weißt du, wer ich bin. Geh jetzt, du weißt, wie du mich findest.«

Martin nimmt einen tiefen Lungenzug. Hustenanfall, die Lunge brennt.

»Alter, was war das denn?« Er schaut noch mal auf die Zigarettenschachtel. Erst jetzt bemerkt er den Pfeil, der auf die Schachtel gemalt wurde. Er zeigt auf den Warnhinweis. »Rauchen gefährdet Ihre Gesundheit. Hören Sie auf zu rauchen, so wird Ihr Leben lebenswert.«

»Was für ein Schwachsinn, so was steht doch normal nicht da?«

Hier hängt er nun rum an einer Straßenkreuzung im Nirgendwo, was für eine Zeitverschwendung. Soll er noch eine rauchen? Laut Verpackung wäre das ja ein Pakt mit dem Teufel. Er muss schmunzeln.

Wird sich Martin die Zigarette anzünden und damit vielleicht einen schweren Fehler begehen? Dann lies einfach weiter im Buch.

Verzichtet er aber auf die Zigarette, könnte sich sein Leben zum Positiven ändern, dann geht es weiter bei Kapitel 23 (Seite 281).

ERNTE
23

KAPITEL 12 – DOPPELLEBEN

Zeitraum 2016-2019, Alter 27-30 Jahre

»Ich habe mir da keinerlei Gedanken gemacht.«

Martin Frost, 2022

Martin ist keineswegs der Prototyp eines Kriminellen, ganz im Gegenteil, sein Leben scheint auf den ersten Blick vollkommen. Schulabschluss, abgeschlossene Lehre, angestellt mit unbefristetem Vertrag, gute Freunde, die ihm ein gefestigtes Umfeld geben, außerdem eine feste Beziehung. Ohne finanzielle Sorgen oder Nöte steht er mit 27 Jahren fest im Leben.

Umso bizarrer ist sein Doppelleben. Für Außenstehende im Nachhinein schwer nachvollziehbar, aber für Martin bedeutet es keine größere Anstrengung, zwischen realem Leben und Darknet zu trennen. Fast spielend gelingt ihm der Spagat zwischen vorbildlichem Bürger und Cyberkriminellem.

Die Anfänge

Wir wissen inzwischen: Martins Anfänge reichen weit zurück. Mit 14 begann seine Filesharing-Phase, ganz klassisch auf dem Schulhof. Hier wurden Links und Empfehlungen für Foren und Boards getauscht. Natürlich auch Musik und Filme. Im Prinzip dasselbe Spiel wie früher mit Kassetten oder CDs. Der Schulhof zeigt sich in jeder Generation als Umschlagplatz für diese und jene Dinge.

Während dieser Zeit hatte Martins Mutter große Sorge, dass ihre Söhne Drogen nehmen. Regelmäßig durchsuchte sie die Zimmer der beiden, was zumindest Martin nicht verborgen blieb. So fing er an, einige Dinge zu verstecken. Wahrscheinlich wie jeder Jugendliche, sei es das Schmuddelheft oder die heimlich gekauften Zigaretten. Anders als die klassische Kiste unter dem Bett, richtete sich Martin allerdings seine virtuelle Maschine auf dem Rechner ein. Hier versteckte er illegal gezogene Filme, Musik oder Software.

Noch ein weiterer Faktor kam hinzu: In der Fraud-Szene waren Privatsphäre und Anonymität seit Anbeginn ein großes Thema. Es gehörte gewissermaßen zum guten Ton, Vorsichtsmaßnahmen in Bezug auf die Sicherheit zu treffen. Anonymitätsanleitungen in PDF-Form wurden damals in den einschlägigen Foren geteilt.

Der junge Martin jedenfalls war begeistert. Das PDF war für ihn eine Art *Y-Heft* in digitaler Form, und so arbeitete er sich durch die Anleitung. Wovor sich Martin damals schützen wollte, wusste er selbst nicht, aber es fühlte sich cool an. Über die Foren, in denen er sich bewegte, wurde er mit den Regeln der Szene vertraut. Bloß keine privaten Daten leaken! Immer für eine professionelle Sicherheitsstruktur sorgen! Martin wollte Teil dieser Gemeinschaft sein und setzte die Grundsätze für sich um. Ein kriminelles Interesse existierte zu diesem Zeitpunkt noch nicht.

Da das Darknet, die Fraud-Szene oder Cybercrime für seine Freunde so spannend waren wie der örtliche Busfahrplan, separierte er die Themen schlicht und ergreifend. Mit seinen Kumpels wurden profane Themen behandelt, im Netz widmete er sich den Bereichen, die ihn wirklich faszinierten. Martin hatte nun zwangsläufig einen Online-Bekanntenkreis, der sich ausschließlich mit Darknet und Fraud beschäftigte.

Da Martin bereits in jungen Jahren Internetseiten auch auf wirtschaftlicher Ebene als Einzelunternehmer anbot, hatte er ein passendes Alibi parat. Fragten die Leute früher, was er eigentlich machte, war Webdesign für ihn immer die schnellste und einfachste Antwort. Erklär mal einem, was E-Commerce ist, der keine Ahnung davon hat. Webdesign, da hatten die Leute zumindest ansatzweise eine Vorstellung: irgendwas mit Internet … Für Martin selbst war es tatsächlich egal, ob er eine Seite im Clearnet erstellte oder im Darknet. Lediglich die Rahmenbedingungen waren andere, der Rest war vom Prinzip dasselbe.

Zudem wusste sein näheres Umfeld, dass sich Martin sehr für Kryptowährung interessierte und schon früh in diesen Bereich investiert hatte. Dass der Bitcoin-Kurs dann explodierte, machte Martins Geschichte noch glaubwürdiger. Viele sahen in Martin jemanden, der Trends erkannte, eine Affinität für Technik und IT besaß und sich somit den ein oder anderen Luxus leisten konnte. Dass ihm im Betrieb immer öfter Sonderaufgaben im IT-Bereich zugewiesen wurden und Martin innerhalb des Konzerns als »Geheimwaffe« in Sachen Programmierung galt, unterstrich diesen Eindruck natürlich. Kurz um: Martins Umfeld hat seinen Lebensstandard nie hinterfragt und das Bild vom erfolgreichen Bitcoin Investor und Internet-Spezialisten war für alle schlüssig.

Sein langjähriger Freund Dennis beschreibt die damalige Situation wie folgt: »Wir wussten ja, wie Martin lebt, wie seine Wohnungseinrichtung war, und die unterschied sich in keinster Weise von der der anderen Arbeitskollegen oder Freunde. Das war ganz normaler Standard. Ab und an hat er sich dann mal eine neue Uhr gekauft, aber da er sonst ja kein großes Geld ausgegeben hat für DVDs, CDs oder andere Konsumgüter, dachten wir alle eigentlich, dass er darauf gespart hat, um sich dann etwas Edles zu gönnen. Uhren steigen ja auch im Wert, da haben wir eher gedacht, clever von ihm. Besser sein Geld in Dinge investieren, die im Wert steigen, als es einfach nur für Zeugs auszugeben. Bei größeren Sachen hat man sich dann aber doch schon gefragt: Alter, wie macht der das? Aber wir wussten ja, dass er sich damals Bitcoins gekauft hatte, die ein Vielfaches im Wert gestiegen sind, daher war das auch schlüssig. Für uns andere war das Bitcoin-Thema erst dann von Interesse. Dass er die Coins mit dem Darknet gemacht hat, hat nie einer vermutet, nicht bei Martin.«

Martin musste sich also keine große Mühe geben, sein vermeintliches Doppelleben zu erklären. Viel schwieriger war der immer größere Zeitaufwand und die

Tatsache, dass auch seine Familie immer kürzer kam. Zeitmanagement war das Zauberwort! Selbstmanagement, um im Gleichgewicht zu bleiben und am Ende den Überblick nicht zu verlieren. Auch hier ging Martin strukturiert und analytisch vor: Er nahm sich bewusst Auszeiten, ging zum Sport oder fuhr einfach mit dem Auto herum, um den Geist neu zu starten und das Gehirn wieder auf Hochleistung zu bringen. Auch seine sozialen Kontakte und das regelmäßige Feiern mit seinen Freunden waren ihm damals wichtig. Diese ausgleichenden Komponenten halfen ihm, dem mentalen Druck standzuhalten. Denn im Darknet wurde mit harten Bandagen gekämpft. Hackerangriffe, die Manipulation von Bewertungen oder andere technische Probleme verlangten die volle Konzentration von Martin alias TheOne, Coder420 und Kronos.

Martins Arbeitsplatz

Bezeichnete man Martins damaligen Arbeitsplatz als sauber, würde seine Freundin wohl die Hände über den Kopf zusammenschlagen. Martin fällt es schwer, Ordnung auf seinem Schreibtisch zu halten. Er konzentriert sich lieber auf die Arbeit. Man kann sich seinen Arbeitsplatz so vorstellen: drei nebeneinanderstehende 27-Zoll-Monitore, diverse Kaffeetassen, ein Glas, das zum Aschenbecher umfunktioniert wurde, und eine mechanische Tastatur.

Er braucht das Gefühl der Tasten, ihren klackernden Sound, um das richtige Feeling entwickeln zu können. Ansonsten ist auffällig, dass die Endgeräte funktional sind und nicht etwa nach Marke oder Image ausgewählt wurden. Eigentlich könnte man an diesem Ort die feinste Technik erwarten, stattdessen lacht einen diese seltsame Retro-Tastatur an. Auch die Maus ist eine Kabelmaus. Bluetooth für Tastatur und Maus schließt Martin kategorisch aus – nicht aus irgendwelchen Sicherheitsgründen, sondern wegen der verzögerten Reaktionszeit. Hier merkt man, dass die Gaming-Welt dann doch nicht ganz spurlos an ihm vorbeigegangen ist.

Schattenseiten

Sein Umfeld und seine Freundin ahnen nichts von seinem Doppelleben, für das er später vor Gericht stehen wird. Für sie ist er der Familienvater, der versucht, etwas für die Familie aufzubauen. Sie kann nicht wirklich erkennen, was Martin da eigentlich macht. Das Script für eine Phishing-Mail sieht auf den ersten Blick selbst für den geübten Betrachter genauso aus wie der Quellcode eines Darknet-Marktplatzes oder die Webseite eines stinknormalen Waschsalons. Selbst wenn das Logo des *WallStreet Markets* fett auf dem Bildschirm gewesen wäre, mit einer Anleitung für den TOR-Browser, würde sie wohl niemals vermuten, dass es sich hier um einen illegalen Marktplatz im dunklen Bereich des Internets handelt.

Martins Freundin selbst sagt: »Ich habe mit dem ganzen Computerzeug überhaupt nichts am Hut. Es war immer praktisch, dass Martin da war, wenn der Drucker mal wieder nicht ging oder sich mein Handy aufgehängt hatte, aber was er da genau gemacht hat, hab ich nie gewusst. Gelegentlich hat er mal erzählt, dass irgendein Server von einem Kunden abgerauscht war und er'ne Nachtschicht machen muss, um irgendwas geradezubiegen. Ganz ehrlich, ich weiß bis heute nicht, was er da genau gemacht hat. Wir haben nach der Verhaftung lange darüber geredet, denn auch ich habe mich ja gefragt: Wie kann das sein? Bin ich einfach zu naiv? Aber ich habe da nie was vermutet. Das Traurige ist, selbst heute kann ich es nicht einfach überprüfen. Ich kann mich da nur auf das verlassen, was er mir sagt. Das war eigentlich das Schwierigste für mich, irgendwie hintergangen worden zu sein.«

Dennis erinnert sich, dass er Martin kurz vor seiner Verhaftung im Fitnessstudio einmal mit einem ihm unbekannten Laptop gesehen hat und ihn fragte, was es damit auf sich habe, und Martin eher ausweichend und herunterspielend antwortete. Nach der Verhaftung war klar, dass es sich um einen Szene-Laptop gehandelt hat.

Martin kann sich an den Moment noch schemenhaft erinnern: »Stimmt, da war etwas, das muss zwei oder drei Tage vor der Verhaftung gewesen sein. Ich habe den Laptop damals während des Exit Scams nicht mehr aus den Augen gelassen, auch um schnell reagieren zu können, falls was passiert. Ich weiß noch, dass ich mir dachte, warum fragt der so genau nach, und ich habe das runtergespielt und schnell das Thema gewechselt. War wohl doch nicht so unauffällig, wie ich dachte.«

Was hat Martins Freundin gewusst?

Wie viel hat seine Lebenspartnerin mitbekommen? Über 100.000 Euro in bar in einer Schuhschachtel unter dem Fernsehtisch fallen nicht auf? Schwer zu glauben! Szene-Laptop, Bitcoin-Wechsel und die teuren Autos wecken keinen Verdacht?

Dass damals Geld vorhanden ist, weiß sie. Um welche Summen es sich handelt, ahnt sie aber nicht. Martin und seine Freundin pflegen ein sehr vertrauensvolles Verhältnis. Smartphones oder Computer können offen liegen bleiben, ohne dass er oder sie spionieren würde. Vertrauen ist beiden sehr wichtig, daher zählt sie das Geld nie nach. Dem Normalsterblichen fällt es ohnehin schwer, sich ein konkretes Bild von einer derartigen Summe zu machen.

»Martin hatte mir gesagt, dass er früh in Bitcoins investiert hat, und er hat mir auch regelmäßig den Kursverlauf gezeigt. Unter uns, mir hing das eine Zeit lang echt zum Hals raus. Die Schuhschachtel, in der sich das Bargeld befand, habe ich eigentlich nie aufgemacht, gelegentlich beim Staubwischen ist der Deckel mal verrutscht, dann hat man gesehen, dass da Geld drin lag, auch extrem viele Scheine, aber ich dachte, dass sind so 20.000 bis 30.000 Euro. Dass da über 100.000 drin waren, habe ich ja erst im Nachhinein erfahren. Bei der Hausdurchsuchung war das schon erschreckend viel, was sich da angesammelt hat. Ich habe die Schuhschachtel ja nie ausgekippt oder so.«

Für seine Lebensgefährtin ist es plausibel, dass das Geld vom Verkauf der alten Bitcoins stammt. Auch erzählt Martin immer mal wieder, dass er eine neue Internetseite für einen Kunden fertig gemacht hätte. Ab und an zeigt er ihr die Seiten auch, zudem werden die Referenzen auf seiner Homepage zahlreicher, insofern gibt es für sie keinen Grund zur Sorge.

Aber wird man bei so viel Bargeld nicht automatisch hellhörig?

»Ich bin gelernte Einzelhandelskauffrau. Am Ende dachte ich, es ist gut, immer etwas Bargeld im Haus zu haben. Wer rechnet denn damit, dass der Mann den zweitgrößten Darknet-Marktplatz betreibt, mal Hand aufs Herz.«

Auch der Szene-Laptop erregt bei Martins Freundin keinen Verdacht. Ihr fällt auf, dass er nur noch mit der Laptop-Tasche unterwegs ist, glaubt aber, dass er den

Computer für die Eröffnung des Fitnessstudios braucht, um irgendwelche Präsentationen oder Bilanzen mit anderen zu besprechen.

Bleibt die Frage, warum sie bei den Autos nicht stutzig geworden ist.

Martin arbeitet in Festanstellung bei einem großen Konzern, sein Gehalt kann man durchaus als üppig bezeichnen. Viele Arbeitskollegen fahren hochwertige Autos, daher besteht zunächst kein Grund, misstrauisch zu werden. Bei dem GTS liegt das Problem eher darin, dass sie den Wagen einfach komplett übertrieben findet. Für sie ist der Wagen eine Zuhälterkarre ohne jeglichen Reiz. Für Martin hingegen ein echtes Traumauto. Dass bei ihnen die Meinungen in Bezug auf Autos auseinandergehen, ist allerdings nichts Neues. Die Auseinandersetzung, die um den Wagen entsteht, ist in ihrer Beziehung nicht ohne Beispiel. Letztlich ist ihr nur wichtig, dass sich Martin wegen des Autos nicht verschuldet.

Martin erinnert sich daran, wie er ihr den Wagen zum ersten Mal gezeigt hat: »Ich war richtig aufgeregt, megastolz auf das Auto, und ich bin direkt mit ihr runter in die Garage und hab ihr den Mercedes gezeigt. Was kommt von ihr? ›Sieht gut aus‹, und sie will wieder nach oben. Sie hatte noch nicht mal Lust, in das Auto zu steigen, geschweige denn, es zu fahren. Aber so ist sie. Meine Freundin holt so etwas null ab. Einmal ist sie mit dem Auto gefahren, aber ich glaube, das war zwei Monate später, und ich musste sie regelrecht dazu zwingen.«

Es ist daher glaubwürdig, dass Martin sein Doppelleben innerhalb seiner Beziehung geheim halten konnte. Zu diesem Schluss sind auch die Ermittler gekommen, die seine Lebensgefährtin nicht einmal für eine Zeugenbefragung vorgeladen haben. Man darf nicht vergessen, dass bei keinem von Martins Tools über den Monitor eine Warnung gestanden hätte, etwa: »ACHTUNG! Darknet-Software!« Ob man eine normale Seite bearbeitet oder an einem Darknet-Shop bastelt, macht für den vorbeilaufenden Betrachter keinen Unterschied.

KAPITEL 13 – WALLSTREET MARKET

Zeitraum 2016-2019, Alter 26-30 Jahre

»Ich müsste lügen, wenn ich sagen würde, dass ich damals nicht stolz darauf war.«

Martin Frost, 2021

Prozessinformationen, Anklageschriften von deutschen und US-amerikanischen Behörden sowie das Urteil aus erster Instanz dienen als Grundlage für dieses Kapitel. Zudem sind mehr als 90 Stunden Interview mit Martin Frost allein zu diesem Thema geführt worden. Alle Angaben wurden ausgewertet, gegengeprüft und mit den Aussagen verglichen. Fehler in der Chronologie, die teilweise durch die Angeklagten selbst gemacht wurden, wurden überprüft und richtig eingeordnet. Ebenso wurden Indizien mit Hilfe von Internet-Archiven kontrolliert und Quellen aus dem Clearnet berücksichtigt. So ist es gelungen, ein umfassendes Bild des Falls *WallStreet Market* zu rekonstruieren.

Bei den Recherchen sind aktuelle, aber auch veraltete Profile der Verurteilten aufgetaucht, die gesichtet wurden und den Fall komplementierten. Zudem wurden Presseberichte lokaler, nationaler und internationaler Zeitungen wie des *Wall Street Journal* oder der *New York Times* berücksichtigt sowie die Veröffentlichungen des US-amerikanischen und brasilianischen Justizministeriums. Auf diese Weise sind Unmengen Material zu dem Fall *WallStreet Market* zusammengekommen, sodass der Arbeitsordner zu diesem Projekt die 23,5 Gigabyte übersteigt.

Was war der WallStreet Market?

Der *WallStreet Market* war ein Online-Marktplatz im Darknet, vergleichbar mit Amazon oder eBay, bei dem es fast ausschließlich illegale Produkte wie Drogen, gefälschte Ausweise, Falschgeld, Paypal-Accounts, Kreditkartendaten oder Schadsoftware zu kaufen gab. Auf dem illegalen Marktplatz war es Kunden und Verkäufern möglich, Produkte einzustellen oder zu kaufen. Bei jeder Transaktion ging eine Treuhandprovision von 2 bis 6 Prozent an die Marktplatzbetreiber. Wie bei den legalen Online-Plattformen gab es auch bei *WSM* Kategorien, Produktbeschreibungen, Bilder und Bewertungen zu den Produkten und den Verkäufern.

Auch wurde der Shop in diversen Sprachen zur Verfügung gestellt, um ein möglichst großes Publikum anzusprechen. Dem Marktplatz war ein Forum angeschlossen, in dem Käufer und Verkäufer Themen diskutieren oder Erfahrungsberichte austauschen konnten.

Technisch lässt sich *WallStreet Market* am besten mit eBay vergleichen. Das Prinzip ist ähnlich, und auch optisch wurde sich an dem globalen Player orientiert, da *WSM* bewusst Look and Feel einer vertrauten Plattform vermitteln sollte.

»Wir haben *WallStreet Market* bewusst als reine Handelsplattform konzipiert. Dabei war eBay durchaus Vorbild und Ideengeber. Das Grundkonzept ist schon genial. Es bietet Verkäufern und Käufern eine Plattform, die treuhänderisch die Zahlungen verwaltet. Der eigentliche Handel wird durch Verkäufer und Käufer selbst übernommen. Von uns allen hatte übrigens nie jemand Interesse, selbst mal zu verkaufen. Ironischerweise habe ich selbst noch nie etwas auf einem Darknet-Marktplatz gekauft, auch nicht auf *WSM*.«

Die Fakten sind beeindruckend und erschreckend zugleich: Rund 63.000 Verkaufsangebote, 41 Millionen Euro Umsatz in Bitcoin nur an Drogen (Stand: Juli 2021), etwa 5000 internationale Händler und über 1 Million Kundenkonten.

Das FBI wird später in seiner Anklageschrift schreiben: »*WallStreet Market* war zu seiner Hochphase der zweitgrößte Darknet-Marktplatz weltweit.« Das Bundeskriminalamt schreibt in seiner Presseerklärung: »Es ist der größte Schlag gegen einen Darknet-Marktplatz 2019, und was zutage kommt, sprengt jede Dimension.«

Wie sah ein typischer Tag für Martin zur damaligen Zeit aus?

Martin steht um 4 Uhr auf und setzt sich vor den Rechner. Bedeutet: Seine Freundin weckt ihn, weil er den Wecker nicht hört, macht ihm einen Kaffee, legt ihm sein Zeug raus und geht dann wieder schlafen.

»Ich bin ja immer früh aufgestanden, auch wegen der Schichtarbeit, und irgendwie hat sich das so eingespielt bei uns.« Martin lacht. »Das werden jetzt hundertprozentig alle in den falschen Hals bekommen, aber so war es. Früh- und Spätschicht, aber ab und zu auch Nachtschicht für drei Monate am Stück, die schlauchen schon und färben naturbedingt auch auf den Lebenspartner ab. Leider, aber wir unterstützen uns da gegenseitig.«

Martin liebt einen geregelten Alltag. Nach dem Aufstehen beginnen die Arbeiten an *WSM,* und auch hier sind es wiederkehrende Routineaufgaben:

- In das Dashboard schauen, ob Coder420 und Kronos Notizen hinterlassen haben
- Konflikte prüfen
- Tickets bearbeiten
- »hängende« Bitcoin-Transaktionen manuell ausführen

- Datenbankabfragen manuell ausführen
- Vendor-Angebote prüfen
- Im Support-Forum nach dem Rechten sehen
- Kanäle wie *Reddit*, *Dread* und andere externe Seiten prüfen
- Administrative Serververwaltung

Nach diesen Routineaufgaben ist es Zeit, duschen zu gehen und gegen 5:30 Uhr zur Arbeit zu fahren. Schichtbeginn ist um 6 Uhr, und Martin stempelt immer punktgenau ab. Die 20 Minuten Autofahrt nutzt er, um den Kopf frei zu bekommen, abzuschalten von *WSM* und sich gedanklich auf die Aufgaben bei seinem Arbeitgeber vorzubereiten. Trotzdem bleibt *WSM* permanent im Hinterkopf.

Der Switch zwischen Cyberkriminalität und Angestelltenverhältnis gelingt allerdings auch bei Martin nicht immer auf Knopfdruck. Nach der Arbeit nutzt er das Fitnessstudio, um sich auszupowern. Mit Deutschrap im Ohr und einer Hantel in der Hand kann Martin seine Gedanken ordnen. Die motorischen Abläufe der Übungen und der Fokus auf den Sport verschaffen Martins Geist wie immer ein wenig Ruhe. Diese zwei Stunden am Tag sind besonders in den Hochphasen von *WallStreet Market* elementar wichtig für ihn, um einem drohenden Burn-out entgegenzuwirken. Nach dem Training geht es ohne Umwege nach Hause und direkt hinter den Rechner. Arbeiten für *WSM*. Feierabend ist dann meistens zwischen 0 und 1 Uhr. Gibt es Probleme, muss auch mal die Nacht durchgemacht werden.

Martins Geduldsfaden ist zu dieser Zeit bis aufs Maximale gespannt, und er denkt nur noch in Lösungen. Effizienz ist alles. »Gerade zum Ende hin war das Arbeitspensum extrem hoch«, erinnert er sich. »Es gab Zeiten, da habe ich in einer Woche höchstens drei bis vier Stunden Schlaf täglich gehabt. Ich glaube, so ein Pensum würde ich heute gar nicht mehr durchhalten können.«

Das Jahr 2016 steht ganz im Fokus des Darknets, wobei das Thema für die Öffentlichkeit noch neu ist. Der Amoklauf in München, bei dem ein 18-jähriger Deutsch-Iraner am 22. Juni 2016 neun Menschen das Leben nimmt, sorgt für Schlagzeilen. Der Täter hatte die Waffe über einen Shop im Darknet gekauft.

Konkret über den Darknet-Marktplatz *Deutschland im Deep Web*, kurz DIDW. Dieser Vorfall bringt das Thema Darknet erstmals groß in die Medien. Es laufen Dokumentationen bei den Nachrichtensendern, in denen vom *Deepweb* geredet wird. Die Begrifflichkeiten werden von den großen Medien noch durcheinandergeschmissen. Zuerst heißt es Deepweb, dann *Darkweb* und schließlich *Darknet*.

WSM geht Online

Der Start *des WallStreet Markets* lässt sich auf Oktober 2016 datieren. Der Launch des Marktplatzes verläuft komplett unspektakulär. Das Ergebnis monatelanger Arbeit wird der Community vorgestellt und – nichts. Kaum User, kein Traffic, viel Misstrauen. Insbesondere die Clearnet-Domain »*WSM*.to« wird von vielen Usern scharf kritisiert, da das Clearnet in Darknet-Kreisen als »No-go-Area« verschrien ist. *What happens in the Darknet, stays in the Darknet.*

Aus unternehmerischer Sicht kann man den Launch des ehrgeizigen Teams also kaum als Erfolg bezeichnen. Postings in diversen Foren und Communities locken einige User an, doch wirklich viel geht auf *WSM* noch nicht. Damit war zu rechnen. Jetzt beginnt die eigentliche Arbeit: das Marketing. Aber wie bringt man einen neuen, unbekannten Marktplatz in das Bewusstsein der User? Und viel wichtiger: Wie erarbeitet man sich das Vertrauen der skeptischen Darknet-Community? Schlussendlich sollen User und Verkäufer dem Marktplatz ihr Geld und ein Stück weit auch ihre Sicherheit anvertrauen.

Dem Trio ist klar: Hier steht noch viel Arbeit an. In Sachen Marketing muss eine neue Strategie her, und Martin hat die zündende Idee. Er zeichnet ein Diagramm mit allen relevanten Marktplätzen, dann recherchiert er, wo und vor allem wie die Marktplätze beworben werden, und zu guter Letzt schaut er sich an, wie die Marktverteilung unter den Marktplätzen ist. Anhand dieser Eckdaten kristallisiert sich heraus, dass die bestehenden Darknet-Marktplätze in einigen Foren und Seiten Werbung schalten. Das Admin-Team von *WSM* beschließt den Großangriff. Alle relevanten Boards werden angeschrieben, es wird versucht, über Banner-Werbung und gezielte Postings den Marktplatz nach vorn zu bringen.

Doch auch hier gelingt der Durchbruch nicht. Damalige Platzhirsche wie *AlphaBay*, *Dream Market* oder *Hansa Market* dominieren die Darknet-Szene, und das Team um *WSM* stellt schnell fest, dass Vertrauen in der Szene schwerer wiegt als gute Features und technische Neuerungen. Das erste Jahr dümpelt *WallStreet Market* deshalb herum, anstatt ein Big Player im Darknet zu werden. Das Angebot ist zu überschaubar, und die Zahl der User suboptimal. Katerstimmung …

Doch diese hält nicht lange an. Die technische Begeisterung steht im Vordergrund, und so beschließen sie, die Shops der anderen zu analysieren und die Schwachstellen, die sie dort finden, bei ihrem eigenen Marktplatz zu vermeiden – gesagt, getan. Schnell fällt ihnen auf, dass die Marktplätze eher kundenunfreundlich gestaltet sind, viele Fake-Angebote, unzufriedene User und ein Support, der erst nach Tagen, wenn nicht Wochen reagiert. Sofern man überhaupt eine Antwort bekommt.

Die Marktplätze sind riesige Player, aber durch die Größe auch extrem weit entfernt vom User. Hier sieht das Team einen Angriffspunkt. Zuverlässigkeit und Vertrauen scheinen die Eckpfeiler dessen zu sein, was fehlt. So konzentrieren sie sich darauf, ein ausgeklügeltes Treuhandsystem auf die Beine zu stellen, um den Kunden die größtmögliche Sicherheit zu geben. Das Bewertungssystem wird immer weiter optimiert. Und auch in Sachen Support wollen die drei neue Maßstäbe setzen und Anfragen schnell beantworten. Zu Beginn ist das kein größeres Problem, da das Arbeitsaufkommen noch überschaubar ist.

Kommentar Rechtsanwalt Christian Solmecke auf die Frage:

Wenn man einen Darknet-Marktplatz betreibt und dort Drogen anbietet, weiß der Betreiber um sein Handeln. Ist das der entscheidende Unterschied zu legalen Marktplätzen wie Amazon und eBay (angenommen dort würden Drogen auftauchen)?

»Ja, genau. Hier handelt der Betreiber vorsätzlich im Hinblick auf den Drogenhandel und betreibt die Plattform ja nur zu diesem Zweck, somit ist das Betreiben der Plattform auch strafbar. Wenn über Amazon oder eBay solche Drogen gehandelt werden, geschieht dies ohne Wissen der Betreiber, somit kommt auch keine Strafbarkeit der Betreiber in Betracht.«

»Am Anfang ist bei *WSM* fast nichts gelaufen. Neue Markets werden auf diversen Seiten und Foren gelistet, Darknet-User sind bei neuen Marktplätzen aber prinzipiell sehr misstrauisch und bleiben lieber bei den ihnen bekannten Anlaufstellen. Natürlich versucht man als Marktplatz auch Werbung in diversen Foren zu schalten. Aber so wirklich gezündet hat das nicht. Der Mensch ist ein Gewohnheitstier, und bei Hansa und Alpha lief es ja, daher hatten die meisten User wenig Interesse zu wechseln. Über die Zeit wurde *WallStreet Market* auch für andere Verkäufer interessanter, der wirkliche Boom kam aber erst deutlich später.«

Reddit

Sie bewerben *WallStreet Market* auf Reddit, einer großen Plattform im Clearnet, auf der allerlei Themen behandelt werden. Der Name Reddit basiert aus einem Wortspiel der Phrase »*read it*«, zu Deutsch: »Habe ich gelesen.« Reddit lässt sich am besten als Mix aus einem klassischen Forum und einer Linksammlung beschreiben. Die unterschiedlichen Diskussionsplattformen sind hier in sogenannte Subreddits aufgeteilt. In diesen Subreddits werden Artikel veröffentlicht, Inhalte verlinkt und diskutiert.

Zur damaligen Zeit gab es bei Reddit den Subreddit »/r/DarknetMarkets« mit Hundertausenden von Mitgliedern. In diesem Subreddit ging es primär um Darknet-Marktplätze, Verkäufer und die Waren, die auf den entsprechenden Markets gehandelt wurden. Genau in diesem Subreddit erstellen die Gründer von *WSM* damals einen Post, in welchem sie ihren neuen Marktplatz der Community vorstellen. Leider läuft das Ganze anders als geplant. Das Feedback der Community ist vernichtend. Besonderer Aufreger in der Darknet-Szene ist weiterhin die Tatsache, dass *Wallstreet Market* über eine Clearnet-Domain erreichbar ist. Kommentare stellen *WSM* als Kindergarten dar, viel zu unsicher, außerdem: »Bescheuert, so was im Clearnet aufzuziehen.«

Martin, Kronos und Coder420 sehen sich gezwungen, die Geschäfte ihres Markets komplett ins Darknet zu verlegen. Für die Darknet-Szene ist das Betreiben einer Clearnet-Domain ein zu großer Tabubruch, und so wird die Domain »*wsm*.to« etwa ein halbes Jahr nach Start der Plattform abgeschaltet.

»Der Shitstorm war schon sehr groß. Von Anfang an gab es riesige Kritik aus der Darknet-Szene für die Clearnet-Domain. Für mich war es damals immer Paradox, diese Kritik auf einer Clearnet-Plattform zu lesen. Dieselben User, die sich auf einer im Internet frei erreichbaren Seite wie Reddit über Darknet-Marktplätze, Drogen und Käufe unterhielten, kritisierten die Tatsache, dass *WSM* über eine Clearnet-Domain verfügte. In der Fraud-Szene war eher das Gegenteil der Fall: Viele User kritisierten das Abschalten der Clearnet-Domain, weil Sie wenig bis gar nichts mit dem Tor-Browser beziehungsweise dem Darknet zu tun hatten.«

Waffen und Pornografie sind bei *WallStreet Market* tabu, anders als auf beispielsweise AlphaBay. *WSM* legt Wert auf ein »vernünftiges« Warenangebot. Bei den Waffen sehen sie einfach die Gefahr, dass damit Menschen getötet werden, und alle drei ziehen an dieser Stelle eine moralische Grenze. Dass allerdings die Moral bei Betrug und Drogen aussetzt, ist für den außenstehenden Betrachter wohl nur schwer nachvollziehbar. Der Zeitgeist und die Prägung durch die Fraud-Szene machen das Team aber auf diesem Auge blind.

Das BKA beschreibt die Phase später in einer Presseerklärung:

»Bei dem Online-Marktplatz ›WALLSTREET MARKET‹ handelte es sich um die weltweit zweitgrößte kriminelle Handelsplattform, über die insbesondere Drogen (unter anderem Kokain, Heroin, Cannabis und Amphetamine), ausgespähte Daten, gefälschte Dokumente und Schadsoftware gehandelt wurden.

Die illegale Handelsplattform war ausschließlich über das TOR-Netzwerk im sogenannten Darknet zugänglich und auf den internationalen Handel mit kriminellen Gütern ausgerichtet. Zuletzt waren auf dem Online-Marktplatz über 63.000 Verkaufsangebote eingestellt sowie über 1.150.000 Kundenkonten und über 5.400 Verkäufer angemeldet.

Für die Bezahlung verwendeten die Nutzer des Online-Marktplatzes die Kryptowährungen BITCOIN und MONERO.

Die mutmaßlichen Verantwortlichen des Marktplatzes sollen für die Abwicklung der über die Plattform erfolgten Verkäufe illegaler Güter Provisionszahlungen in Höhe von 2 bis 6 Prozent des Verkehrswertes erhalten haben.«[2]

2018 – Das Kollaboalbum *JBG3* der Rapper Kollegah und Farid Bang wird am 1. Dezember 2017 veröffentlicht und erreicht Platin-Status. Die im Folgejahr am 12. April 2018 stattfindende Echo-Verleihung wird zum Skandal, da ein Song der Rapper eine vermeintlich antisemitische Textzeile beinhaltet. Daraufhin ist die 27. Echo-Verleihung die letzte.

Der Boom

Den ersten richtigen Push erlebt *WallStreet Market*, als einer der größten Konkurrenten, der TradeRoute-Market, mit einem Exit Scam im Oktober 2017 offline ging. Durch das Verschwinden dieses Konkurrenten steigt *WallStreet Market* im Ranking auf. Die User- und die Verkaufszahlen ziehen spürbar an.

Eine ähnliche Chance hatten die drei kurz vorher verpasst: Im Jahr 2017 waren zwei große Konkurrenten des *WallStreet Markets* von den Behörden bereits abgeschaltet worden: AlphaBay und der Hansa Market. Auch damals wechselten viele User zu *WallStreet Market*, doch es gab ein Problem: Der Marktplatz konnte den Andrang technisch nicht bewältigen und war oft nicht richtig erreichbar. TradeRoute hatte diese Probleme nicht, und so zogen die meisten User zu dieser Alternative weiter.

Für TheOne, Coder420 und Kronos bedeutete das: Auf *WSM* musste alles optimiert und verschlankt werden, um mehr User händeln zu können.

»Als AlphaBay und Hansa Market damals vom Netz gegangen sind, haben wir einen regelrechten Ansturm an neuen Usern erlebt. Es hat sich aber schnell herausgestellt, dass wir technisch noch nicht in der Lage waren, diesen Ansturm zu bewältigen, und so setzte sich TradeRoute schnell an die Spitze. Wir haben damals nächtelang an den Servern gearbeitet, Datenbankabfra-

2 https://www.bka.de/DE/Presse/Listenseite_Pressemitteilungen/2019/Presse2019/190503_WallStreetMarket.html

gen schneller gemacht, Caching eingebaut und stärkere Server bestellt«, sagt Martin.

»Operation Bayonet« bezeichnet die Ermittlungen, die im Jahr 2017 von Europol, DEA und der niederländischen Polizei durchgeführt werden. Im Zuge dieser internationalen Operation werden die Darknet-Marktplätze Hansa Market und AlphaBay vom Netz genommen beziehungsweise deren Infrastruktur übernommen. AlphaBay wird abgeschaltet, Hansa Market hingegen wird als sogenannter »Honeypot« von den Behörden weitergeführt, um an Informationen über die Nutzer und Anbieter zu kommen.

Der kanadische AlphaBay-Gründer Alexandre Cazes wird in Thailand verhaftet und inhaftiert. Er führte ein Leben in Saus und Braus – mit Villa und standesgemäßem Lamborghini protzte der 25-Jährige mit seinen Drogengeldern in den sozialen Medien. Einige Tage nach seiner Festnahme am 12. Juli 2017 wird er tot in seiner Zelle in Thailand aufgefunden, wobei die Polizei Suizid vermutet. Der Kanadier sollte an die USA ausgeliefert werden. Um den Tod ranken sich bis heute einige Gerüchte …

Kurz nach der Operation der Behörden und nach den Optimierungsarbeiten unserer drei Freunde erfolgt dann der Exit-Scam des TradeRoute-Markets. Das ist die Chance für *WSM*: Wieder wollen viele User wechseln, und diesmal ist die Infrastruktur von *WallStreet Market* besser aufgestellt und der Marktplatz fängt langsam an, profitabel zu werden.

»Nachdem der TradeRoute-Market Geschichte war, erlebten wir wieder einen großen User-Ansturm. Zwar hatten wir auch zu dieser Zeit immer wieder technische Probleme, wir standen aber deutlich besser da als vorher. Wir haben aber auch hier schnell gemerkt, dass es noch viel zu tun gibt und andere Markets mit dieser Anzahl von Usern deutlich besser klarkamen. Dream Market beispielweise hat damals auch sehr stark vom Exit-Scam des TradeRoute-Markets profitiert, weil der Marktplatz einfach schneller lief als unserer.«

Dream Market ist zu diesem Zeitpunkt die ungeschlagene Nummer eins in der Darknet-Szene und für *WSM* immer noch unerreichbar. Trotzdem bleibt der allmähliche Aufstieg des *WallStreet Markets* auch anderen Cyberkriminellen nicht verborgen, und schnell müssen sich die Gründer mit Hacker-Angriffen und DDoS-Attacken auseinandersetzen. Eines Tages ist es dann so weit: Stillstand. Seite nicht erreichbar. Fuck! Der WallStreet Market wird durch eine DDoS Attacke so hart getroffen, dass nichts mehr geht. Was jetzt?

DDoS-Angriffe

Was genau ist ein DDoS-Angriff? Ein DDoS Angriff ist ein Angriff, bei dem bewusst der Kollaps eines Servers verursacht wird, sodass dieser nicht mehr erreichbar ist. Um dies zu erreichen, können mehrere Rechner mit einer Schadsoftware infiziert und so Teil eines Bot-Netzes werden: Mit Hilfe dieses Bot-Netzes können Hacker die infizierten Rechner zusammenschalten, parallel steuern und für ihre DDoS-Attacken nutzen.

Dabei greifen sie mit zahllosen Anfragen die Infrastruktur des Servers an. Umso mehr Rechner das Botnetz umfasst, desto stärker ist der Angriff. Ohne DDoS-Schutz sind die Server überfordert, sie kollabieren, und die Webseite baut sich entweder langsam oder gar nicht mehr auf. Und genau eine solche Attacke erleben die Gründer des *WallStreet Markets* zu dieser Zeit. Die Stimmung ist gedrückt, die Seite immer wieder offline. Martin beschäftigen die DDoS Attacken damals sehr.

»Das hat mich an meiner persönlichen Ehre gepackt. Dass wir die Nummer zuerst nicht in den Griff bekommen haben, hat lange an mir genagt. Das hat uns einfach unten gehalten, wir konnten da zunächst nicht viel dagegen machen. Anders als im Clearnet ist es bei einem Tor-Service nicht so einfach möglich, die IP eines Users zu bannen oder bestimmte User-Agents zu sperren. Auch CNDs oder DDoS Protections wie Cloudflare lassen sich bei einer Webseite im Darknet nicht nutzen. Nach einiger Zeit haben wir aber eine Lösung gefunden: Onionbalance. Vereinfacht gesagt lässt sich mit Onionbalance der Traffic auf mehrere Tor-Instanzen verteilen. Also klassisches Load-Balancing. Nachdem wir Onionbalance und einige weitere Optimierungen wie Captchas und schlankere Abfragen eingebaut haben, hatten wir die DDoS-Angriffe zunächst einigermaßen im Griff.«

asn-d6 Release onionbalance-0.2.2. ...	c2b50f7 on 29 Jul 2021	281 commits
docs	Release onionbalance-0.2.2.	10 months ago
onionbalance	onionbalance-config: Support multiple service in OBv3 runtime	12 months ago
scripts	Add script for gathering stats on HS rend circuits	7 years ago
test	Address inconsistent capitalization (OnionBalance -> Onionbalance)	13 months ago
.gitattributes	Initial support for v3 onion services.	2 years ago
.gitignore	Removing tox for clarity in CI and tests	14 months ago
.travis.yml	Remove some tests that have been broken for a while	14 months ago
CHANGES.rst	Add a simple hacking guide for future maintainers.	10 months ago
COPYING	Inital commit, very buggy!	7 years ago
MANIFEST.in	Removing tox for clarity in CI and tests	14 months ago
test-requirements.txt	Removing tox for clarity in CI and tests	14 months ago
versioneer.py	Initial support for v3 onion services.	2 years ago

https://github.com/as[redacted]

Die DDoS-Protection steht, und die Angreifer geben nach einiger Zeit auf. TheOne, Coder420 arbeiten weiter an ihrem Marktplatz: Das Treuhandsystem wird optimiert, ein neuer Coin integriert und weitere Features hinzugefügt. Alles läuft recht gut – bis Anfang 2019: Wieder ein DDoS-Angriff. Aber diesmal ist es anders. Auch die zuvor geschaffenen Protections können den Angriff nicht stoppen, *WSM* ist immer wieder über lange Phasen nicht erreichbar. Und noch etwas ist diesmal anders: Auch der Platzhirsch Dream Market steht unter Beschuss und kämpft mit seiner Erreichbarkeit. Die drei versuchen verzweifelt, die erneute Attacke in den Griff zu bekommen: Onionbalance wird neu konfiguriert, neue Server werden gekauft, das Captcha wird angepasst. Vergebens. Der Marktplatz bleibt über lange Strecken nicht erreichbar.

Die Darknet-Community wird unruhig. In den einschlägigen Foren wird heiß diskutiert, ob es sich wirklich um einen DDoS-Angriff handelt oder ob die Admins vielleicht anderes vorhaben.

Die drei stoßen während dieser Zeit an ihre Grenzen. Der Angriff ist zu stark. Was tun? Doch dann meldet sich ein User: Er behauptet, er stecke hinter den Attacken und fordert Geld. Martin ist außer sich. »Wir lassen uns nicht erpressen!« Das

Team versucht, die Angriffe weiterhin technisch abzuwehren, aber ohne Erfolg. Schlussendlich muss Martin nachgeben.

Über den Messengerdienst Jabber schreibt er dem Angreifer. Schnell stellt sich heraus, worum es geht: um Geld. Der Angreifer bietet Martin an, den Angriff gegen Bitcoin-Zahlungen zu stoppen. Nach einigen Verhandlungen wird man sich einig: *WSM* zahlt dem Angreifer 1500$ die Woche, und im Gegenzug werden die Angriffe ausgesetzt. Stoppen die Zahlungen, starten die Angriffe erneut. Eine einfache Sache, aber Martin ist nicht wirklich zufrieden.

»Uns allen hat das damals eigentlich gar nicht gepasst. Letztlich haben wir aber keine andere Lösung gesehen. Eigentlich auch irgendwie ironisch – die Cyberkriminellen werden erpresst. Und genau das ist uns damals übel aufgestoßen: Es ging nicht ums Geld, sondern um die Tatsache, dass wir ›aufgeben‹ mussten. Rentabel war der Marktplatz zu dieser Zeit schon.«

Abgerechnet wurde bei *WallStreet Market* monatlich, wie in einem Betrieb wird jeweils zum 1. die Buchhaltung erledigt. Serverkosten werden überwiesen und Rechnungen bezahlt. Natürlich gibt es für die Betreiber eine monatliche Gewinnausschüttung. Die Bürokratie macht also auch vor dem Darknet nicht halt, und so wird allen ein Gehalt gezahlt.

Ein interessanter Punkt ist, dass WallStreet Market formell gesehen gar kein reiner Darknet-Shop ist. Teile der Technik werden bewusst in das Clearnet ausgelagert, um die langen Ladezeiten, die über das Tor-Netzwerk entstehen, zu vermeiden. Das Backend war auch über das Clearnet erreichbar. So können die Administratoren schnell und effizient arbeiten.

Nachdem die *WallStreet-Market*-Betreiber den Deal mit dem Angreifer eingegangen sind, steigen die User-Zahlen nochmals enorm. Die Admins des Konkurrenten und damaligen Spitzenreiters Dream Market haben sich entschieden, nicht zu zahlen, und so ist ihr Markt über lange Phasen offline. Wenn man so will, ist das der Durchbruch für *WSM*. Etliche User strömen auf ihre Seite, und damit steigt das Arbeitspensum enorm. Auf einmal gibt es täglich Hunderte Supportanfragen zu bearbeiten oder Listings zu überprüfen.

Ein echter Knochenjob, der Martin bis an den Burnout bringt. Allerdings ist das Belastungsniveau bei allen dreien überdurchschnittlich ausgeprägt, und Kronos offenbart als Erster, dass ihn das Arbeitsaufkommen komplett überfordert.

Kronos steigt aus

Kronos wächst *WSM* komplett über den Kopf. Im März fasst er den Entschluss, das Team zu verlassen. Diese Entscheidung kommt für Coder420 und TheOne komplett überraschend, von jetzt auf gleich erreicht sie die Message: »Leute, ich bin raus!«

Schock.

Martin versteht die Entscheidung nicht und macht sich auch später lange darüber Gedanken. Warum jetzt? Alles läuft gut, viele User nutzen den Market – und Kronos steigt aus?

»Der Ausstieg von Kronos kam damals wirklich überraschend für uns. Soweit ich mich erinnere, hatte er im Admin-Dashboard eine Nachricht hinterlassen, dass er nicht weitermachen will. Mich hat das damals gar nicht so hart auf ›geschäftlicher‹ Ebene getroffen, sondern eher auf der persönlichen, weil wir alle zu einem Team zusammengewachsen waren und ich beide auf eine abstrakte Art als Freunde gesehen habe. Ganz klar war es aber auch für das Projekt *WSM* ein herber Rückschlag. Nach dem Bust wurde dann klar, dass sich Kronos nach seinem Ausstieg noch mal Bitcoins gesendet hat. Mich hat das kurz enttäuscht damals, aber es ist nicht so, dass ich sauer auf ihn wäre oder Ähnliches.«

Später ergibt sich, dass Jonathan K. alias Kronos die Sache mit *WallStreet Market* und die immer größere Dimension zu heiß geworden ist. In Kreisen, in denen die Anonymität großgeschrieben wird, sieht ein Ausstieg wie folgt aus: Die letzte Message wird verschickt, alle Accounts werden gelöscht oder offline genommen. Man verschwindet genauso, wie man aus dem Nichts erschienen ist. Für viele ein hoch emotionaler Prozess, da man ein Stück seiner Identität aufgibt und bewusst ein Teil der persönlichen Geschichte vernichtet. Viele können diesen Prozess nicht komplett vollziehen. Zu stark ist die Bindung an ihr Alter Ego – was später die ermittelnden Behörden jedoch auf die richtige Spur führen kann.

Für Martin ist diese ganze Entwicklung auch menschlich ein Schaden. Kronos, Coder420 und TheOne waren für ihn ein Dream-Team. Ein Zahnrad griff ins andere, aus technischer Sicht haben die drei Unglaubliches geleistet.

»Mich fasziniert einfach, dass wir uns im normalen Leben nie über den Weg gelaufen wären«, sagt Martin. »Ich hab gelernt, dass man aus seinem Framing hinausschauen muss. Ich habe mit Menschen zusammengearbeitet, denen ich im realen Leben nie begegnet wäre. Als Kronos das Team verlassen hat, waren wir in einer sehr heißen Phase, das Arbeitsaufkommen war brutal. Das war für Coder und mich dann auch fast nicht mehr zu packen.«

Martin stellt fest, dass ihm langsam alles entgleitet. Das Arbeitsvolumen lässt sich zu zweit nicht mehr stemmen. Am 26. März 2019 verkündet zudem Dream Market dass der Betrieb eingestellt wird. Vermutlich eine Konsequenz der andauernden DDoS-Attacken. Noch mehr User stürmen jetzt auf *WSM*. Coder und Martin merken, dass eine Lösung hermuss. Sie entscheiden sich erstmals dazu, neue Mitglieder ins Team zu holen. Ein Panel wird programmiert, um Moderatoren die Möglichkeit zu geben, Tickets zu beantworten oder Konflikte zu lösen, ohne dass Sie dabei Zugriff auf die gesamte Administration erhalten.

Nach kurzer Zeit ist das Team von *WSM* um ein paar neue Moderatoren gewachsen. »Head-Moderator« wird ein User namens Med3l1n. Doch auch mit dem erweiterten Team häufen sich die Probleme, und die beiden verbliebenen Administratoren fassen einen Beschluss: Sie ziehen den Stecker, planen den Exit-Scam.

Martin Frost: »Das Ganze hat auf einmal eine andere Dimension bekommen. An nur einem Tag hatten wir plötzlich Tausende Neuanmeldungen und Transaktionen im Wert von etlichen tausend Dollar. Das war auch kein schleichender Prozess, sondern von einem auf den anderen Tag zog das massiv an.«

Exit-Scam

Der Exit-Scam ist im Darknet weit verbreitet. Vereinfacht gesagt werden bei dieser Betrugsmasche die User und Vendoren um ihr Geld betrogen. In der Praxis stoppen Darknet-Marktplätze die Auszahlungen an die Verkäufer, lassen gleichzeitig aber noch Einzahlungen der Käufer zu. So sammelt sich ein großes Guthaben an, welches sich die Marktplatzbetreiber dann in die eigene Tasche stecken. Danach wird die Seite aus dem Netz genommen und die Betreiber tauchen unter. Bei einem Exit-Scam werden also das Geld bzw. die Kryptowährungen der Nutzer veruntreut.

Ob die Eigentümer nun versuchen wollen, das Wachstum einfach in einen schnellen Geldraub zu verwandeln, oder ob sie das Gesetz spüren, dass unmittelbar vor ihrer Tür stand, jedenfalls wird der Exit-Betrug des *WallStreet Markets* ab dem 16. April 2019 durchgeführt. Martin und Coder beschließen, die Auszahlungen zu stoppen, die User aber weiter einzahlen zu lassen. So soll sich möglichst viel Geld anhäufen.

»Der Exit-Scam war natürlich eine absolut erbärmliche Nummer. Hier trifft die Aussage ›Geld frisst Hirn‹ wohl zu«, sagt Martin Frost rückblickend.

Die Aktion veranlasst Ermittler in den USA und Deutschland sowie Europol dazu, Maßnahmen zu ergreifen. Dieser Betrug bietet den Ermittlern die Gelegenheit, neue Beweise für die mutmaßlichen Verbrechen des Trios zu sammeln. Durch längeres Warten soll nicht riskiert werden, dass die Verantwortlichen untertauchen und ihre virtuellen Güter waschen könnten.

Die Staatsanwaltschaft: »Als die Ermittler *WSM* im letzten Monat schlossen, führten die Betreiber des *WallStreet Market* einen ›Exit-Betrug‹ durch – sie machten sich mit geschätzten 11 Millionen US-Dollar an virtueller Währung, die Kunden gehörten, davon, bevor sie in Deutschland in Gewahrsam genommen wurden.«[3]

Was das Trio um *WSM* nicht wusste: Die Behörden hatten bereits seit einiger Zeit Zugriff auf die Server des Markets und auch die Administratoren waren bereits identifiziert.

Aus der FBI-Akte: »Zwischen dem 22. und 26. April 2019 teilten Mitglieder der Öffentlichkeit mit, dass ihre eigenen Analysen von Transaktionen mit virtuellen Währungen ergaben, dass große Mengen an virtueller Währung, die auf 10 bis 30 Millionen US-Dollar geschätzt werden, von Brieftaschen, von denen angenom-

3 https://www.justice.gov/opa/pr/three-germans-who-allegedly-operated-dark-web-marketplace-over-1-million-users-face-us

men wird, dass sie mit *WSM* in Verbindung stehen, in andere virtuelle Währungen und Geldbörsen umgeleitet wurden.«[4]

Um die Dimension von *WallStreet Market* zu verstehen, muss man lediglich die Werte der Wallet prüfen. Die kann man auch heute noch einsehen: 33.259 Transaktionen, 9,498.32877899 BTC und einem Gegenwert von circa 194.891.174.10 Dollar (Stand 07/2022).[5]

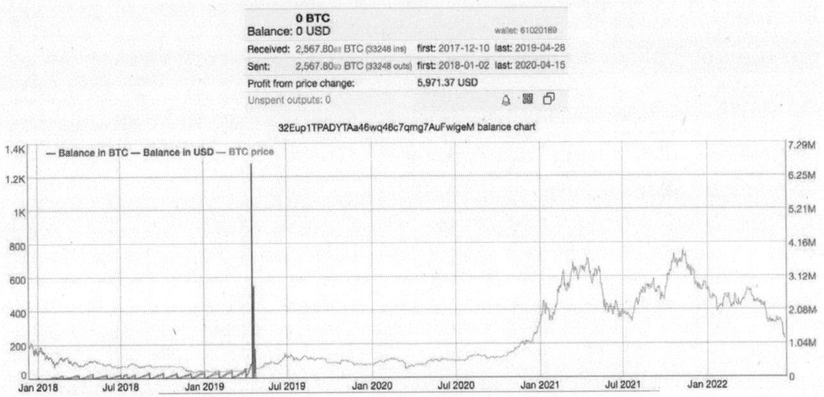

Aus der FBI-Akte: »Im oder um April 2019 erlebte *WSM* eine massive Popularität und begann dann mit einem ›Exit-Scam‹, vermutlich als Reaktion auf seine zunehmende Popularität. Am oder um den 16. April 2019 konnten Anbieter auf *WSM* keine Gelder von ihren Treuhandkonten abheben. Das heißt, sie konnten keine Erlöse für verkaufte Schmuggelware zurückführen.«

Inmitten des Exit-Betrugs begann einer der Moderatoren der Website, Med3l1n, der offensichtlich wütend über den Exit-Betrug war, *WSM*-Anbieter und -Käufer zu erpressen und verlangte 0,05 Bitcoin (damals ~286 USD). Er drohte, den Strafverfolgungsbehörden die Identität von *WSM*-Verkäufern und -Käufern offenzulegen, die den Fehler gemacht hatten, verschiedene persönliche Daten in Support-Tickets in unverschlüsselter Form zu teilen.

4 https://www.justice.gov/opa/pr/three-germans-who-allegedly-operated-dark-web-marketplace-over-1-million-users-face-us

5 https://www.blockchain.com/btc/address/32Eup1TPADYTAa46wq48c7qmg7AuFwigeM?page=16

Pressebericht Reuters (Frankfurt) – »Drei deutsche Staatsangehörige, denen vorgeworfen wird, eine der weltweit größten dunklen Websites zum Verkauf von Drogen und anderer Schmuggelware betrieben zu haben, wurden nach zweijähriger Untersuchung in zwei Ländern festgenommen und angeklagt«, teilten US-Staatsanwälte am Freitag mit. Ein vierter Mann, der angeblich als Moderator und Förderer der Website *WallStreet Market* fungierte, wurde nach Angaben der Bundesanwaltschaft Kaliforniens in Brasilien festgenommen.

Die Tragweite des Falles ist groß – es sind inzwischen die Justizbehörden von gleich drei Kontinenten mit dem Fall betraut.

»Med3l1n hatten wir damals dazugeholt, als wir extrem viel neuen Zulauf hatten und die Arbeit nicht mehr allein bewältigen konnten. Er war vorher schon in der Community aktiv und machte auf uns einen geraden Eindruck, also stellten wir ihn als Community Manager ein. Dass er bereits vorher auf Hansa aktiv war und die Behörden ihn schon lange auf dem Schirm hatten, war mir und auch den anderen damals nicht bekannt. Auch dass er dann noch User erpresst hat, haben wir erst nach unserer Verhaftung erfahren. Das jetzt aber zu werten, das steht mir nicht zu, schließlich haben wir den Exit-Scam betrieben und auch ihn damit im Dunklen gelassen. Ich weiß, er wurde verhaftet, mir ist aber nicht bekannt, was aus ihm geworden ist«, erinnert sich Martin.

Während des Prozesses bestätigen die Ermittler die von den Angeklagten geschilderten Abläufe. Lediglich bei den Anfangszeiten gehen die Aussagen von Coder 420 und TheOne auseinander. Laut Coder ist der Shop in drei Monaten entstanden. Betrachtet man hingegen die Aussagen der Ermittler sowie die Informationen von Martin Frost, kann man von einer Produktionszeit von sieben Monaten ausgehen.

Interessanterweise spielt die Clearnet-Domain in den Ermittlungsunterlagen keine große Rolle und wird in der Anklageschrift der US-Behörden nicht erwähnt, auch im späteren Prozess am Landgericht Frankfurt kaum oder gar nicht. Es ist unklar, wie genau die ermittelnden Behörden auf die Serverstruktur von *WallStreet Market* aufmerksam geworden sind. Den Unterlagen des FBI sind hier keine konkreten Angaben zu entnehmen.

Es gibt Vermutungen in der Szene, dass viele Knotenpunkte innerhalb des TOR-Netzwerkes vom FBI oder anderen Behörden kontrolliert werden. Der Name KAX17 wird in diesem Zusammenhang oft erwähnt, doch was verbirgt sich hinter diesem Pseudonym KAX17?

Bereits seit 2017 soll KAX17 Hunderte von Servern im Tor-Netzwerk betrieben haben. Seine Identität ist bis heute völlig unbekannt. Nicht wenige Sicherheitsforscher befürchten, er betreibe im großen Stil einen weltweiten De-Anonymisierungs-Angriff gegen Tor-Nutzer. Ob es sich um eine Einzelperson oder ein Kollektiv handelt, ist unklar. Denkbar wäre, dass sich eine Behörde wie die NSA hinter dem Kürzel versteckt. Die Spekulationen sind mannigfaltig, und so bleibt KAX17 ein Mythos.

> KAX17: Wer steckt hinter der Instanz, die so viele Tor-Relays betreibt? Kontrolliert eine Person oder Gruppierung große Teile des eigentlich anonymen Tor-Netzwerks? Beobachtungen könnten das nahelegen.
>
> T3N.DE, 07.12.2021

Auch wie genau die Bitcoin-Zahlungen von Martin zurückverfolgt werden konnten, bleibt unklar. Laut den Behörden ließ sich eine Zahlung einem Stream-Profil zuordnen, das mit der wirklichen E-Mail-Adresse von Martin verbunden war, einer »web.de«-Adresse. Martin ist sich sicher, die Coins anonymisiert gemixt zu haben. Dennoch ist es den Behörden gelungen, Martins Identität offenzulegen. Wie die Behörden hier im Detail vorgegangen sind, wird nicht deutlich. Es drängt sich die Frage auf, ob der Bitcoin-Mixing-Service kompromittiert wurde oder sogar mit den Behörden zusammenarbeitet. Denn auch bei Mixing-Diensten sind, zumindest theoretisch, Honeypots denkbar.

Unter einem Mixing-Service selbst versteht man einen Dienstleister, der Bitcoins oder andere Krypto-Währungen anonymisiert und durch das »Mixen« mit Coins aus anderen Quellen die wahre Herkunft der Kryptos zu verschleiern versucht.

»Wie genau die Behörden unsere Infrastruktur aufgedeckt haben, ist mir bis heute nicht ganz klar. Die lassen sich da verständlicherweise nicht in die Karten gucken.

Klar ist allerdings, dass die Behörden in Sachen Cybercrime-Ermittlungen aufgerüstet haben und sehr genau wissen, was sie da tun. Ich glaube, mit genug Aufwand und Manpower wird am Ende jeder Cyberkriminelle den Kürzeren ziehen«, sagt Martin Frost.

Der Fall sprengt jede Dimension

Es ist der größte Schlag gegen einen Darknet-Marktplatz im Jahr 2019, und was zutage kommt, sprengt jede Dimension. Zudem liefert der Fall Einblicke in eine Welt, die der Öffentlichkeit in diesem Umfang nicht bekannt ist. Am 03. Mai 2019 veröffentlicht das Bundeskriminalamt (BKA) eine Pressemitteilung mit folgendem Wortlaut:

»Die Generalstaatsanwaltschaft Frankfurt am Main – Zentralstelle zur Bekämpfung der Internetkriminalität (ZIT) – und das Bundeskriminalamt (BKA) haben am 23. und 24. April 2019 einen 31-jährigen Tatverdächtigen aus Bad Vilbel, einen 29-jährigen Tatverdächtigen aus dem Landkreis Esslingen und einen 22-jährigen Tatverdächtigen aus Kleve festgenommen und ihre Wohnungen durchsucht.

Die deutschen Staatsangehörigen sind dringend verdächtig, den ausschließlich über das sogenannte Darknet zugänglichen illegalen Online-Marktplatz ›WALLSTREET MARKET‹ gemeinsam und arbeitsteilig betrieben zu haben. Die Serverinfrastruktur der kriminellen Plattform wurde durch Beamte des Bundeskriminalamts sichergestellt.«

Die Nachricht schlägt ein wie eine Bombe. Nicht nur die Mainstream-Presse stürzt sich auf das Thema, auch die Szene spielt verrückt, ist es doch der Paukenschlag, den viele befürchtet hatten.

Im Rahmen von Durchsuchungen der Wohnungen der Tatverdächtigen konnten laut BKA folgende Dinge sichergestellt werden:

- Bargeldbeträge in Höhe von über 550.000,- Euro
- Kryptowährungen BITCOIN und MONERO in 6-stelliger Höhe
- mehrere hochwertige Kraftfahrzeuge

- zahlreiche weitere Beweismittel
- insbesondere Computer und Datenträger

Zu dem Angeklagten Tibo L. heißt es weiter: »Bei dem 22-jährigen Tatverdächtigen aus Kleve wurde zudem eine Schusswaffe aufgefunden und sichergestellt.« (Zitat: BKA).

Gegen Martin F., Tibo L. und Jonathan K. wird von der Generalstaatsanwaltschaft Frankfurt am Main umgehend die Untersuchungshaft für die Tatverdächtigen wegen gewerbsmäßiger Verschaffung einer Gelegenheit zur unbefugten Abgabe von Betäubungsmitteln angeordnet.

Das Trio sitzt im Knast.

Am 2. Mai 2019 werden die Server des *WallStreet Markets* beschlagnahmt. Es wird ein Sicherstellungsbanner von den Behörden platziert:

Quelle: Presseerklärung des BKA

Nicht ohne Stolz loben die deutschen Behörden die internationale Zusammenarbeit. Auszug aus der Presseerklärung des BKA: »Die Generalstaatsanwaltschaft

Frankfurt am Main und das Bundeskriminalamt bedanken sich bei den beteiligten Polizeibehörden der Bundesländer und den internationalen Partnern sowie Europol für die hervorragende Zusammenarbeit.«

Ermittlungen in den USA

Presseerklärung des US-Justizministeriums: »In den USA konnten im Verlauf der Ermittlungen durch die Staatsanwaltschaft in Los Angeles zwei der umsatzstärksten Anbieter von Betäubungsmitteln auf dem illegalen Online-Marktplatz ›WALLSTREET MARKET‹ identifiziert und festgenommen werden. Bei Durchsuchungen der Wohnungen der US-amerikanischen Tatverdächtigen konnten neben Drogen auch eine Vielzahl von illegalen Waffen sowie Bargeldbestände in Millionenhöhe aufgefunden und sichergestellt werden. (Quelle: justice.gov)[6]

Auszug Presseerklärung Federal Bureau of Investigation (FBI): »Bundesermittler in den Vereinigten Staaten, Deutschland und den Niederlanden gaben heute die Festnahme und Anklageerhebung gegen drei deutsche Staatsangehörige und einen Brasilianer als mutmaßliche Drahtzieher des WallStreet Market (*WSM*) bekannt, einem der weltweit größten Dark-Web-Basare, der Händlern erlaubte illegale Drogen, gefälschte Waren und Malware zu verkaufen.«

Die sich daraus ergebende Anklageschrift umfasst mehr als 400 Seiten. Ein regelrechter Paukenschlag, denn es gelingt den ermittelnden Behörden nicht nur, den Marktplatz offline zu nehmen, sondern auch die komplette Serverstruktur offenzulegen. Es handelt sich um den größten Schlag gegen das Darknet bis heute (2022).

Die US-Anklageschrift umfasst 34 Seiten und führt detailliert die Vorwürfe der Ermittler gegen das Trio der deutschen Betreiber und einen brasilianischen Moderator auf. Ebenso stellen die US-Ermittler fest, dass ein Angeklagter bereits mit einem anderen Pseudonym auf Hansa Market vertreten war und so die Parallele

6 https://www.justice.gov/opa/pr/three-germans-who-allegedly-operated-dark-web-marketplace-over-1-million-users-face-us

zu *WallStreet Market* gezogen werden konnte. Hierbei handelt es sich um Martin Frost.

Aber wie genau haben die Ermittler die Betreiber ausfindig machen können? Laut BKA identifizierte die Behörde die Server, auf denen *WSM* betrieben wird, und stellte eine Kopie der Datenbank von *WSM* (eine SQL-Datenbank namens »Tulpenland«) sicher.

Identifizierung

Nachdem die Ermittler die Server des Marktplatzes identifiziert haben, werden diese auch physisch beschlagnahmt. Mit dem Zugang zur kompletten *WSM*-Infrastruktur ergaben sich neue Ermittlungsansätze. Die Fehler der Betreiber schlüsseln sich wie folgt auf:

Tibo L.: Tibo L. aka Coder 420 nutzte einen VPN, um auf das Backend von *WSM* zuzugreifen. Doch es gibt ein Problem: Der VPN leakt. Es kommt zu Verbindungsabbrüchen zum VPN-Server, und in der Folge ist Tibos echte IP für die Behörden sichtbar. Bei der identifizierten IP-Adresse handelt es sich um einen anonym registrierten UMTS-Stick. Die Behörden beginnen Überwachungsmaßnahmen, um diesen Stick zu orten. Schnell finden sie heraus, dass der UMTS-Stick regelmäßig an Wohnort und Arbeitsplatz von Tibo L. in Kleve genutzt wird, um auf die Infrastruktur des *WallStreet Markets* zuzugreifen.

Jonathan K.: Auch Jonathan K. nutzt einen VPN-Dienst. Anders als bei Tibo L. hält sein VPN stand und schützt seine tatsächliche IP-Adresse. Aber auch hier finden die Ermittler eine Möglichkeit, an Jonathans wahre Identität zu kommen: Sie sehen sich den benutzten VPN-Server genauer an und finden heraus, dass eine bestimmte IP-Adresse zu den gleichen Zeiten auf den VPN-Server zugreift wie auch auf das Admin-Panel des *WallStreet Markets*. Sie wissen nun: Es muss sich um Kronos handeln.

Dieses Beispiel zeigt deutlich, wo die Grenzen eines VPNs liegen. Trotz einer vermeintlich sicheren Verbindung wird Kronos identifiziert. Eine IP-Adresse kann für bestimmte Systeme verschleiert werden, trotzdem lässt sich die offensichtliche Korrelation zwischen einer Verbindung und einer anderen erkennen.

Martin F.: Die Identifizierung von Martin alias »TheOne« läuft etwas anders. Hier gibt es kein VPN-Leak, kein UMTS-Stick wird geortet. Stattdessen wird er aufgrund einer Bitcoin-Zahlung identifiziert. Der öffentliche PGP-Schlüssel für »TheOne« ist derselbe wie der öffentliche PGP-Schlüssel für einen anderen Nutzer auf Hansa Market. Relativ zu Beginn der Arbeit an *WSM* hatte Martin einen Account auf Hansa Market erstellt, um sich dort umzuschauen und Ideen für *WSM* zu sammeln. Sein Fehler: Die Erstattungswallet, welche auf Hansa Market hinterlegt wird, ist dieselbe wie eine Wallet, die später »TheOne« zugeordnet werden kann. Die Ermittler identifizieren eine Bitcoin-Zahlung, die mit der Klarnamen-E-Mail von Martin in Verbindung steht. Martin ist aufgeflogen, doch davon ahnt er noch nichts.

Martin Frost sagt hierzu: »Mir ist bis heute nicht ganz klar, wie die Behörden es geschafft haben, unsere Infrastruktur aufzuklären und die Server zu identifizieren. Fakt ist, dass die Behörden auch im Darknet mehr Möglichkeiten haben, als ihnen das viele zutrauen. Das zeigt sich an unserem Fall, aber auch an anderen Busts in Verbindung mit dem Darknet – ich könnte viele nennen. In meinem Fall wurde eine Bitcoin-Zahlung nachverfolgt, von der ich mir ziemlich sicher bin, dass ich diese durch meinen Mixing-Service habe laufen lassen. Das zeigt, dass sich auch im Bereich der Kryptoanalyse einiges getan hat. Hier handelt es sich laut FBI-Akten übrigens um eine Transaktion aus dem Jahr 2016.«

Wall Street Market – Die Fehler der Darknet-Bosse

Süddeutsche Zeitung, 8. Mai 2019

Der Exit-Scam läuft, alle Auszahlungen sind gestoppt. Tibo und Martin sind erstaunt, wie viel Geld noch transferiert wird. Sie verabreden sich nur noch selten über Jabber im Netz, um die Einnahmen aufzuteilen. In der Regel alle zwei Tage. Eine wehmütige Zeit. Beide sind happy, müssen aber das Geschehene erst einmal verarbeiten.

»Wir versprachen uns, in Kontakt zu bleiben und nach einer kurzen Pause wieder etwas zusammen zu machen. Kein Darknet-Marktplatz, vielleicht sogar etwas Legales.«

Tibo und Martin haben so viel Geld gemacht, sie können es selbst kaum glauben. Was Sie zu diesem Zeitpunkt noch nicht wissen: Die Behörden haben sie längst identifiziert. Sie werden keine Gelegenheit haben, ihr Geld auszugeben.

»Das waren schon ein paar irre Jahre«, fasst Martin zusammen. »Ich hab es ja schon öfter gesagt: Schwer zu glauben, dass das mal mein Leben war. Diese Zeit ist eine der intensivsten Erfahrungen gewesen, allein wenn man unseren Wissensschatz betrachtet und unser technisches Interesse. Aber zu der Haftstrafe, die nun kommt, steht das in keinem Verhältnis. Der Preis ist einfach viel zu hoch – aber auch da wiederhole ich mich. Man kann es nicht nachdrücklich genug formulieren: Spielt nicht mit eurer Zukunft.«

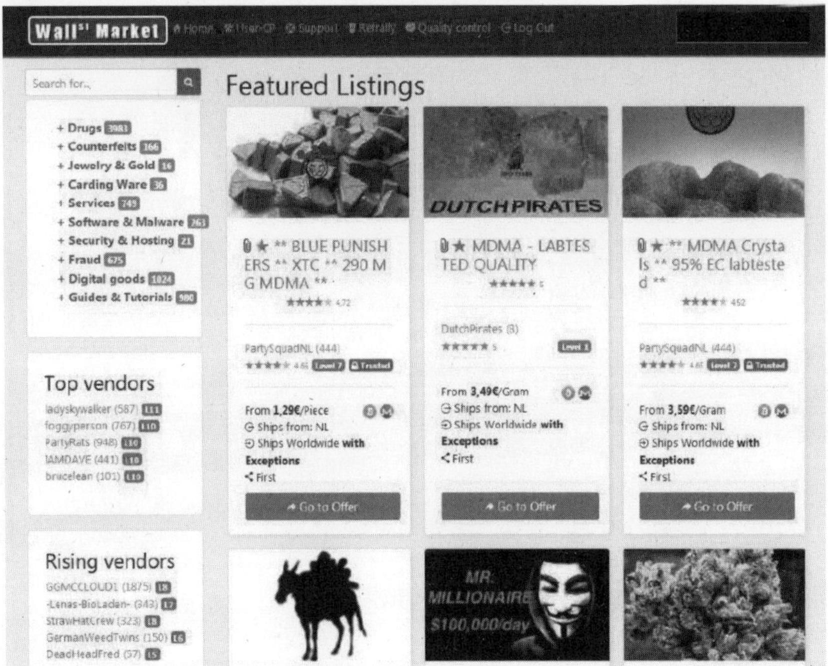

* https://www.justice.gov/opa/pr/three-germans-who-allegedly-operated-dark-web-marketplace-over-1-million-users-face-us

BUSTED
FIDELITY
BRAVERY

KAPITEL 14 – DIE VERHAFTUNG

Zeitraum 23. April 2019, Alter 28 Jahre

»Meine Fallhöhe war extrem hoch.«
Martin Frost, 2022

Martin fährt langsam die Garageneinfahrt hinunter, auf einmal friert die Szene ein. Wie in *Matrix*, die Kamerafahrt um den Protagonisten herum, im Hintergrund läuft alles in Zeitlupe ab, und er sieht in Bruchteilen alles, was ihm in der tiefsten Magengrube Schmerzen bereitet. GSG 9, seine Familie, nächtelange Sessions vor dem Rechner, Bitcoins und seine Eltern. Zack, der Film geht weiter, die Tür fliegt auf, eine stählerne Hand reißt ihn aus dem Auto, er liegt auf dem Asphalt. Filmriss, Chaos, Dunkelheit.

Der Zugriff erfolgt um 00:00 Uhr und ist im Vorfeld minutiös geplant worden. Monate zuvor wird das Areal von den Behörden observiert und ausgekundschaftet. Wo ist der Stellplatz des GTS in der Tiefgarage? In welcher Etage wohnt die Familie Frost? Welches sind die strategisch wichtigen Punkte an den Fluchtwegen?

Später wird sich Martin an ein Schreiben der Hausverwaltung erinnern, das die Hausbewohner vor Diebstahl warnt, weil sich verdächtige Leute in der Umgebung des Hauses aufhalten. Vermutlich waren es BKA-Beamte, die von den Nachbarn als Einbrecherbande wahrgenommen wurden. Sonst hat Martin rückblickend nichts mitbekommen, weder von der Observation, der Sondierung der Lage, noch von den ganzen Vorbereitungen für den Zugriff.

Martin und seine kleine Familie wohnen damals in einem Stadtteil, der eher der oberen Mittelklasse zuzuordnen ist. Gepflegte Vorgärten, verkehrsberuhigte Spielstraßen und Miet- sowie Eigentumswohnungen schmücken das Straßenbild. Martin hat damals eine 100-Quadratmeter-Wohnung für den zwei Jahre alten Sohn und seine Freundin und sich angemietet. Tiefgarage und Aufzug machen die Wohnung zu einem kleinen Schmuckstück. Die Miete liegt nur leicht über dem Mietspiegel, eigentlich ein Schnäppchen. Familie Frost wohnt seit Januar 2016 in der zweiten Etage und fühlte sich – bis zum Zeitpunkt des Zugriffs – angekommen im Leben. Der Alltag der Familie ist geregelt und passt sich dem Schichtplan von Martin an.

Er erinnert sich: »Als meine Freundin schwanger war, hat sie noch als Einzelhandelskauffrau in einem Bioladen gearbeitet und dort den Einkauf gemacht. Als unser Sohn zur Welt gekommen ist, war sie dann in Elternzeit und hat danach angefangen, auf 450-Euro-Basis zu arbeiten.«

Dennoch versucht die Familie die wenige Zeit, die Martin zur Verfügung steht, so gut es geht zu nutzen. Heute sieht Martin diesen Lebensabschnitt mit zwiespältigen Gefühlen. Auf der einen Seite das Übermaß an Arbeit, auf der anderen Seite der Wunsch, die Familienzeit in Gänze zu erleben. Martin setzt den Fokus auf Job und *WallStreet Market* mit der Intention, dass die Familie wirtschaftlich schnell unabhängig werden soll. Ein Plan, der aus heutiger Perspektive definitiv nicht aufgegangen ist.

Damals macht Martin das Maß der Arbeit glücklich, die Perspektiven, die sich aus seiner Sicht ergeben, das Ziel, seiner Familie ein besseres Leben zu ermöglichen. Dass er seine Energie schlichtweg für »die dunkle Seite der Macht« verwendet, wird ihm erst nach der Verhaftung bewusst. Er weiß natürlich, dass nicht alles, was er tut, 100 Prozent legal ist. Aber er verortet seine Arbeit in einem Grauzonenbereich, für den es keine konkrete Rechtsprechung gibt. So fühlt er sich weitestgehend sicher.

Den Gedanken an eine Verhaftung hat er nicht, er weiß, dass er sehr genau ist in dem, was er macht. Er ist sich sicher, keinen Fehler gemacht zu haben, und er glaubt nicht, dass die Behörden derart intensiv ermitteln könnten.

»Damals fiel es mir leicht, mein Handeln vor mir selbst zu rechtfertigen. Ich habe mir Ausreden zurechtgelegt: ›Wenn ich es nicht mache, dann macht es ein anderer‹, ›Die Leute kaufen doch sowieso‹ oder ›Ich stelle ja nur das technische Umfeld‹. Und genau das ist das Problem mit Cyberkriminalität: Man meint, das eigene Handeln sei ohne Konsequenzen, weil man sie schlichtweg nicht sieht. Ich vergleiche das gern mit einem Drohnenpiloten: Der Operator einer Drohne drückt auf einen Knopf, und zehn Menschen sind tot. Im Anschluss an seine Schicht geht er nach Hause und verschwendet keinen großen Gedanken mehr an die Sache. Gibt man ihm allerdings eine Waffe in die Hand und stellt ihm diese zehn Menschen persönlich gegenüber, wird er sehr wahrscheinlich nicht abdrücken können, obwohl das Resultat genau dasselbe ist. Der Unterschied ist, dass er die Konsequenzen seines Handelns im zweiten Fall hautnah miterlebt. Und genauso verhält es sich mit Cybercrime: Es ist einfach, wegzugucken. So habe ich es damals auch gemacht.«

Kommentar Rechtsanwalt Christian Solmecke auf die Frage:

Wie wichtig ist eine gute anwaltliche Beratung in solch einem Fall?

»Eine anwaltliche Beratung ist immer empfehlenswert. In einem Fall von Cyberkriminalität am besten von einem Fachanwalt für Strafrecht. Dieser kennt die nötigen Schritte, die nach einem Haftbefehl oder einer Verhaftung unternommen werden müssen. Das kann ein juristischer Laie nicht leisten, vor allem nicht in so einer emotional aufwühlenden Situation wie nach einer Verhaftung. Der Anwalt behält dann einen kühlen Kopf und führt den Mandaten. Das ist sehr hilfreich im Kontakt mit den Justizbehörden.«

Besuch von den Profis

Martin liegt also vor seinem Auto, während die Polizisten durchaus laut ihrer Arbeit nachgehen. Die unterschiedlichsten Gedanken schießen ihm durch den Kopf. So war tatsächlich auch ein Gedanke: »Was werden die Nachbarn sagen?« Selbst banale Dinge wie zum Beispiel das Treffen mit seiner Mutter beschäftigen ihn, die beiden wollen eine Couch aussuchen, und langsam wird ihm die Tragweite der Situation bewusst. Familie, Freundin, Kind … er sieht das Leid, das er den Menschen angetan hat. Wie wird sein Sohn aufwachsen? Was wird seine Freundin sagen? Wie wird es weitergehen?

Tausend Fragen, die auf einmal Panik in ihm hochsteigen lassen. »Scheiße, das hast du richtig verbockt! Knast, lebenslang!« Sein Geist fährt in den Panikmodus. Adrenalin pumpt durch seinen Körper, sein Bein fängt an zu zittern. Die Gedanken lassen sich nicht mehr kontrollieren.

Nach einer Ewigkeit spürt er wieder die Roboterhand im Nacken. Er wird hochgerissen. Das hat nichts mehr mit zuvorkommendem Umgang zu tun, das hier ist bitterer Ernst. Ein grelles Licht blendet seine Augen. Erst jetzt nimmt er das Ausmaß des Einsatzes wahr. Unfassbar viele GSG-9-Beamte, alle vermummt, groß und breit. Echte Kampfmaschinen. Die Stimme des Einsatzleiters ist klar und deutlich: »Martin Frost, hiermit sind Sie festgenommen. Sie haben das Recht, die Aussage zu verweigern, alles, was Sie jetzt sagen, wird vor Gericht gegen Sie verwendet. Sie haben das Recht auf einen Anwalt. Haben Sie Ihre Rechte verstanden?«

Ja, nein, was weiß ich … Was soll man auf die Frage antworten? Martins Sorge gilt seiner Freundin und seinem Sohn, die oben in der Wohnung schlafen. Wird jetzt die Wohnung gestürmt? Fliegen Blendgranaten ins Wohnzimmer? Reagiert eventuell einer der Beamten über? Martin versucht Haltung zu bewahren, versucht mit den Männern in Dialog zu treten.

»Ich kann wirklich nichts Schlechtes über die Beamten sagen. In Anbetracht dessen, was mir vorgeworfen wurde, war das Vorgehen angemessen. Sie hätten ja theoretisch die Tür eintreten können. Ich möchte gar nicht darüber nachdenken, was das für ein Schock für unseren Sohn gewesen wäre. Ich bin froh, dass alles so gelaufen ist, wie es am Ende war. Während der Durchsuchung konnte man mit den

Beamten reden. Einer hat auch etwas mit meinem Sohn gespielt. Kinder sind bei so was ja sehr unbedarft. Irgendwie fand mein Sohn wohl die Uniform spannend und wollte immer zu einem der Beamten hin. Die haben da schon echt cool reagiert. Das sind halt Profis durch und durch.«

Wozu ein Mülleimer, wenn ich einen GTS habe

Das mit der Ordnung ist so eine Sache. Martins Auto sieht aus wie sein Arbeitsplatz – dass man einen Aschenbecher auch leeren könnte, hat er sicherlich mal gehört, diese Info aber gekonnt ignoriert. Wer rechnet auch damit, dass das BKA vorbeischauen könnte? Dann wäre er sicherlich vorbereitet gewesen.

Martin nutzt die Beifahrerseite und die nicht vorhandene Rückbank seines GTS als Mülleimer. So findet sich allerlei Unrat in dem Auto. Vom Volumen her ein gut gefüllter blauer Müllsack, den die Beamten Martin nach der Durchsuchung gegen 5 Uhr dann auch überreichen. »Den brauchen wir nicht«, sagt einer der Männer und stellt den Müllsack mitten ins Wohnzimmer, wo sich alle inzwischen befinden. Martin, der ahnt, dass es sich um den Müll aus seinem Auto handelt, möchte im Boden versinken. Auf der anderen Seite ist der Müllsack in diesem Augenblick sein geringstes Problem.

Verwundert fragt der Beamte, der die Durchsuchung leitet: »Was ist das?« »Der Müll aus seinem Auto«, antwortet ein anderer Beamter. Professionell nehmen beide die spezielle Ordnungsliebe ihres Gefangenen zur Kenntnis, wohl wissend, dass der Müllsack Thema bei der Nachbesprechung des Einsatzes werden wird.

»Alter, war mir das peinlich! Auch, dass der Nachbar als Zeuge bei der Hausdurchsuchung dabei war. Der Arme musste mitten in der Nacht der Durchsuchung beiwohnen. Das ist schon extrem unangenehm. Mein Nachbar hat das aber cool aufgenommen, wir waren später nach der U-Haft auch mal bei ihm drüben und haben geredet. Die haben das alles locker gesehen. Zum Glück, wir sind danach schnell weggezogen. Auch aus Sorge vor Angriffen.«

Martin schaudert es noch heute bei dem Gedanken an die Zeit. Die Beamten beschlagnahmen alle Elektrogeräte und auch das Geburtstagsgeld für seinen Sohn. In dem Umschlag befindet sich kein utopisch hoher Betrag, vielleicht 1.000 Euro, aber seine Arbeitskollegen haben das Geld zur Geburt gesammelt. Das ist für Martin eine bittere Pille. Doch auch Erklärungsversuche und sein Betteln können die Beamten nicht beschwichtigen. Es ist ihr Job, alles Relevante zu sichern. Trotzdem tut ihm dieser Moment bis heute weh.

Kommentar Rechtsanwalt Christian Solmecke auf die Frage:

Was sind die Grundregeln bei einer Verhaftung wie zum Beispiel der von Martin Frost? Wie sollte man sich am besten verhalten?

»Am wichtigsten, auch wenn es schwerfällt: Ruhe bewahren. Dann möglichst direkt einen Anwalt konsultieren beziehungsweise einen Angehörigen bitten, das zu erledigen. Außerdem bei der oft überfordernden Verhaftung erstmal keine Aussage machen, sonst macht man womöglich noch eine leichtsinnige Angabe und belastet sich selbst. Das kann dann auch der Anwalt später kaum noch korrigieren. Es ist übrigens auch gar nicht nötig, direkt bei der Verhaftung auszusagen, das lässt sich später noch problemlos nachholen. Ansonsten aber bitte schon kooperativ sein und die erforderlichen Angaben den Behörden geben, das sind meistens die Personalien.«

»Das war eine harte Nummer. Meine Freundin hat das auch hart getroffen. Sie hat sofort gesagt, dass das Geld unserem Sohn gehört und dass dort Geburtstagsgeld,

Weihnachtsgeld und solche Sachen drin sind. Ich habe ebenfalls versucht, mit den Beamten zu verhandeln, aber keine Chance.«

Interessanterweise wird lediglich der Laptop seiner Freundin beschlagnahmt. Ihr Smartphone jedoch nicht.

Im Spiegel der Presse

Die vierte Gewalt im Staat ist die Presse. Ihre Aufgabe ist die Kontrolle der Legislative, Exekutive und Judikative. In der Theorie zumindest ist die Presse also eine Institution, die maßgeblich zum Erhalt einer gesunden Demokratie führen soll. Für die Medien allerdings war der Bust von *WallStreet Market* ein wahres Geschenk. Medienwirksam präsentierte die Polizei ihre Funde und die beschlagnahmten Beweismittel. Sie bezeichneten den *WallStreet-Market*-Bust als den bis dato größten Schlag der Behörden gegen das Darknet und Cyberkriminelle.

Was auf der Pressekonferenz präsentiert wurde, konnte sich sehen lassen: Unsummen von Bargeld erfüllten das Klischee der Drogenbosse, die im Internet ihren Reichtum optimieren; Luxusautos und teure Uhren machten das Bild perfekt.

Auch das junge Alter der Angeklagten war eine Sensation, da man Verbrechen dieser Größenordnung bis zu diesem Zeitpunkt eher Herren mittleren Alters zugetraut hatte, wie man sie etwa aus Filmen wie *Der Pate* oder *Scarface* kannte. Beides übrigens Filme, die Martin bis heute nie gesehen hat.

Die vierte Instanz informiert, je nach Haus, mehr oder weniger reißerisch. Die Bild-Zeitung bedient ihre Leserschaft mit Sensationen aus den Abgründen des Darknets. Andere berichten seriöser und sachlicher, aber man kann allen Medien attestieren, dass sie die Sensation »Darknet« für ihre Zielgruppe gekonnt in Szene setzen.

»Was soll ich sagen. Dass ich mal so im Fokus stehe beziehungsweise der Fall so sehr im Mittelpunkt der Berichterstattung stehen würde, wollte ja niemand. Das ist schon ein komisches Gefühl, wenn man eine Zeitung in den Händen hält oder im Fernsehen Berichte laufen, in denen man selbst zu sehen ist. Auch die ersten YouTube-Videos anzusehen, war komisch für mich. Irgendwie fremd, aber vertraut. Generell haben die Medien ihren Job gemacht. Das ist alles okay. Sicher, die ein oder andere Headline hätte ich mir vielleicht anders gewünscht. Aber ich hab andere Probleme als einen schlecht formulierten Pressebericht.«

CyberBunker

WallStreet Market wurde in einem unterirdischen Rechenzentrum in Traben-Trarbach gehostet – im CyberBunker, der sich in einer ehemaligen Kaserne der Bundeswehr befand. Bei CyberBunker handelte es sich um einen kommerziellen Hosting-Anbieter mit Hauptsitz in den Niederlanden und Deutschland. Die Firma warb mit Hochsicherheitsdiensten und Bullet-Proof Hosting und betrieb ihre Infrastruktur zweimal jeweils über mehrere Jahre hinweg in ehemaligen Militäreinrichtungen. In der Szene war CyberBunker als sicherer Hoster bekannt.

Die unterirdische Anlage konnte nach fünfjährigen Ermittlungen im September 2019 durch die Behörden geschlossen werden. Im Anschluss an die Kompromittierung des CyberBunkers wurden mindestens 227 Folgefälle gegen Kunden des CyberBunkers geführt. Was viele nicht wissen: Es gab nicht nur einen Bunker, und offenbar wurde CyberBunker schon 1996 in den Niederlanden gegründet. Zu Geschäftsführern wurden Sven Olaf Kamphuis, ein bekannter Cyberkrimineller, und Herman Johan Xennt, auch bekannt als »Mister X«, ernannt.

Der erste Standort des CyberBunkers ist ein ehemaliger NATO-Bunker in der niederländischen Provinz Zeeland. Hier richten sich die Hintermänner ein Rechenzentrum ein, das im Jahr 2000 seinen Betrieb aufnimmt. Nach einem Brand 2002 wird in diesem Bunker ein Drogenlabor entdeckt. Laut Herman Xennt sei die Etage, in der das Labor betrieben wurde, allerdings untervermietet gewesen, und so wird er nicht zur Rechenschaft gezogen. Nach diesem Vorfall wird der Betrieb an diesem Standort nicht wieder aufgenommen. Aber Herman Xennt und seine Partner haben andere Pläne.

CyberBunker in Deutschland

Im Juni 2013 erwirbt Herman Xennt zu einem Preis von 450.000 Euro einen ehemaligen Bundeswehrbunker in dem deutschen Örtchen Traben-Trarbach. Ein pikantes Detail: Bereits acht Tage vor dem Verkauf teilt das LKA Rheinland-Pfalz der Bundesanstalt für Immobilienaufgaben mit, dass der Käufer den Bunker »u.a. zur Begehung und Unterstützung von Straftaten im Internet nutzen könnte«. Obwohl es auch einen weiteren möglichen Interessenten gibt, erhält CyberBunker den Zuschlag, und der ehemalige Bundeswehrbunker wechselt den Besitzer.

Schon seit 2015 ermittelt das LKA Rheinland-Pfalz gegen den CyberBunker beziehungswesie dessen Betreiber. Nach dem Bust des WallStreet Markets wird der CyberBunker im September durchsucht und abgeriegelt. An der Aktion sind 650 Einsatzkräfte beteiligt. Sieben Verdächtige werden festgenommen.

Am 7. April 2020 erhebt die Staatsanwaltschaft Koblenz Anklage gegen acht Verdächtige. Nach Ansicht der Staatsanwaltschaft haben sich die Macher des CyberBunkers der Beihilfe zu mehr als 240.000 Straftaten schuldig gemacht. Das Gericht hat zu klären, ob ein Hoster für die illegalen Inhalte und Aktivitäten seiner Kunden verantwortlich gemacht werden kann und wie viel in diesem konkreten Fall die Betreiber über die Machenschaften ihrer Kunden wussten.

Schlussendlich werden die Betreiber wegen der Bildung einer kriminellen Vereinigung zu teilweise hohen Haftstrafen verurteilt. Der Hauptangeklagte, Herman Xennt, wird zu fünf Jahren und neun Monaten Haft verurteilt.

CyberBunker warb auf seiner Webseite damit, vertraulich mit den Daten seiner Kunden umzugehen. Das Unternehmen versprach einen sogenannten »No-matter-What-Service«. CyberBunker galt auch in der Szene als besonders sicher und zuverlässig. Im Grunde konnte dort so ziemlich alles gehostet wurden.

Die Betreiber gaben an, dass die gehosteten Inhalte auch vor dem Zugriff von Strafverfolgern und Behörden geschützt seien. Das allerdings hat sich schlussendlich als falsch herausgestellt. Fakt ist, dass neben etlichen illegalen Inhalten und Darknet-Marktplätzen wie Darkmarket auch *WallStreet Market* bei CyberBunker gehostet hat.

»Wir hatten etwa 30 Server bei CyberBunker. Die Kommunikation lief über E-Mail, und die Bezahlung erfolgte mit Bitcoin. Nach der Zahlung haben wir die Server erhalten und diese konfiguriert. Ich persönlich glaube nicht, dass das Team um Hermann Xennt konkret wusste, was auf den Servern lief, konkrete Nachfragen gab es seitens des CyberBunker jedenfalls nie. Klar ist aber auch, dass Cyber-

Bunker, allein durch seine Versprechen und die Aufmachung, sicherlich wusste, welche Klientel sie anziehen. So bulletproof, wie sie behaupteten, waren sie am Ende aber nicht. Im Prozess kam heraus, dass die Behörden die Server unseres Marktplatzes bereits seit einiger Zeit beschlagnahmt hatten, CyberBunker hatte die Server damals bereitwillig herausgegeben.«

Auf Martins YouTube-Kanal findet sich ein weiterführendes Video zu diesem Thema.

Bitcoins zu Euro

Besitzt man Bitcoins oder sonstige Kryptos, steht man irgendwann vor dem Problem, die Coins auf das Bankkonto transferieren oder in Bargeld tauschen zu müssen. Sind die Coins legal erworben worden, ist dies nicht weiter schwierig. Stammen sie, wie in Martins Fall, aus illegalen Geschäften, ist die Sache etwas verzwickter. Allerdings zeigt sich die Szene auch hier erfinderisch. Ein ganzer Dienstleistungsbereich ist um das Thema entstanden, und so findet man diverse Services.

Martin entschließt sich für die Face-to-face-Variante. Über seine Kontakte findet er einen Anbieter, der anscheinend sogar Rechnungen stellen kann. Auch der Wechselkurs passt – perfekt! Je nach Service könnte sich Martin das Geld sogar auf das eigene Konto transferieren lassen, zugegebenermaßen wäre das etwas sehr dämlich, aber die Möglichkeiten sind erschreckend.

»Immer wenn Kryptos im Spiel sind, stellt sich vor allem für Kriminelle die Frage, wie sie die Coins in Fiat, also Bargeld umwandeln können. Neben legalen Händlern finden sich in den einschlägigen Foren auch entsprechende Exchange-Services. Hier wird das Bargeld dann teilweise per Post versendet, oder es werden gefakte Kryptocards verkauft, welche sich wie eine Prepaid-Kreditkarte mit Kryptos aufladen lassen. Mit diesen Karten wird das Geld dann oft ausgecasht. Die Szene ist kreativ, und es gibt etliche Wege«, sagt Martin.

Martin fährt mit seinem Mercedes AMG GTS über die A81 in Richtung Stuttgart. Es regnet leicht, und er steht unter Zeitdruck. Über die Website [redacted] hat er einen Typen aus Polen kennengelernt, der Bitcoins in Euro wechseln kann. Ein paarmal haben sie sich geschrieben, dann sind sie sich einig geworden und haben ein Treffen vereinbart. Martin ist mal wieder spät dran.

»Fahr, du Penner!« Er zieht auf die linke Seite und brettert an der Schnarchnase vorbei. Warum müssen die Idioten immer dann auf der Straße sein, wenn ich irgendwohin muss?, denkt sich Martin. Er fährt auf den Parkplatz vom Mövenpick Hotel, schließt das Auto ab und läuft in die Lobby.

Ein wenig fühlt sich die Situation für den 28-Jährigen an wie früher. Das Kribbeln im Bauch, die Aufregung. Leider kann man in seinem Alter nicht mehr von spätpubertärem Agentenspiel reden. Was mit 14 noch nachvollziehbar erscheint, hat in diesem Alter eine andere, eine kriminelle Qualität.

Martin betritt die Lobby des Mövenpick Hotels. Da sich die beiden logischerweise nicht kennen, haben sie sich in einer Sitzecke verabredet. Die eigentliche Wechselaktion verläuft dann relativ schnell und simpel. Einem kurzen Smalltalk folgt direkt die Überweisung der Bitcoins. Sind diese transferiert, übergibt der Exchanger Martin den vereinbarten Geldbetrag in bar. Soll heißen: 30.000 Euro aus einem Rucksack, die in Martins Umhängetasche wandern. Er prüft das Geld mit einer UV-Lampe und einem speziellen Stift. Alles sieht gut aus. Der Deal ist gelaufen.

Beide sind happy, verlassen gemeinsam das Hotel, und während der Pole auscheckt, fährt Martin nach Hause. Die ganze Transaktion hat vielleicht 15 Minuten gedauert, und Martin ist um 30.000 Euro in bar reicher.

Am Anfang kam der Exchanger noch mit dem Auto, später ist er immer mit dem Flugzeug angereist. Das Business scheint sich gelohnt zu haben. Professionell, mit Rechnung und legal angemeldeten Unternehmen sind solche »Geldwechsler« Schnittstelle zwischen illegal erworbenem Geld und legaler Auszahlung.

Martin hat für die Transaktion sogar eine Rechnung erhalten, die beim Verlassen des Hotels allerdings im öffentlichen Mülleimer landet.

Dem Gesetzgeber sind diese Vorgänge nicht unverborgen geblieben. So gab es in der vergangenen Zeit zahlreiche Gesetzesänderungen, um den Handel mit Schwarzgeld zu unterbinden. Ein erster Schritt in diese Richtung war der Verzicht auf den 500-Euro-Schein oder auch die Verringerung der Maximalgrenze für nachweisliche Geldeinzahlungen bei der Bank. Auch die Tauschplattform Localbitcoins wurde zeitweilig von den deutschen Behörden reguliert und war in Deutschland nicht mehr verfügbar.[7]

»Damals war es so, dass Localbitcoins auf Druck der deutschen Behörden die Seite in DE eingestellt hat. Man hat sie mit einer deutschen IP nicht mehr besuchen können. Ich hatte ja auch anfangs über Localbitcoins meine Kontakte gefunden und dann später alles direkt über das Handy und mit extra Sim-Karte erledigt, um möglichst sicher zu wechseln.«

Mittlerweile ist die Seite aus Deutschland wieder abrufbar.

Hausdurchsuchung

Die Nacht ist noch nicht vorbei. Die Beamten durchsuchen die 100-Quadratmeter-Wohnung bis in die frühen Morgenstunden. Martins Sohn, dem der Schreck zwischenzeitlich im Gesicht stand, hat sich beruhigt und spielt während der Durchsuchung vor sich hin. Kind müsste man sein. Gegen 7 Uhr geht es mit den Beamten in Richtung Polizeipräsidium. Martins Freundin bekommt noch die Gelegenheit, ihm eine Tasche zu packen, dann muss er sich von Frau und Kind verabschieden.

Eine surreale Situation. Er versucht Haltung zu bewahren, aber als ihn der Beamte vor seine Freundin führt, damit sie sich verabschieden können, er in ihre Augen schaut und diese Verzweiflung sieht, diese Leere, schießen ihm die Tränen in die Augen. Martin flüstert ihr ins Ohr: »Mach dir keine Sorgen, wir bekommen das hin. Ruf Ahmet an!« Bei seiner Freundin brechen ebenfalls alle Dämme, und die Tränen strömen ihr über das Gesicht. Auch von seinem Sohn muss er sich verabschieden.

7 https://bitcoinblog.de/2014/06/11/bitcoin-und-geldwasche-keine-gute-idee/

Bitte, Gott, nur noch eine Sekunde länger! Es zerreißt ihm das Herz, als er von den Beamten aus der Wohnungstür geführt wird.

§ 102 Durchsuchung bei Beschuldigten

Bei dem, welcher als Täter oder Teilnehmer einer Straftat oder der Datenhehlerei, Begünstigung, Strafvereitelung oder Hehlerei verdächtig ist, kann eine Durchsuchung der Wohnung und anderer Räume sowie seiner Person und der ihm gehörenden Sachen sowohl zum Zweck seiner Ergreifung als auch dann vorgenommen werden, wenn zu vermuten ist, dass die Durchsuchung zur Auffindung von Beweismitteln führen werde.

Fassung aufgrund des Gesetzes zur Einführung einer Speicherpflicht und einer Höchstspeicherfrist für Verkehrsdaten vom 10.12.2015 (BGBl. I S. 2218), in Kraft getreten am 18.12.2015

Und ergänzend hierzu:

§ 105 Verfahren bei der Durchsuchung

(1) 1 Durchsuchungen dürfen nur durch den Richter, bei Gefahr im Verzug auch durch die Staatsanwaltschaft und ihre Ermittlungspersonen (§ 152 des Gerichtsverfassungsgesetzes) angeordnet werden. 2 Durchsuchungen nach § 103 Abs. 1 Satz 2 ordnet der Richter an; die Staatsanwaltschaft ist hierzu befugt, wenn Gefahr im Verzug ist. (2) 1 Wenn eine Durchsuchung der Wohnung, der Geschäftsräume oder des befriedeten Besitztums ohne Beisein des Richters oder des Staatsanwalts stattfindet, so sind, wenn möglich, ein Gemeindebeamter oder zwei Mitglieder der Gemeinde, in deren Bezirk die Durchsuchung erfolgt, zuziehen. 2 Die als Gemeindemitglieder zugezogenen Personen dürfen nicht Polizeibeamte oder Ermittlungspersonen der Staatsanwaltschaft sein. (3) 1 Wird eine Durchsuchung in einem Dienstgebäude oder einer nicht allgemein zugänglichen Einrichtung oder Anlage der Bundeswehr erforderlich, so wird die vorgesetzte Dienststelle der Bundeswehr um ihre Durchführung ersucht. 2 Die ersuchende Stelle ist zur Mitwirkung berechtigt. 3D es Ersuchens bedarf es nicht, wenn die Durchsuchung von Räumen vorzunehmen ist, die ausschließlich von anderen Personen als Soldaten bewohnt werden. Fassung aufgrund des Ersten Gesetzes zur Modernisierung der Justiz (1. Justizmodernisierungsgesetz) vom 24.08.2004 (BGBl. I S. 2198), in Kraft getreten am 01.09.2004

»In Anbetracht des Sachverhaltes würde ich sagen, dass die Beamten sehr fair mit mir umgegangen sind. Ich muss aber dazusagen, dass die Durchsuchung, wenn sie einfach bei mir angeklopft hätten, in keinster Weise anders verlaufen wäre. Im Prinzip hätten sie mir auch einfach einen Brief schreiben können, dann wäre ich mit dem Laptop unter dem Arm da angetanzt. Das ist jetzt kein Spruch, zum damaligen Zeitpunkt war mir gar nicht bewusst, was das für Konsequenzen hat. Erst als ich die GSG-9-Beamten gesehen hatte, dämmerte mir, welche Dimension das Ganze hat. Diese Typen sind noch mal eine ganz andere Liga, man sieht denen sofort an, das hat nichts mehr mit normaler Polizei zu tun. Schwer beeindruckend.«

Der letzte Weg in Freiheit

»Ich wurde nach der Durchsuchung von zwei BKA-Beamten nach Esslingen auf die Polizeistation gebracht. Dort wurde ich erkennungsdienstlich behandelt, und dann habe ich die Nacht in einer Ausnüchterungszelle verbracht: Loch im Boden und Steinpritsche. Ich weiß noch, dass ich auf Toilette musste und nach getaner Arbeit dort nicht spülen konnte. Ich war verschwitzt und lag da in meinem eigenen Mief, bis die von außen gespült haben. Hab dann auch noch eine Art Lunchpaket mit einem Brot und einem Apfel erhalten. Ich fühlte mich ganz unten angekommen.

Am nächsten Morgen wurde ich von den BKA-Beamten abgeholt. Ich bat darum, mich waschen zu dürfen, und konnte dann tatsächlich eine Katzenwäsche in der Polizeistation machen, wo schön alle zugeguckt haben. Dann ging es mit Vollgas in Richtung Gießen. Wir waren spät dran zum Termin beim Haftrichter, und die Beamten haben sogar kurz diskutiert, ob sie mit Signal fahren sollten.

Als wir in Gießen ankamen, hab ich schon gesehen, dass Ahmet mit seiner Frau da war. Sie hatten einen Anwalt dabei. Der Anwalt hat sich zu mir ins Auto gesetzt und die Beamten aus dem Auto ›geschmissen‹. Wir haben ganz kurz darüber geredet, was jetzt anstand, und dann wurde ich ins Gerichtsgebäude geführt. Da habe ich dann auch Ahmet und seine Frau gesehen – das hat echt gutgetan.

Wir mussten noch draußen warten, auch Tibo L. saß dort mit etwas Abstand auf einer Bank mit seinem Anwalt. Das war schon ein komisches Gefühl. Im Gericht ging dann alles ganz schnell. Die Richterin hat uns beiden direkt Fluchtversuch und Verdunkelungsgefahr reingedrückt und damit den Haftbefehl erlassen.

Unter Aufsicht konnte ich noch meine Freundin anrufen, im Gerichtsgebäude, mit dem Handy vom Anwalt. Ich habe ihr erklärt, dass ich jetzt nach Frankfurt komme, in U-Haft.

Dieselben Beamten, die mich ins Gericht gebracht haben, fuhren mich auch nach Frankfurt. Ich durfte vor dem Gefängnis noch eine rauchen, dann ging es durch zwei riesige Tore in die JVA. Als ich reingefahren wurde, war es wie im Film: Die Häftlinge haben gegen die Gitter geschlagen und gebrüllt – nach dem Motto: ›Frischfleisch kommt‹.

Ich wurde in eine Wartezelle gebracht und dann auf ›Kammer‹. Dort musste ich alles, was den Gefängnisregeln widersprach, abgeben, zum Beispiel ein paar Klamotten, die zu dunkel waren. Ich musste ein Dokument unterschreiben. Danach ging es zu einer körperlichen Durchsuchung, ganz klassisch mit Bücken und Arschbacken auseinander. Nach der Untersuchung wurde ich auf meine Zelle gebracht.

Ich weiß noch, dass ich da gefragt hatte, wie es weitergeht und ob ich was zum Lesen bekommen könnte. Die meinten nur: ›Komm erst mal an.‹ Zu dem Zeitpunkt war es schon dunkel. Und dann ging die Türe zu, und ich war mit meinen Gedanken allein.«

DARKNET

KAPITEL 15 – DAS DARKNET

Kompendium

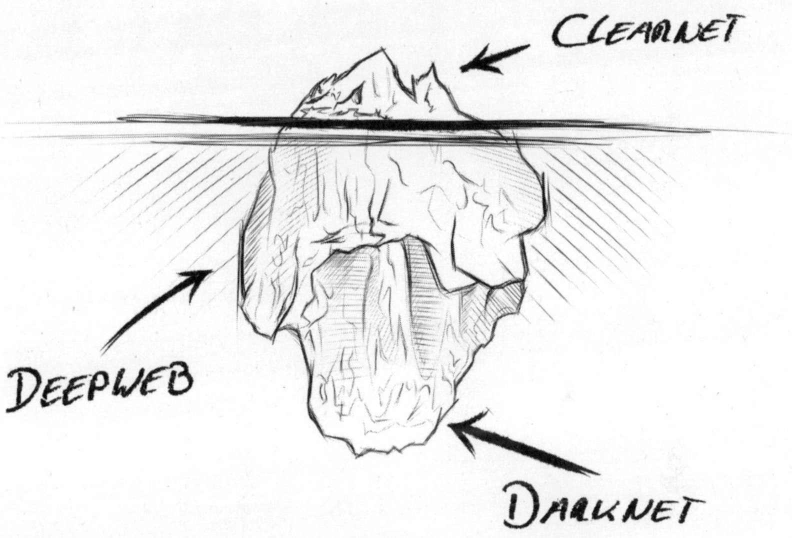

Man kann das WWW in drei Bereiche unterteilen: Das Clearnet, das Deep Web und das Darknet. Das Clearnet ist der Teil des Internets, den wir täglich nutzen und der jedem bekannt ist. Man könnte auch sagen: Das Clearnet (oder auch Surface Web) ist der öffentlich zugängliche Teil des Internets. Alle Seiten, die von Suchmaschinen wie Google oder Bing indexiert werden, zählen also zum Clearnet.

Anders verhält es sich mit dem Deepweb. Das Deepweb ist der nicht öffentlich zugängliche Teil des Internets. Hierzu gehören auch Bibliotheken, Intranets oder Datenbanken von Unternehmen. Auf den ersten Blick also nichts Spektakuläres.

Ein kleiner Teil des Deep Webs allerdings ist das sogenannte Darknet. Obwohl es eigentlich verschiedene Formen des Darknets gibt, ist meist das Tor-Netzwerk gemeint, wenn über das Darknet oder Darkweb gesprochen wird. Genau in diesem Darknet spielte sich auch die Geschichte von *WSM* und anderen Marktplätzen ab.

Martin beschreibt die Zusammenhänge auch in einem seiner YouTube Videos.

Für den Zugang zum Darknet wird ein spezieller Browser benötigt. Der sogenannte Tor-Browser. Die Bezeichnung TOR bedeutet ausgeschrieben THE ONION ROUTER und symbolisiert eine Zwiebel, die, genau wie das Tor-Netzwerk, über verschiedene Schichten verfügt. Die Idee: Die Verbindung wird über mehrere Knotenpunkte (Relays) geleitet, die überall in der Welt verteilt stehen. So soll der Nutzer anonymisiert und eine Nachverfolgung unmöglich gemacht werden.

In seinen Anfängen galt das Tor-Netzwerk als extrem sicher. Auch Cyberkriminelle haben dem Darknet fast blind vertraut. Heute, 2022, sieht die Welt ein wenig anders aus. Man geht davon aus, dass zahlreiche Tor-Relays durch Ermittlungsbehörden kontrolliert werden und es den Ermittlern so immer häufiger gelingt, Verbindungsmuster zu erkennen und dadurch Infrastrukturen und auch Personen zu identifizieren.

»Auch das Darknet bietet keine hundertprozentige Sicherheit. Natürlich erschwert es den Behörden die Nachverfolgung, gleichzeitig haben aber die Behörden auch Möglichkeiten gefunden, Täter zu deanonymisieren. Genau das ist auch uns passiert«, sagt Martin Frost zu diesem Thema.

Das TOR-Netzwerk will allen Usern ein anonymes Surfen ermöglichen und schützt seine Nutzer vor einer Analyse des Datenverkehrs. Um eine größtmögliche Anonymität zu gewährleisten, nutzt TOR das sogenannte »Onion-Routing«. Dabei wird der Traffic des Nutzers nicht direkt auf den Zielserver geschickt, sondern, ähnlich wie bei den verschiedenen Schichten einer Zwiebel, über mehrere »Knotenpunkte« geleitet, um so den eigentlichen Nutzer zu verschleiern. Neben dem Tor-Browser existiert seit 2015 auch ein offizieller Tor-Messenger, in den die Tor-Netzwerk-Anonymisierung integriert ist.

Aber das Darknet ist kein Platz, der ausschließlich von Kriminellen genutzt wird: Auch »normale Internetseiten« wie zum Beispiel Facebook oder Twitter sind im Darknet vertreten. Diese Seiten sind über die Domain-Endung .onion erreichbar.

Es gibt durchaus gute Gründe, auf die Nutzung des Deep- oder Darknets zurückzugreifen. Gerade in diktatorischen Ländern ist eine Anonymisierung des Datenverkehrs existenziell. Das Darknet ist also für Whistleblower, Journalisten und Menschen, die in Ländern leben, in denen stark zensiert wird, sehr wichtig.

»Die Nutzung von einem **Tor-Browser**, um anonym zu surfen, ist in Deutschland legal.«
Quelle: Anwalt.org, Stand 2022

Zwei Beispiele:

Arabischer Frühling

Das Darknet wurde auch aktiv beim Arabischen Frühling genutzt. Während des Arabischen Frühlings in Ägypten wurde eine Zunahme der Kommunikation über das Tor-Netzwerk festgestellt. Aktivisten waren, dank des Darknets, in der Lage, auf Social-Media-Dienste zuzugreifen und so Informationen über die Revolution zu auszutauschen. Das Regime hatte zuvor den Zugriff auf die entsprechenden Dienste im Clearnet gesperrt.

Pressefreiheit

Immer noch werden in China Journalisten für kritische Berichterstattung ins Gefängnis gesteckt oder zum Tode verurteilt. Hier ist das Darknet existenziell für die freie Berichterstattung.

Aber auch die CIA nutzt das Darknet und bietet, im Rahmen des Ukraine-Kriegs, eine Benutzeranleitung an, um russischen Bürgern den unzensierten Zugang zu Informationen beziehungsweise Whistleblowern eine Anlaufstelle für die Informationsübermittlung zu schaffen.

Ein anschauliches Beispiel dafür, dass anonyme Kommunikation und der freie Zugang zu Informationen auch heute noch elementar wichtig ist und nicht überall gewährleistet wird. Einschätzung Martin Frost: »Das Darknet ist weder gut noch böse, sondern erst mal nur ein Werkzeug zur Anonymisierung. Ob es gut oder böse ist, entscheiden wir selbst, dadurch, wie wir es nutzen. Ich halte Anonymität und Datenschutz noch immer für ein hohes Gut und denke, wir tun gut daran, Anonymität nicht direkt mit Kriminalität gleichzusetzen. Natürlich ist es so, dass immer dort, wo anonymer Raum geschaffen wird, Kriminelle diese Möglichkeiten ausnutzen – genau wie wir es mit *WSM* getan haben.«

Um das Darknet ranken sich viele Mythen. Angeheizt durch Serien wie *Darknet, der Tod wartet auf dich* oder *Cicada 3301* werden Gerüchte und Halbwahrheiten schnell zum Mythos. Einige dieser Mythen handeln von:

- Red Rooms
- Auftragsmördern
- Folter Challenges
- Area 51/ UFOs
- Menschenhandel (Prostitution/Sklaverei)
- Kannibalismus

Auch hierzu findet sich auf Martins YouTube-Kanal ein entsprechendes Video.

Verschiedene Netzwerke

Wie bereits eingangs erwähnt, gibt es nicht »das Darknet«. Neben dem Tor-Netzwerk finden sich noch andere Netzwerke, die dem Darknet zugeordnet werden können:

- I2P – ein anonymes dezentrales Rechennetz
- NYM – ein alternatives Netzwerk zu Tor
- Private Telegram-Gruppen, die nur auf Einladung funktionieren

Tor versucht, Anonymität zu schaffen, indem es den Traffic durch drei Relays leitet – dieses Vorgehen soll einen besseren Schutz bieten als klassische VPNs. Eine mögliche Schwachstelle wäre, dass die Tor-Relays von unterschiedlichen Unternehmen oder Personen betrieben werden. Das Tor-Netzwerk ist dabei auf Freiwillige angewiesen, die diese Tor-Brücken betreuen. Daraus folgt: Wer viele Relays kontrolliert, kontrolliert auch den Traffic und kann Rückschlüsse auf User und Infrastrukturen ziehen.

Das versucht NYM anders zu machen: Ähnlich wie beim Tor-Netzwerk wird auch hier der Traffic über verschiedene Zwischenstationen gelenkt – ein sogenanntes Mixnet. Der Unterschied: Die Daten werden mit Zufallsdaten gespickt und nach einer kurzen Verzögerung zu einem Endpunkt weitergeleitet. Dieses Vorgehen soll verhindern, dass User identifiziert werden können, selbst wenn das gesamte Netzwerk überwacht wird. Im Tor-Netzwerk wäre eine solche Überwachung dagegen theoretisch möglich. Aufgrund der Zeitverzögerung ist das NYM-Netzwerk allerdings weniger zum Surfen geeignet, es eignet sich eher für den Austausch von Daten oder Nachrichten.

Spätestens seit der Corona-Pandemie 2019 wird auch der Messenger-Dienst Telegram immer häufiger als neues Darknet bezeichnet. Seit 2022 werden Telegram-Gruppen intensiver durch Behörden kontrolliert. Prominentes Beispiel ist der Telegram-Kanal von Attila Hildmann, der 2022 von Telegram für europäische Nutzer unzugänglich gemacht wurde.

Medien als Anheizer

Sicher sind auch die Medien mit verantwortlich für den eher schlechten Ruf des Darknets. Serien wie *Mr. Robots* (Amazon), *How to Sell Drugs Online (Fast)* (Netflix) oder *Borowski und das dunkle Netz* (ARD, 2016) spielen bewusst mit dem Mythos Darknet. Und auch in der Presse dominieren die Schlagzeilen über Drogenhandel, illegale Marktplätze und kriminelle Aktivitäten im Darknet. Logisch: Gute Nachrichten bringen weniger Klicks. Horror zieht einfach. Serien wie *Darknet – Nur ein Klick zum Horror* bringen selbigen ins private Schlafzimmer, indem suggeriert wird, dass allein die Nutzung des Darknets das Leben binnen Sekunden beenden könnte. So ist es definitiv nicht, trotzdem scheint dem Mainstream diese Vorstellung durchaus zu gefallen.

STRG-F, das YouTube-Format der Funke-Mediengruppe, hat bereits eine ausführliche Reportage über den Schwarzmarkt auf Instagram erstellt. Auch hier finden sich zahlreiche Profile, in denen vor allem der Schwarzmarkt mit Plagiaten floriert. Aber auch Drogen werden immer häufiger über Social-Media-Kanäle verkauft und gehandelt.

»Durch die vielen Busts und Festnahmen rund um das Darknet verlagert sich der Handel immer mehr auf andere Kanäle. Viel läuft mittlerweile über Telegram oder sogar Instagram. Sucht man auf Instagram mit einem bestimmten Suchbegriff nach Profilen, finden sich schnell etliche Händler, die hier ihre Drogen anbieten.«

Kommentar Rechtsanwalt Christian Solmecke auf die Frage:

Ab wann macht man sich beim Surfen auf einem Darknet Marktplatz strafbar?

»Also grundsätzlich ist das Surfen im Darknet nicht verboten. Auf einem Marktplatz macht man sich aber strafbar, wenn man verbotene Güter kauft, etwa Drogen, Falschgeld oder Kinderpornografie. Aber auch, wenn man normale Gegenstände kauft, ist Vorsicht geboten. Denn, wenn die Sachen gestohlen wurden und man diese jetzt im Darknet kauft, macht man sich unter Umständen wegen Hehlerei strafbar.

Wie so oft im Leben kommt es bei dem Thema Darknet auf den Blickwinkel an. Auch im analogen Leben gibt es Gangs, Schwerkriminelle und Straftaten. Dennoch ist das Leben nicht per se ein schlechter Ort. Vielleicht muss man diese Sichtweise auf den digitalen Bereich übertragen und einen verantwortungsvollen Umgang mit dem Netz lernen.«

Informationen zur ZIT

Die Zentralstelle zur Bekämpfung der Internetkriminalität (ZIT) wurde am 01.01.2010 als Außenstelle der Generalstaatsanwaltschaft Frankfurt am Main mit Sitz in Gießen eingerichtet. Sie besteht derzeit aus einem Oberstaatsanwalt als Leiter und acht Staatsanwältinnen und Staatsanwälten sowie einem Oberstaatsanwalt als Pressesprecher. Die ZIT ist erster Ansprechpartner des Bundeskriminalamtes für Internetstraftaten bei noch ungeklärter örtlicher Zuständigkeit in Deutschland oder bei Massenverfahren gegen eine Vielzahl von Tatverdächtigen bundesweit. Als operative Zentralstelle bearbeitet der ZIT besonders aufwendige und umfangreiche Ermittlungsverfahren aus den Deliktsbereichen:

- Kinderpornografie und sexueller Missbrauch von Kindern mit Bezug zum Internet,
- Darknet-Kriminalität (Bekämpfung krimineller Darknet-Plattformen sowie des Handels mit Waffen, Drogen und Fälschungsgütern im Darknet),
- Cyberkriminalität im engeren Sinne (Hackerangriffe, Datendiebstahl und Computerbetrug).

Sie ist darüber hinaus für Aus- und Fortbildung von Richtern, Staatsanwälten und Polizeibeamten zuständig. Die ZIT ist zudem nationaler deutscher Ansprechpartner in dem Judicial Cybercrime Network, einem europäischen Netzwerk der Justizbehörden zur Bekämpfung der Internetkriminalität. (Quelle: Auszug Presseerklärung BKA)

Dread – Das Reddit aus dem Darknet

Wie bereits erwähnt fand sich auf Reddit lange Zeit ein Subreddit mit dem Namen *Darknet Markets*. In dieser Community gab es Hunderttausende Mitglieder, die ganz offen über die Darknet-Marktplätze, Verkäufer, Händler und Bewertungen diskutierten. Zudem existierte unter dieser Adresse die sogenannte »Darknet Superlist«: Eine Aufzählung der besten Darknet-Marktplätze. Für die Betreiber der Marktplätze war es essenziell, auf diese Liste zu kommen, um wahrgenommen zu werden. Auch *WallStreet Market* war hier vertreten.

Das Subreddit war den Behörden natürlich ein Dorn im Auge. So kam es, dass hier nicht nur die interessierten User mitgelesen haben, sondern auch die Behörden, in der Hoffnung, den ein oder anderen unvorsichtigen Gesetzesbrecher zu identifizieren.

Im März 2018 entscheidet sich Reddit, den Subreddit »/r/DarkNetmarkets« zu schließen. Die Darknet-Szene ist in Aufruhr, auf einmal ist die größte Anlaufstelle in Sachen Darknet nicht mehr erreichbar. Eine sichere Alternative musste her. Ein User namens »HugBunter« sieht seine Chance, eine riesige Darknet-Community zu gründen. So wird Dread geboren. HugBunter hat mit Dread einiges vor, und über die Jahre entwickelt sich die Dread-Community zur wichtigsten Anlaufstelle für das Thema Darknet-Marktplätze im Netz. Die Administratoren und Verkäufer der Marktplätze buhlen um HugBunters Gunst, schließlich bestimmt der Betreiber der Seite, wer in seiner Community werben darf und wer draußen bleibt.

Das ganze Video zum Thema Dread findet sich auf Martins YouTube-Kanal.

Das analoge Darknet

Schon immer hat es verborgene Dinge gegeben. Und schon immer haben diese eine magische Anziehungskraft auf die Menschen ausgeübt. Gewissermaßen könnte man von einer Zeit reden, in der es eine Art analoges Darknet gab – seit der Antike existieren Bilder, die mehr dargestellt haben, als sich auf den ersten Blick sehen lässt. Betrachtet man die Sixtinische Kapelle und die Deckenmalerei von Michelangelo, ist man zunächst begeistert von der künstlerischen Leistung. Aber will uns der Künstler wirklich nur den Fingerzeig Gottes zeigen? Könnte sich nicht vielleicht eine zweite Botschaft in dem Bild befinden?

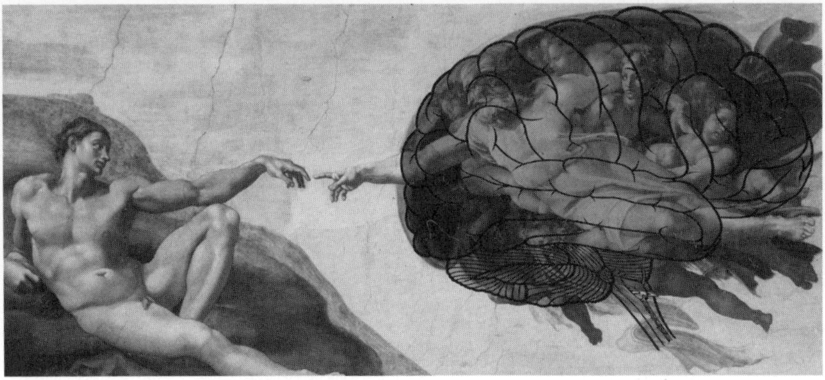

Dem Neuromediziner Frank Meshberger fielen beim Betrachten der Deckenmalerei einige anatomische Besonderheiten auf. Demnach verfügte Michelangelo über neuroanatomische Kenntnisse, die er in seinen Gemälden verarbeitete.[8] Schaut man sich das Gemälde genauer an, kann man tatsächlich die genauen Konturen des menschlichen Stammhirns erkennen. Wollte Michelangelo sein erstaunliches Wissen vor seinen Zeitgenossen verheimlichen? Oder anders gefragt: Wollte er über die im Bild versteckten Zeichen lediglich mit einer bestimmten Gruppe von Betrachtern kommunizieren? Letzteres würde man heute wohl anders formulieren: Michelangelo nämlich ging es ausschließlich um User, die seiner eigenen Community angehörten …

8 https://www.derkontext.com/die-erschaffung-der-kuenstlichen-intelligenz/

KAPITEL 16 – U-HAFT

24.04.2019–23.05.2019

»Ich habe noch nie so eine Leere gefühlt.«
Martin Frost, 2022

Die schwere Eisentür fällt mit einem lauten Knall ins Schloss, kurz ist das Geräusch des Schlüssels und der dreifachen Verriegelung zu hören. Dann die Leere. Martin lässt den Blick schweifen. Endstation Knast.

Er steht in seiner Zelle. Ein Bündel Kleidung hält er vor sich in den Händen. »Ach du Scheiße. Wo bin ich hier gelandet?« Die kleine, zwei mal vier Meter große Zelle ist spärlich eingerichtet. Hier wurde schon jahrelang nicht mehr renoviert. Martin legt seine Kleidung auf das Bett.

»Super, quietscht wie sau.«

Martin ist schockiert. Er ist im Notfallmodus. Konzentrieren ist unmöglich, er setzt sich auf die Pritsche und versucht sich zu sammeln, aber immer wieder schießen ihm die Dinge in den Kopf, die er nun für unbestimmte Zeit nicht mehr sehen wird – seine Freundin, seinen Sohn.

»Fuck! Wo hab ich mich hier hineinmanövriert? Wie dumm bin ich eigentlich?« Er schaut sich um. »Puh, so eine Zelle sieht im Fernsehen irgendwie anders aus.«

Die Realität haut ihn um.

Im Jahr 2021 wurden laut Google 44.588 Gefangene und Verwahrte in den Justizvollzugsanstalten von Deutschland gezählt. Martin ist jetzt einer von ihnen. Die ganze Darknet-Romantik in seinem Kopf zerfällt im Bruchteil einer Sekunde. Was hat er sich da jahrelang vorgemacht? Über den Hof hört er Mitgefangene brüllen und der typische Knastgeruch steigt ihm in die Nase, ein Mix aus Reinigungsmitteln und modrigem Irgendwas. So riecht also die Endstation. Glückwunsch, Sie haben Ihr Leben verpfuscht!

Er ist seit dem Vortag auf den Beinen, mittlerweile sind es über 24 Stunden. Martin merkt, wie sein Geist vernebelt. Die letzten Stunden kommen ihm wie ein Albtraum vor. Gestern noch voller Vorfreude im trauten Heim aufgewacht, Wallet-Stand geprüft – und jetzt hier.

Währenddessen steht Martins Freundin allein in der zuvor durchsuchten Wohnung. Auch hier: Leere. Sie ruft Ahmet an und versucht ihm das Geschehene zu erklären, während sie immer wieder in Weinkrämpfe verfällt. Ahmet ist fassungslos. Innerhalb einer Sekunde erklärt sich auch für ihn einiges, aber im Gegensatz zu ihr weiß er genau, was jetzt zu tun ist. Ahmet ruft einen Arbeitskollegen an: »Bruder, ein Kumpel hat Stress, wir brauchen einen guten Anwalt. Kennst du jemanden?«

Über einen alten Freund bekommt Ahmet die Nummer von Rechtsanwalt Haimayer. Das kurze Vorgespräch am Telefon stimmt ihn zuversichtlich – der Strafverteidiger scheint richtig Ahnung zu haben. Ein harter Hund mit kalter Schnauze – würde man wohl umgangssprachlich sagen. Das erste Meeting in den Kanzleiräumen ist schnell vereinbart, und Martins Vater, Martins Freundin und Ahmet selbst sind anwesend.

Rechtsanwalt Haimayer, der am Ende auch Martins Strafverteidiger sein wird, erklärt den Anwesenden die Situation. Martins Freundin bricht in Tränen aus, zu hart trifft sie die Realität. Die Reaktion von Martins Vater: »Das hilft uns jetzt auch nicht weiter.« Ihm geht es um eine schnelle und vor allem zielführende Lösung. Ein emotionaler Ausbruch wäre für den Pragmatiker an dieser Stelle mehr als unangebracht. Er will sich auf die Tatsachen konzentrieren, den besten Lösungsweg für seinen Sohn finden. Martins Freund Ahmet beobachtet das Schauspiel, und der Spruch von Martins Vater wird später zum Running Gag.

Der Sachverhalt ist klar: Martin hat Dreck am Stecken, und zwar gehörig. Aber noch ist nicht klar, wie die Anklage aussehen wird und ob sich das Gericht auf Beihilfe oder bandenmäßigen Drogenhandel stützen wird. Rechtsanwalt Haimayer ist ein erfahrener Mann, etwas füllig, optisch genau das, was man sich unter einem Strafverteidiger vorstellt. Seine Art ist vertrauensvoll, alle haben das Gefühl, bei ihm in fachkundigen Händen zu sein, und trotzdem muss auch der Anwalt sich erst einmal in das Thema einarbeiten. Ein Fall wie *WallStreet Market* flattert nicht jeden Tag auf seinen Schreibtisch. Es geht um Pionierarbeit – auch im juristischen Bereich.

(StPO) § 112 Voraussetzungen der Untersuchungshaft; Haftgründe

(1) Die Untersuchungshaft darf gegen den Beschuldigten angeordnet werden, wenn er der Tat dringend verdächtig ist und ein Haftgrund besteht. Sie darf nicht angeordnet werden, wenn sie zu der Bedeutung der Sache und der zu erwartenden Strafe oder Maßregel der Besserung und Sicherung außer Verhältnis steht.

(2) Ein Haftgrund besteht, wenn auf Grund bestimmter Tatsachen

festgestellt wird, daß der Beschuldigte flüchtig ist oder sich verborgen hält,

bei Würdigung der Umstände des Einzelfalles die Gefahr besteht, daß der Beschuldigte sich dem Strafverfahren entziehen werde (Fluchtgefahr), oder

das Verhalten des Beschuldigten den dringenden Verdacht begründet, er werde

Beweismittel vernichten, verändern, beiseiteschaffen, unterdrücken oder fälschen oder

auf Mitbeschuldigte, Zeugen oder Sachverständige in unlauterer Weise einwirken oder

andere zu solchem Verhalten veranlassen,

und wenn deshalb die Gefahr droht, daß die Ermittlung der Wahrheit erschwert werde (Verdunkelungsgefahr).

(3) Gegen den Beschuldigten, der einer Straftat nach § 6 Absatz 1 Nummer 1 oder § 13 Absatz 1 des Völkerstrafgesetzbuches oder § 129a Abs. 1 oder Abs. 2, auch in Verbindung mit § 129b Abs. 1, oder nach den §§ 176c, 176d, 211, 212, 226, 306b oder 306c des Strafgesetzbuches oder, soweit durch die Tat Leib oder Leben eines anderen gefährdet worden ist, nach § 308 Abs. 1 bis 3 des Strafgesetzbuches dringend verdächtig ist, darf die Untersuchungshaft auch angeordnet werden, wenn ein Haftgrund nach Absatz 2 nicht besteht.

Kommentar Rechtsanwalt Christian Solmecke auf die Frage:

Gibt es spezialisierte Fachanwälte im Bereich Cybercrime?

»Ja, es gibt bereits Kanzleien, die sich auf Cyberkriminalität spezialisiert haben. Meist sind das strafrechtliche Kanzleien. Wir als Kanzlei betreuen sowohl im IT- und Internet-Recht als auch im Strafrecht Mandanten, weshalb auch wir uns einen solchen Sachverhalt anschauen würden.«

Der Knastalltag

Untersuchungshaft bedeutet 22 Stunden Einschluss, eine Stunde Hofgang und eine Stunde Stationsfreizeit. Der Tag beginnt mit der Lebendkontrolle um 6 Uhr. Die Beamten gehen sicher, dass niemand in der Nacht gestorben ist oder Selbstmord begangen hat. Martin grüßt mit einem »Guten Morgen« und legt sich in der Regel noch einmal hin.

Da sich die Gefangenen in Untersuchungshaft in der Regel in Einzelzellen befinden, ist der Alltag extrem trist. Es bleibt definitiv genug Zeit zum Nachdenken.

Gegen 8 Uhr steht Martin auf, putzt sich die Zähne und macht sich frisch. Es ist sein morgendliches Ritual, sich ein gutes T-Shirt und eine Hose anzuziehen und die Haftkleidung der JVA bewusst zu ignorieren. Auf diese Weise kann er sich ein bisschen Normalität erhalten, und seine Persönlichkeit geht nicht in die karge Haftkulisse über. Die Pflege seiner Kleidung hilft zudem, die endlose Zeit im Gefängnis zu überbrücken.

Danach frühstückt er etwas, ein paar Scheiben Brot mit Aufstrich. Jede Beschäftigung wird förmlich zelebriert, um weitere Minuten totzuschlagen. Nach dem Frühstück verbringt Martin die Zeit mit Lesen und Malen. Malen! Er tut wirklich alles, um die Stunden hinter sich zu bringen. Des Öfteren drückt er altes Brot durch das Lochblech vor seinem Fenster, um den Tauben beim Fressen zuzuschauen. Zigaretten für den Hofgang vorzudrehen gehört ebenfalls zum festen Tagesablauf.

Um 8:45 Uhr schallt die die ersehnte Durchsage durch die Lautsprecher: »Fertigmachen zum Hofgang!« Erlösung für Martin, endlich öffnet sich die massive Stahltür und er hat wieder das Gefühl, frei atmen zu können. Scheiße, wenn die Durchsage nicht kommt, sei es aus Personalmangel oder organisatorischen Problemen, dann wird der Tag zur Hölle.

Nach der Durchsage tigert Martin vor der schweren Tür seiner Zelle auf und ab. Wann wird endlich aufgeschlossen?

Das Geräusch der Entriegelung ist wie eine Befreiung für ihn. Wenn die Tür aufgeht, fällt ein Gewicht von ihm ab. Dieser Moment ist das Highlight eines jeden Tages.

Um 9 Uhr ist Hofgang. Martin läuft eigentlich überwiegend im Kreis. Später spielt er ab und an auch mal Tischtennis, aber in der Regel dreht er zu Fuß seine Runden. Immer mit den gleichen Mitgefangenen läuft er den Rundgang in dem zwischen den Gebäuden eingelassenen Gefängnishof. Aussicht: Fehlanzeige. Schaut man nach oben, kann man lediglich einen kleinen Ausschnitt des Himmels erkennen.

Kleine Gespräche über den Haftalltag und ein bisschen Herumgealber bestimmen diese Stunde Freizeit. Auch schwarzer Humor bleibt nicht aus, so wird Martin gern mal gefragt, wo er am Abend noch hingehen will. Die Gespräche drehen sich um die Hoffnung, schnell rauszukommen, oftmals auch um einen zeitnahen Termin für eine Haftprüfung. Man redet darüber, dass Mitgefangene nerven, oder über den Typ, der wieder vor der Mauer rumsteht und dann mit eingeschissener Hose den Hofgang beendet.

Und am Ende haben die Gespräche immer einen Bezug zur U-Haft. Jeder ist auf einmal Anwalt, gibt ungefragt rechtliche Ratschläge, kennt die Justiz am besten. Martin stellt sich oft die Frage: »Warum seid ihr dann alle hier?«

Um 10 Uhr ist wieder Einschluss. Für Martin ein Moment des Horrors. Wieder das Geräusch der Zellentür, wieder das Gefühl, nicht atmen zu können, wieder diese unendliche Leere. Er vertreibt sich die Zeit mit Sport, soweit das auf acht Quadratmetern eben möglich ist.

»Ich habe Briefe geschrieben oder rumgekritzelt, später meine Einkäufe fürs Essen auf den Cent genau geplant – damit habe ich Stunden verbracht. Stift und Zettel waren nicht das Problem im Gefängnis. Teilweise habe ich wie ein Besessener Sport gemacht, nur um die Zeit irgendwie rumzubringen«, erinnert sich Martin.

Zwischen 12 und 13 Uhr ist für gewöhnlich Essensausgabe. Eine kulinarische Geschmacksexplosion darf Martin nicht erwarten. Vielmehr wird das Essen von den Damen im benachbarten Frauengefängnis zubereitet – und für den Fraß sitzen sie zu Recht, munkelt man hinter vorgehaltener Hand.

Das Essen wird pro Etage serviert, man steht klassisch mit einem Tablett in der Schlange. Die Wärter haben großes Interesse, dass die Ausgabe zügig vonstatten geht, deswegen ist Trödeln keine gute Idee. Die wenige Zeit nutzen einige, um Brotscheiben gegen Joghurt zu tauschen, aber auch das wird nicht gern gesehen.

Die Hausarbeiter sind für die Essensausgabe zuständig. Sie arbeiten den Beamten zu und gehören zu den hoch angesehenen Personen im Gefängnis. Man ist gut beraten, sich mit ihnen gutzustellen. Diese Position bekommen nur Gefangene mit tadellosem Verhalten. Zuverlässigkeit und Vertrauen sind hier wichtig, da sich Hausarbeiter auf der Station weitestgehend uneingeschränkt bewegen können.

Das Essen ist okay, keine Geschmacksexplosion, aber man bekommt es runter. Nudeln und Reis gehören zum Speiseplan, ebenso wie Kartoffeln mit Remouladensauce. Dazu gibt es Brotscheiben mit Wurst und Käse. Läuft es gut, gibt es noch einen Joghurt dazu.

Auch die kurze Zeit der Essensausgabe ist für Martin wie eine Befreiung. Jede Sekunde, die er außerhalb der Zelle verbringt, gibt ihm Kraft, und genauso tief ist der Fall, wenn es wieder zurück geht. Das Geräusch der Tür, die hinter ihm im Schloss einrastet, hat sich tief in Martins Hirn eingebrannt, genauso wie das Klimpern der Schlüssel, wenn der Vollzugsbeamte an seiner Zelle vorbeiläuft und in ihm die Hoffnung steigt, dass er eventuell, wenn auch nur für einen kurzen Moment, aus seiner Zelle kommen könnte.

Martin und der Hausarbeiter auf seiner Etage kommen gut miteinander aus. Sie sind sich sympathisch. Auf jeden Fall holt ihn der Hausarbeiter eines Tages spontan aus der Zelle. An diesem Tag ist es ruhig, und der Hausarbeiter bietet Martin an, zusammen ein Essen zu kochen. Nichts Wildes, aber selbst kochen und danach zusammen mit dem Hausarbeiter essen zu können, ist für Martin schon das Höchste der Gefühle. Bis heute bekommt er Gänsehaut, wenn er an diese Situation denkt. Sie hat ihm die Kraft gegeben, um auch den Rest der U-Haft zu überstehen. Die kleinsten Dinge und Gesten werden im Knast ganz groß, und man zehrt Wochen lang von dem Erlebten. Bis heute kann Martin den Geschmack des Essens damals auf der Zunge spüren.

Nach dem Essen dreht er Kippen, schreibt etwas oder liest ein Buch. Stupide versucht er, die Zeit bis zur Stationsfreizeit irgendwie rumzubekommen. Die Freizeit findet leider nicht immer statt. Herrscht Personalmangel oder haben die Mitgefangenen Stress gemacht, fällt sie aus. Dann herrscht trübe Stimmung auf der Station und Martins Laune fällt ins Bodenlose.

Bis zuletzt kann er sich nicht mit dem Einschluss arrangieren. Zu sehr freiheitsliebend ist er erzogen worden, zu sehr schlägt das rebellische Herz seiner Mutter in ihm, zu stark ist die Prägung seines Vaters. Jedes Mal, wenn diese beschissene Stahltür ins Schloss fällt, dieses scheppernde Geräusch, das seine Nerven zerreißt und ihm mit einem dumpfen Schlag daran erinnert, dass er eingesperrt ist, steigt die Verzweiflung in ihm auf.

Findet die Stationsfreizeit statt, werden die Zellen für eine Stunde aufgeschlossen. Dann können sich die Gefangenen auf der Station frei bewegen und auch andere Zellen besuchen. Die Zeit nutzen viele für Gesellschaftsspiele, Gespräche oder eine Dusche. Um sich vor Diebstahl zu schützen, können die Insassen einen Schlüssel für ihre Zelle beim diensthabenden Stationsbeamten abholen und nach dem Duschen alleine wieder aufschließen. Von innen lässt sich der Haftraum mit diesem Schlüssel natürlich nicht verschließen.

In Martins Fall gibt es allerdings ein kleines Problem: Für seine Zelle gibt es keinen Schlüssel. Er kann seine Türe nicht wieder aufschließen, wenn er sie einmal zugezogen hat. Das Risiko, beklaut zu werden, ist hoch. Zigaretten und Kaffee sind einiges wert in Haft. Martin hat die Tür während seiner Duschzeit angelehnt und einige Mitgefangene darum gebeten, aufzupassen. Die Duschen in der Frankfurter JVA können mit einer Gemeinschaftsdusche eines Schwimmbads verglichen werden. Der Standard ist okay, nicht gehoben, aber auch nicht komplett runtergeranzt. Normal ist im Gefängnis gar nichts.

Martin steht oft 20 Minuten unter der Dusche. Der warme Schauer lässt ihn für eine Sekunde gedanklich aus dem Knast entfliehen, es fühlt sich kurz so an, als wäre er zu Hause. Seine Freundin macht vielleicht gerade das Essen, und sein Sohn spielt im Wohnzimmer. Doch sobald er die Augen öffnet, ist da wieder die Realität. Kalte Fliesen in einem Betonklotz mit unüberwindbaren Mauern.

Nach der Stationsfreizeit heißt es wieder Einschluss. Diesmal bis zum nächsten Morgen. Nun beginnt die wirklich harte Zeit. Die Psyche baut ab, und Martin erlebt in diesen Moment regelmäßig seinen täglichen Tiefpunkt. Ähnlich wie bei einer Erkältung baut sich die Anspannung des Tages ab, und Martin fällt in ein Loch.

Fast regelmäßig wird die abendliche Phase zur Zerreißprobe: Gedanken, Ängste, der ganze Cocktail an negativen Gefühlen bricht über ihn herein. Hilflosigkeit und Scham bestimmen seine Abende. Scham darüber, was er seiner Familie angetan hat. Seiner Freundin, seinem Sohn.

»Ich hoffe mein Schaden hat kein Gehirn genommen!«
Homer Simpson

Einschluss. Allein bei dem Wort zieht sich Martin noch heute der Magen zusammen. Er liebt die Geselligkeit, ist sehr sozial eingestellt und ist gerne unterwegs. Einschluss ist das komplette Gegenteil. Acht Quadratmeter die sein Leben bestimmen. Tristesse in Reinkultur.

FBI veröffentlicht persönliche Daten

Bei einem Besuch in der JVA eröffnet ihm sein Anwalt, dass seine Daten öffentlich gemacht wurden. Auch in den USA laufen Ermittlungen, und hier sind die Akten für die Allgemeinheit zugänglich. Mit ein wenig Recherche ist es jedem möglich, Martins Adresse herauszufinden. Martin äußert seine Sorgen. Das BKA sagt, man werde die Augen offenhalten. Beamte werden aber nicht abgestellt.

Schock, die Gedanken drehen durch, Kopfkino vom Feinsten. Frau und Kind allein zu Hause, er sitzt in der JVA Frankfurt und kann sie nicht beschützen. War die Verhaftung, die U-Haft bisher sein persönlicher Tiefpunkt, rauscht er jetzt noch einmal richtig ab.

Die Realität holt ihn ein. Auf *WSM* sind auch User aus dem großkriminellen Milieu aktiv gewesen. In solchen Kreisen wird nicht lange gefackelt. Er verzweifelt, schlägt mit der Stirn gegen die Zellenwand, versucht mit Schmerz die Gedanken aus seinem Kopf zu bekommen.

Keine Chance. Er muss raus, egal wie. »Der Darknet-Baron«, der Millionen mit Drogen und persönlichen Daten gemacht hat, der seine Jugend damit verbracht hat, Scripte zu programmieren, die genau diese sensiblen Daten stehlen, stellt fest, was es bedeutet, wenn andere Derartiges tun. Während der U-Haft ist er handlungsunfähig, keine Kommunikation nach draußen. Martin, der es gewohnt ist, die Zügel fest in der Hand zu halten und auf Probleme sofort reagieren zu können, sitzt in einer Zelle und hat das Gefühl, dass die Wände immer näher kommen.

Kommentar Martin zu dieser Zeit: »Das kannst du dir nicht vorstellen, was das für ein Gefühl ist. Es ging ja auch nicht um wenig. Ich hatte panische Angst, dass sich die Leute wirklich an uns rächen. Wenn sich der Hass auf einen selbst konzentriert, alles okay, damit muss man leben. Wäre ich so abgezogen worden, wäre ich auch stinksauer, gar keine Frage. Aber ich hatte wirklich große Angst um meine Freundin und vor allem um mein Kind. Am liebsten wäre mir gewesen, das BKA hätte 24/7 das Haus bewacht. Ich habe aber auch gemerkt, dass die Beamten die Situation auf dem Schirm hatten und ich auf ihre Erfahrung vertrauen musste. Wirklich beruhigt hat mich das aber nicht. Die Zeit war wirklich die Hölle für mich.«

Der Entschluss, mit den Behörden zu kooperieren, steht schnell. Nach kurzer Beratung verabredet sich Matin mit seinem Anwalt: Er wird alles machen, um so schnell wie möglich aus dem Knast zu kommen. Koste es, was es wolle. Noch nie war Martin so klar, wo sein Platz im Leben ist: Neben Frau und Kind.

Der ganze Irrsinn, dieser beschissene Lifestyle zwischen Protz, Autos und Mackergehabe. Einfach mit den beiden auf dem Sofa kuscheln. Das ist absolut unbezahlbar. Er hatte alles, und hat es nicht zu schätzen gewusst. Viel schlimmer, er hat es nicht einmal gesehen. Er war bereits unermesslich reich, lange bevor er *WallStreet Market* hatte.

Erkenne dich selbst

Martin geht mit sich ins Gericht. Wenn er etwas macht, dann macht er es richtig. Also ist er nun Richter, Angeklagter und Verteidiger in einer Person. Er versucht den Nullpunkt zu finden. Wo hat er sich verlaufen? Wo hat er sich selbst etwas vorgemacht? Wo ist er einem falschen Image hinterhergelaufen? Er setzt sich auf die Anklagebank und verhört sich selbst, verteidigt sich, sucht Ausflüchte und Erklärungen, um am Ende als Richter über sich selbst zu urteilen. So ein Prozess ist bitter und hart. Er geht über Tage und Wochen, doch am Ende erkennt Martin sich selbst. Er sieht die Ecken und Kanten, die charakterlichen Fehler und die verzerrte Selbstwahrnehmung. Er beginnt an sich zu arbeiten. Er will ein Teil der gesellschaftlichen Mitte werden und anderen Menschen etwas Positives von sich mitgeben. Dies soll ein Eckpfeiler seiner neuen Selbstausrichtung werden.

Martin entschließt sich, mit dem BKA zu kooperieren. Wie sich seine Mitangeklagten verhalten, weiß er nicht. Martins Anwalt sagt ihm sofort, wie es um ihn steht.

»Junge, du musst auspacken. Du hast überhaupt keine Wahl.«

Auspacken. Bei diesem Wort zieht sich alles in Martin zusammen, schließlich weiß er, um welchen Geldbetrag es geht. Doch wie werden seine Mittäter reagieren? Werden sie sich verraten fühlen? Er hat ein ungutes Gefühl, aber er kann darauf keine Rücksicht nehmen. Es ist ihm von Anfang an klar, dass er kooperieren wird. Und so willigt er ein.

Martins Anwalt informiert umgehend die Staatsanwaltschaft. Er führt Vorgespräche, will, dass die Kooperation mit den Behörden auch strafrechtlich Relevanz hat. Er versucht, das Maximum für seinen Mandanten herauszuholen. Nach einer Woche kommt es zum Verhör mit den Beamten. Martin geht von einer intensiven Befragung aus, die sich über mehrere Tage hinziehen wird, aber ganz im Gegenteil – nach einem Tag ist alles gegessen. Das Verhör beginnt gegen 9 Uhr, zwei BKA-Beamte und der Oberstaatsanwalt sind anwesend. Die Vernehmung findet im großen Besucherraum statt, der währenddessen für andere gesperrt ist. Auch ein Cyber-Spezialist des BKA ist anwesend. Eine Situation wie im Film: Mikrofone werden aufgebaut, und die Beamten belehren Martin über seine Rechte.

»Ich kann mich noch an die Uhr in dem Besucherraum erinnern, die hat mich wahnsinnig gemacht. Die hatte einen brutal lauten Sekundenzeiger und das Klacken war kaum auszuhalten … Auf der einen Seite wirst du über deine Rechte belehrt, und auf der anderen Seite hast du diesen tickenden Sekundenzeiger. Keine Ahnung, warum, aber das ist mir irgendwie tief in Erinnerung geblieben.«

Die Beamten sind sehr gut vorbereitet. Sie wissen im Prinzip alles und können die Fakten anhand von Protokollen offenlegen. Viel Neues kann Martin den Beamten nicht berichten. Vielmehr ist er erschrocken, wie genau die Behörden gearbeitet haben und wie lange sie ihn, Kronos und Coder420 schon auf dem Schirm hatten.

Die Beamten wissen genau, was sie wollen. Im Verhör hat Martin garantiert nicht die Zügel in der Hand. Sie wollen wissen, wie die Aufgabenverteilung war, interessieren sich für die Serverstruktur, die Martin ihnen auf einem Zettel abzeichnet, und natürlich wollen sie auch das Passwort für seinen Rechner.

Wie bereits erwähnt, kann Martin das Passwort nicht auswendig aufschreiben oder aufsagen. Aber er kann es blind auf einer deutschen Tastatur eingeben. Die Beamten bringen ihm einen Laptop. Er gibt das Passwort ein. Der Schlüssel zu mehreren Millionen Euro in Bitcoin.

Das Verhör dauert vier bis fünf Stunden, dann sind die Beamten zufrieden. Die Auswertung der Datenträger dauerte zwei Wochen. Anschließend hat auch die Staatsanwaltschaft alles, was sie braucht. Die Flucht- und Verdunkelungsgefahr ist vom Tisch, und die Chancen, die U-Haft auf Kaution zu verlassen, steigen immens.

Wenig später wird der Haftbefehl unter Auflagen außer Vollzug gesetzt. Martin darf die Mauern der JVA hinter sich lassen. Vorerst.

Nicht selten wird Martin der Verrat an der Szene und die Kooperation mit den Behörden vorgeworfen. Umgangssprachlich verunglimpft man einen vermeintlichen Verräter als »31er«, was sich auf den Paragraphen 31 bezieht. Aber hat Martin Frost die Szene tatsächlich verraten? Sind durch sein aktives Handeln andere verhaftet oder verurteilt worden?

Ein ganz klares Nein. Die ermittelnden Behörden haben bereits lange vor dem Zugriff die Kommunikationen der drei Betreiber im Netz verfolgt und teilweise mitgelesen. Durch die intensiven Ermittlungsarbeiten und den Serverzugriff war den Ermittlern klar, mit wem sie es zu tun hatten. Sowohl Martin als auch Coder420 und Kronos hätten gar nichts verraten können, was die Ermittler nicht schon längst wussten. Aus diesem Grund fanden auch keine tagelangen Verhöre statt.

Sehr wahrscheinlich hat die Beschlagnahmung der *WSM*-Server im CyberBunker schlussendlich zum Bust der CyberBunker-Gruppe geführt. Aus den Erkenntnissen der dort sichergestellten Server resultierte wahrscheinlich die Operation »DarkHunTOR«, in deren Verlauf international über 170 Verdächtige im Zusammenhang mit Cyberkriminalität verhaften wurden. Die Aktion war von Europol koordiniert und erstreckte sich über neun Länder, vorwiegend in Europa und den USA; die Behörden stellten 26 Millionen Euro, 234 Kilogramm Drogen und 45 Schusswaffen sicher. Die meisten Festnahmen gab es in den USA, und an zweiter Stelle kommt schon Deutschland.

Allerdings ist es durchaus möglich, dass über den Bust von *WallStreet Market* auch weitere Darknet-Akteure verhaftet wurden. Konkret vermutet Martin, dass die Verhaftung des Betreibers der Seite Deepdotweb ein Resultat des *WallStreet-Market*-Busts war. Dieser Sachverhalt konnte allerdings weder aus den Akten noch aus anderen Quellen sicher bestätigt werden.

Trotzdem wird Martin später sogar Morddrohungen erhalten. Vor allem über die sozialen Netzwerke erreichen ihn immer wieder Anfeindungen. Manche sind von vornherein als Idiotie zu identifizieren, andere hingegen haben durchaus eine bedrohliche Qualität. Die schwelende Gefahr gehört irgendwann zum Alltag der Familie. Eine nervliche Belastungsprobe für das Paar. Ihr Sohn bekommt von dem Ganzen wenig mit, spürt vermutlich nur die unterschwellige Unruhe der Eltern.

Mit der Zeit weiß Martin derartige Nachrichten immer besser einzuordnen. Gerade im YouTube-Bereich sind die Anfeindungen groß. Martin polarisiert in vielerlei Hinsicht. Er ist sich natürlich bewusst, dass viele dieser Drohungen nur Einschüchterungsversuche sind. Als Familienvater ist diese Erkenntnis aber nicht wirklich beruhigend. Zu groß ist die Sorge, dass es tatsächlich zu einer Racheaktion kommen könnte.

Tatsächlich darf man nicht vergessen, dass es sich beim Darknet und der Fraud-Szene um hochkriminelle Strukturen handelt und, auch wenn der Exit-Scam gängige Praxis ist, wird es in der Szene nicht gern gesehen, wenn man die Verkäufer und Käufer selbst abzockt.

»Am Anfang wusste ich nicht, wie ich mit solchen Drohungen umgehen sollte, und mir ist das teilweise schon sehr nahegegangen. Wegen der in den USA veröffentlichten Akten konnte man meine damalige Adresse sehr schnell herausfinden, und ich habe mich immer noch mal genauer umgeschaut, wenn ich nachts aus dem Auto gestiegen bin. Heute sehe ich die Sache etwas gelassener: Hunde, die bellen, beißen nicht. Trotzdem ist mir bewusst, dass vor allem Verkäufer teilweise sehr hohe Summen verloren haben. Aus diesem Grund lasse ich auch heute noch eine entsprechende Vorsicht walten.«

§ 31 Strafmilderung oder Absehen von Strafe 1 Das Gericht kann die Strafe nach § 49 Abs. 1 des Strafgesetzbuches mildern oder, wenn der Täter keine Freiheitsstrafe von mehr als drei Jahren verwirkt hat, von Strafe absehen, wenn der Täter 1. durch freiwilliges Offenbaren seines Wissens wesentlich dazu beigetragen hat, daß eine Straftat nach den §§ 29 bis 30a, die mit seiner Tat im Zusammenhang steht, aufgedeckt werden konnte, oder 2. freiwillig sein Wissen so rechtzeitig einer Dienststelle offenbart, daß eine Straftat nach § 29 Abs. 3, § 29a Abs. 1, § 30 Abs. 1, § 30a Abs. 1, die mit seiner Tat im Zusammenhang steht und von deren Planung er weiß, noch verhindert werden kann. 2 War der Täter an der Tat beteiligt, muss sich sein Beitrag zur Aufklärung nach Satz 1 Nummer 1 über den eigenen Tatbeitrag hinaus erstrecken. 3§ 46b Abs. 2 und 3 des Strafgesetzbuches gilt entsprechend. Fassung aufgrund des Sechsundvierzigsten Strafrechtsänderungsgesetzes - Beschränkung der Möglichkeit zur Strafmilderung bei Aufklärungs- und Präventionshilfe vom 10.06.2013 (BGBl. I S. 1497), in Kraft getreten am 01.08.2013

Der letzte Tag in U-Haft

Endlich frei, durchatmen. Martin läuft die lange Gefängnismauer der JVA Frankfurt entlang. Kein Geld in der Tasche, kein Handy, doch am Ende der Straße ist eine Gaststätte. Als er das Lokal betritt, kommt es ihm so vor, als wäre auf einmal alles still. Sämtliche Gäste wenden sich um und wissen sofort, er kommt aus dem Knast. Okay, so fühlt sich das also an.

Er geht zum Tresen, und die Bedienung schaut ihn wissend an. Wie erkläre ich ihr das jetzt bloß? Noch tiefer kann man nicht fallen.

»Sorry, aber ich muss telefonieren und ich habe kein Geld oder Handy dabei. Was soll ich sagen …« Am liebsten würde er im Boden versinken. »Kann ich Ihr Handy benutzen?«

»Ist schon gut«, unterbricht ihn die Kellnerin und reicht ihm ihr Smartphone. »Mach aber bitte nicht so lange, und keinen Anruf ins Ausland.«

Bin wohl nicht der Erste, der hier nach einem Telefon gefragt hat, denkt sich Martin.

Er wählt die Nummer seiner Freundin, hoffentlich geht sie ran. Bei unbekannten Anrufern heißt ihre Regel für gewöhnlich: ignorieren! Es klingelt.

»Hallo?«, meldet sich Martins Freundin leise.

»Schatz, ich bin's. Ich bin draußen.«

»Wie jetzt? Du bist frei? Wo bist du jetzt?« Ihre Stimme überschlägt sich, er hört, dass sie weint.

»Alles gut. Ruf Ahmet an, ihr könnt mich abholen, ich bin in … Sorry, wie heißt die Kneipe?«

»Zum doppelköpfigen Adler!«, ruft die Kellnerin.

»Bleib, wo du bist, wir kommen dich abholen. Ich ruf den Ahmet jetzt an!«

»Ich hab kein Geld und kein Handy, ich versuch zum Bahnhof zu kommen, dann treffen wir uns dort.«

Martin fährt schwarz mit der Bahn zum Frankfurter Hauptbahnhof. Was bleibt ihm anderes übrig als zu schnorren. Auch eine komplett neue Erfahrung. Es läuft gut, und der dritte, den er anspricht, drückt ihm 2 Euro in die Hand. Am Ende sind es 3,50 Euro, die er sich zusammenbettelt. Das reicht für ein Telefonat und einen Kaffee bei McDonald's. Er ruft seine Freundin erneut an: »Schatz, ich bin jetzt am Bahnhof. Sag Ahmet, ich warte im McDonald's auf ihn.«

Die Wartezeit ist unerträglich. Martin hat das Gefühl, jeder weiß, wo er gerade herkommt. Alle sehen ihm an, dass er am Boden der Gesellschaft angekommen ist.

Erleichterung überkommt ihn, als er Ahmet sieht. Er, der körperliche Nähe hasst, ist auf einmal überglücklich, und beide Männer liegen sich in den Armen. Jetzt hat er wieder Kraft. Ab nach Hause.

Ahmet und Martin brettern die A3 in Richtung Stuttgart, in Richtung Heimat. Ein kurzer Stopp an der Autobahnraststätte, eine Schachtel Kippen und ein eisgekühltes Red Bull. Das Prickeln der Kohlensäure im Mund, der gummibärchenähnliche Geschmack. Eine echte Geschmacksexplosion für Martin. Das war die beste Dose Red Bull, die der Multikonzern jemals in der Geschichte produziert hat.

Zurück auf der Autobahn gibt es nur noch ein Ziel: Ahmets Wohnung. Dort warten Martins Freundin und sein Sohn auf ihn.

Und was dann kommt, lässt sich schwer in Worte fassen. So viel sei aber gesagt, es flossen viele Tränen der Erleichterung, man lag sich lange in den Armen, und es wurde bis tief in die Nacht geredet.

»Der Moment, als ich damals zur Tür hereingekommen bin, war unbeschreiblich. Ich habe meinen Sohn so vermisst, und es flossen viele Tränen. Dieser Tag war der schönste und zugleich der schlimmste in meinem Leben – der schönste, weil ich meinen Sohn und meine Freundin wieder hatte, der schlimmste, weil ich genau weiß, dass ich ihnen dasselbe noch einmal antun werde.«

KAPITEL 17 – DER TIEFE FALL INS NICHTS

Zeitraum 2019-2021, Alter 29-31 Jahre

»In mir war eine unfassbare Leere.«
Martin Frost, 2021

Die ersten Tage sind schwer. Der Knast verändert einen. Damit hat Martin nicht gerechnet. Auch optisch hat die U-Haft seine Spuren hinterlassen. Vergleicht man die Bilder von vor der Haft und danach, fällt einem der Unterschied deutlich auf.

Die Isolation hat ihn ebenso gezeichnet. Nachdem dort alles reguliert und durch die Justizvollzugsbeamten geregelt und strukturiert war, fällt es ihm schwer, in der freien Gesellschaft klarzukommen. Besonders extrem ist das beim Einkaufen, das Rumgewusel, die Menschen – Panik. Lediglich einen einzigen Monat U-Haft hat er hinter sich, aber die Folgen sind gravierend. Große Menschenmengen, die vor der Haft schon nicht sein Ding waren, sind jetzt regelrechter Horror für ihn.

Jeden Morgen wacht er auf und erwartet einen Wärter an der Tür. Dann stellt er beruhigt fest, er ist zu Hause. Er versucht sich nichts anmerken zu lassen, aber es fällt schwer, den ganzen Tag so zu tun, als sei alles wieder normal. Martin gibt sein Bestes.

2020 – Im April verbreitet Xavier Naidoo in einem seltsamen Heul-Video seine Verschwörungstheorien. Am 20.04.2022 wird er sich für diese entschuldigen.

Die Tage nach der U-Haft

Martin schreckt hoch, sein Puls rast, das Herz pumpt. Ihm steckt die Nacht in den Knochen, er merkt den Druck im Kopf und hinter den Augen. Er ist noch den Rhythmus der U-Haft gewöhnt, das frühe Wecken und die Kontrolle, ob der Häftling noch am Leben ist. Das Wiedersehen gestern Abend war hoch emotional, und ja, auch er, der sonst nie weint, musste sich den Emotionen geschlagen geben.

Endlich zu Hause. Er lässt sich noch mal ins Bett fallen und atmet durch. Gott, fühlt sich das gut an! Seine Freundin schläft neben ihm, und alles ist wie früher. Für eine Millisekunde fühlte sich der Morgen wie ein Traum an, doch als er versucht, wieder einzuschlafen, steigt ein unerträgliches Gefühl von Angst, Sorge und Bedauern in ihm auf. Zu viele Gedanken, Martin muss aufstehen, und seine Freundin wird wach.

»Schatz, alles okay mit dir?«

»Schlaf ruhig weiter«, flüstert er.

Aber auch sie ist jetzt hellwach. Zu lange hat sie sich nach diesem Tag gesehnt, und sie fällt ihm um den Hals.

Der Morgen verläuft ungewohnt gewohnt ab. Martins Freundin macht ihm einen Kaffee, und beide sitzen am Esstisch. Was will man nach so einem Trip sagen? Beide versuchen Normalität zu leben, aber da ist dieses beklemmende Gefühl, das sich mit der Freude über das Wiedersehen abwechselt. Die Geräusche im Haus wecken auch ihren Sohn, und der Morgen gehört ganz der Familie. Gegen Mittag haben sich Martins Eltern angekündigt. Gerade Martins Mutter fiebert auf den Moment hin, in dem sie ihren Sohn endlich in ihre Arme schließen wird. Für sie war die Zeit die Hölle.

Martins Mutter: »Die Zeit, die Martin in U-Haft war, kann ich gar nicht beschreiben, das hat mir das Herz zerrissen. Das Kind eingesperrt, und man verweigert mir als Mutter den Kontakt, das war für mich nicht auszuhalten. Ich wollte sofort zum Gefängnis fahren. Sicher, das hätte gar nichts gebracht, aber ich wollte da unbedingt hin, wenigstens in seiner Nähe sein. Mein Mann hat mich dann beruhigt, aber die Zeit war die schlimmste Zeit in meinem Leben. Das ist mein Fleisch und

Blut, und andere entscheiden … allein bei dem Gedanken zieht sich bei mir alles zusammen. Ich bin ja vom Naturell nicht diejenige, die sich in so Ausnahmesituationen zurückhalten kann. Du kannst dir nicht vorstellen, wie erleichtert ich war, als ich ihn endlich im Arm halten konnte. Dieser Monat kam mir vor wie ein Jahr, ach, wie zehn Jahre.«

Auch Martin ist das Wiedersehen nachhaltig in Erinnerung geblieben, vor allem der Gesichtsausdruck seiner Mutter. »Bis heute habe ich noch den Ausdruck meiner Mutter vor Augen. Ich habe gesehen, wie schwer die Zeit für sie gewesen ist. Die innerliche Leere und Verzweiflung waren in ihrem Blick erkennbar; in diesem Moment konnte ich im Gesicht meiner Mutter sehen, was ich meiner ganzen Familie angetan habe. Innerlich ist in mir eine Welt zusammengebrochen. Da ist mir bewusst geworden, welches Leid ich ihnen angetan habe. Dafür schäme ich mich bis heute.«

Seine Eltern wollen ihrem Sohn etwas Gutes tun und laden alle zum All-You-Can-Eat in ein China-Restaurant ein. Eine nette Geste, aber der Zeitpunkt ist unglücklich gewählt. Alle unterschätzen die Nachwirkungen der Haft, Martin ist noch nicht bereit. Das Familienessen wird für ihn zur Qual. Sie alle versuchen, gute Miene zum bösen Spiel zu machen und mit vorgespielter Lockerheit ein Stück heile Welt zu suggerieren. Martin hat sich in der Haft nach dieser Vielfalt an Gerüchen und Aromen gesehnt, doch nun schmeckt das Essen fad, und er stochert eher gedankenlos im gebratenen Rindfleisch mit Bambussprossen und Reis herum. Sein Geist kommt mit der Reizüberflutung und dem Tsunami an Gefühlen nicht klar. Das System ist überlastet. Das Gehirn fährt in den abgesicherten Modus.

Die ganze Geschichte um den *WSM* erfahren Martins Eltern erst nach und nach. Vielleicht liegt es am Eltern-Kind-Verhältnis, dass Martin vorerst nur die Light-Version erzählt. Ihm ist es unangenehm, er schämt sich seinen Eltern gegenüber. Seinem Vater gegenüber, der immer gerade geblieben ist, sich nie einer Verlockung hingegeben oder nach einer Abkürzung gesucht hat. Jemand, der stolz darauf ist, Dinge aus eigener Kraft zu erschaffen. Martin hat diesen aufrechten Mann zutiefst enttäuscht. Er ist das Gegenteil von ihm, er ist ein Schwerverbrecher geworden.

Martins Mutter sieht dies naturgemäß anders. Martin bleibt ihr Sohn, egal was passiert, und nicht ohne Stolz sagt sie: »Clever ist er ja, das muss man sagen. Wie er das alles gemacht hat mit der Technik! Dumm nur, dass es komplett illegal war. Am Ende muss er da jetzt durch. Wir stärken ihm aber in allen Bereichen den Rücken.«

Martin versucht die Folgen der Isolation und der Fremdbestimmung zu ignorieren. Um seine Freundin zu unterstützen, begleitet er sie zum wöchentlichen Einkauf in den gut geordneten Edeka Markt. Nobler Plan, nur ist Martin leider noch nicht so weit. Ihn ereilen Panikattacken, er bildet sich ein, dass ihn jeder erkennt, er fühlt sich beobachtet und verfolgt.

Er merkt, dass er immer öfter an seine Grenzen kommt. Will sich dies aber nicht eingestehen, er ist in Freiheit, da soll gefälligst alles in Ordnung sein. Er versucht sich abzulenken, um wieder die Kontrolle zu erlangen. Es zieht ihn zu seinen Arbeitskollegen. Er sucht das Alltägliche und hofft, darüber Boden unter die Füße zu bekommen.

Mit Dennis und Franzi trifft sich Martin am folgenden Tag. Dennis ist der Vorgesetzte von Martin gewesen und hatte ihm während seiner Haft Urlaub eingetragen, um ihn zu schützen. Diese Entscheidung, die aus purer Freundschaft entstanden ist, wird Martin, aber vor allem Dennis noch massiv um die Ohren fliegen.

Sie treffen sich im Cafe del Sol. Franzi und Dennis haben Martin eine kleine Geschenkbox mitgebracht. Martin ist inzwischen etwas akklimatisiert, es fällt ihm leichter, den Tag zu genießen. Einige Stunden mit guten Freunden kann man mit nichts aufwiegen.

Der Plan des gemeinsamen Fitnessstudios ist durch Martins Verhaftung geplatzt. Dennis erzählt ihm, wie er an dem verabredeten Tag zum Geschäftsgründungstermin gefahren ist, wie er sich Sorgen gemacht hat, ob Martin etwas zugestoßen ist, und wie schockiert er war, als er von der Verhaftung erfahren hat. Er erzählt von den Verhandlungen mit den Gerätelieferanten und offenbart Martin, wie viel Minus sie gemacht haben. Dennis hat zusammen mit Ahmet und Martins Freundin die ausstehenden Rechnungen bezahlt und sich um die Abwicklung des Mietvertrages für das Fitnessstudio gekümmert, damit keine rechtlichen Konsequenzen entstehen.

Puh, harter Stoff. Martin steht tief in Dennis und Ahmets Schuld. Wie kann man so etwas wiedergutmachen?

Nach zwei Wochen fängt Martin wieder an zu arbeiten. In seiner Anwesenheit benehmen sich die Kollegen diskret, aber hinter den Kulissen ist er das Gesprächsthema im Betrieb. Seinem engsten Umfeld, seinen Arbeitskollegen und allen anderen gegenüber offenbart er sich nicht. Ist auch nicht nötig, denn die Wall-Street-Market-Nummer geht rum wie ein Lauffeuer. Der Flurfunk im Betrieb funktioniert noch immer sehr gut.

Die Abteilung schützt Martin. Dennis und Ahmet haben zuvor mit allen gesprochen und um Zurückhaltung gebeten. Martin stürzt sich in die Arbeit, findet ein wenig Ablenkung und es scheint, als könnte er mit der Situation nun wieder umgehen. Aber dieser Eindruck täuscht. Martin muss stark mit sich und seiner Psyche kämpfen. Er jammert nicht rum, stellt seine Probleme hinten an und versucht zu funktionieren. Den Preis, den er dafür zahlen wird, ist hoch.

Hacker zu neun Monaten auf Bewährung verurteilt
Die Zeit, 23.09.2020

Seine Freundin nimmt die Berg- und Talfahrt durchaus wahr und merkt, dass Martin sich verändert. Sie konfrontiert ihn: »Du musst zum Psychologen.« Sie spricht aus, was viele aus seinem Umfeld denken.

Quatsch, psychische Probleme, das ist was für charakterschwache Typen, denkt Martin. Etwas für Leute, die den gelben Schein wollen, um nicht arbeiten gehen zu müssen.

Das Wetter und die Zeit sind schlecht für seine Stimmung. Weihnachten ist eigentlich ganz entspannt, es gibt ruhige Momente. Auf der anderen Seite schmerzen ihn die Feiertage. Immer wieder blitzt der Gedanke auf: »Was hab ich hier weggeworfen?«

Auch der Jahreswechsel verläuft unspektakulär. Niemand hat nach diesem Jahr wirklich Lust, ausgelassen zu feiern. Martin und seine Freundin beschließen, den Jahreswechsel mit Ahmet und seiner Frau zu verbringen. Man will in gemütlicher Runde das Jahr ausklingen lassen. Martin freut sich auf den Abend und reißt seine üblichen Sprüche und Witze, aber immer wieder überkommt ihn der unangenehme Gedanke, was 2021 auf ihn zukommen wird.

Er will allerdings auch kein Stimmungskiller sein. Es tut gut, Ahmet neben sich zu haben. Er gibt ihm Sicherheit, seine Anwesenheit beruhigt Martin. Seine abgeklärte Art, das offen ausgesprochene Wort, der gut gemeinte Rat, der manchmal auch hart ausfallen kann.

Die Frauen kümmern sich um das Essen, die Kinder tollen herum. Worauf stößt man um 0 Uhr an? Auf ein frohes neues Jahr? Die Freunde wünschen Martin alle Kraft und versichern ihm, dass sie zu einhundert Prozent hinter ihm stehen. Ja, es wurde geknallt und geballert, und Raketen und Böller sind auch geflogen. Bis spät in die Nacht reden Martin und Ahmet noch am Küchentisch.

2021 - Corona hat die Welt fest im Griff. Deutschland wandelt zwischen Lockdown und Lockerungen, und die häusliche Isolation strapaziert die Nerven vieler. Die Corona-Proteste sowie das Abwägen der Politik zwischen Vorsicht und Leichtsinn dominieren die Tagespolitik. Das Impfen polarisiert die Gesellschaft, und der Impfausweis wird zum gefragten Produkt - auch im Darknet.

Die Anklage

Bereits im Juni 2020 wird die Anklageschrift zugestellt. Auf Grund ihres Umfangs wird sie digital übermittelt. Das Warten hat ein Ende. Der tägliche Gang zum Briefkasten ist immer mehr zur Qual geworden. Das Öffnen desselbigen immer schwieriger, kostet ihn am Ende regelrechte Überwindung.

Dem Ganzen folgt pure Erleichterung, wenn das befürchtete Schreiben nicht den Metallkasten füllt. Zugegeben, die eintrudelnden Rechnungen machen das Öffnen nicht leichter, aber das Warten auf die Anklageschrift glich einer Tortur. Jetzt hält er sie in Händen und alle Hoffnungen zerbrechen. Die Anklage lautet auf bandenmäßigen Drogenhandel. Scheiße. Martin hat bis zuletzt auf Beihilfe zum Drogenhandel gehofft, schließlich ist das Betreiben eines Darknet-Marktplatzes kein expliziter Straftatbestand. Doch jetzt ist der Worst Case eingetroffen. Sein Magen zieht sich zusammen, und der Geist füllt sich mit Leere. Schwarzer Bildschirm. Systemabsturz. »Bitte drücken Sie eine beliebige Taste. Das System startet neu.«

Martin ruft umgehend seinen Anwalt an, er wird zurückrufen. Er tigert wie ein wildes Tier in der Wohnung auf und ab. Martins Freundin ist arbeiten, er ist mit seinem Sohn allein. Bandenmäßiger Drogenhandel, dabei hat er niemals Drogen in der Hand gehabt. Vor Jahren mal gekifft, aber das war es, und jetzt das. Die Gedanken verästeln sich, suchen sich ihren Weg, bilden neue Verknüpfungen, dem regelrechte Horrorszenarien folgen.

Das Klingeln des Handys reißt ihn aus den Gedanken. Sein Anwalt, endlich. Er nimmt sich Zeit, erklärt Martin sachlich und ruhig die Zusammenhänge und deren Bedeutung. Wohlwissend, dass sie dieses Thema bereits im Vorfeld bis ins Detail seziert und diskutiert haben, weiß er um die Wichtigkeit, sich genau jetzt die Zeit für Martins Fragen zu nehmen.

Der Mann ist Strafverteidiger durch und durch. Die schweren Fälle, die harten Jungs, das ist sein Metier. Cybercrime und Darknet sind für ihn Neuland. Seine Kanzlei und er haben Monate lang Recherche betrieben, Urteile verglichen und Verteidigungsstrategien entwickelt. Er kann nachvollziehen, was für einen Schock die Nachricht bei Martin auslöst. Auch er hat insgeheim auf ein Beihilfe-Delikt gehofft.

Im Ernstfall drohen Martin mit dieser Anklage bis zu 15 Jahre Haft. 15 JAHRE! Der Anwalt beruhigt ihn »Wir haben kooperiert. Das wirkt sich strafmildernd aus, und am Ende liegt es im Ermessen des Richters.« Auch wenn die Situation richtig übel erscheint, bleibt ihm doch dieser eine Hoffnungsschimmer.

Nach dem Telefonat bleibt Martin allein mit der Anklageschrift zurück. Bis zur Eröffnung des Hauptverfahrens werden noch drei Monate vergehen. Das Gericht lässt sich Zeit, bis das Hauptverfahren eröffnet wird, und folgt der Staatsanwaltschaft.

»Da hat es angefangen, eklig zu werden«, sagt Martin. »Von da an ging es bei mir psychisch richtig bergab. Im Prinzip von Woche zu Woche wurde es schlechter.«

Martins Probleme werden körperlich. Schwindel und Zitteranfälle häufen sich und werden immer massiver. Martin vermutet ein körperliches Problem und sucht seinen Hausarzt auf. Selbst eine CT-Untersuchung wird vorgenommen.

Den Tiefpunkt erreicht Martin Anfang 2021. Er wacht auf und kann nicht mehr zwischen Traum und Realität unterscheiden. Alles erscheint ihm unecht, und er dreht durch, bekommt Panik, zweifelt an seinem Verstand. Er wartet, dass er aufwacht, aber irgendwie scheinen sich Traum und Realität zu vermischen.

Martins Freundin zieht die Notbremse. So hat sie Martin noch nie erlebt, sie bekommt allmählich Angst. Sie ruft den Notarzt, und Martin wird mit einem Krankenwagen in die nächste Klinik gefahren.

Derealisation

In der Klinik kann zunächst nichts Konkretes festgestellt werden, auch die behandelnden Ärzte sind mit den Schilderungen überfordert. Er wird mit der Empfehlung entlassen, sich beim Hausarzt zu melden. Martin, der sonst viel mit sich selbst ausmacht, hat Angst, verrückt zu werden. Ihm ist klar, er muss sich helfen lassen. Vom Hausarzt wird an einen Psychologen überwiesen, und der diagnostiziert eine Derealisation infolge einer schweren Depression und Stress.

Der Psychologe erklärt Martin die Sache mit dem Bild eines Schnellkochtopfes, der ein Ventil braucht, um den hohen Druck zu kompensieren. In Martins Fall ist nun kein Ventil vorhanden gewesen, das den Druck hätte kompensieren können. Daher schafft der Körper und vor allem der Geist Lösungswege, und ein solcher kann die Derealisation sein, eine Art Schutzmechanismus des Körpers, um den Geist vor der Realität zu schützen.

Der Rat des Arztes: Martin müsse sich sofort einweisen und behandeln lassen. Da Martin zu dieser Zeit mit den Dreharbeiten für Jenke.Crime. beschäftigt war und vor allem ja der Prozess vor der Tür steht, fällt diese Option flach.

Investigativer Journalismus

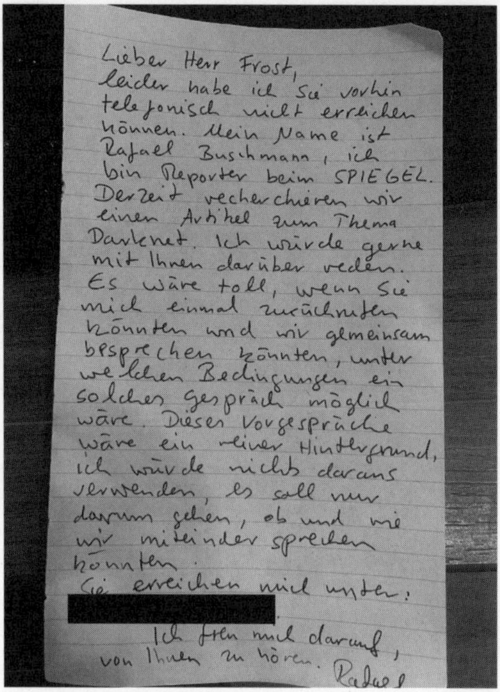

Lieber Herr Frost,
leider habe ich Sie vorhin telefonisch nicht erreichen können. Mein Name ist Rafael Buschmann, ich bin Reporter beim SPIEGEL. Derzeit recherchieren wir einen Artikel zum Thema Darknet. Ich würde gerne mit Ihnen darüber reden. Es wäre toll, wenn Sie mich einmal zurückrufen könnten und wir gemeinsam besprechen könnten, unter welchen Bedingungen ein solches Gespräch möglich wäre. Dieses Vorgespräch wäre ein reiner Hintergrund, ich würde nichts daraus verwenden, es soll nur darum gehen, ob und wie wir miteinander sprechen könnten.
Sie erreichen mich unter:
[redacted]
Ich freu mich darauf, von Ihnen zu hören. Rafael

Unverhofft kommt bekanntlich oft, und so verhält es sich, dass eines Tages zwei Journalisten vor Dennis und Franzis Tür stehen. Franzi lässt sie auf ihre einzigartige Art und Weise abblitzen. Die Journalisten sind aber hartnäckig und fahren direkt im Anschluss zu Martins Adresse. Dort angekommen versuchen sie, Kontakt zu Martin aufzunehmen. Seine Freundin, die sie über die Wechselsprechanlage um Einlass bitten, schickt umgehend wieder weg. Die Journalisten versuchen eine andere Strategie und hinterlassen einen Brief im Briefkasten, in dem sie sich vorstellen und um ein unverbindliches Gespräch bitten.

Martin schreibt eine Nachricht an die hinterlegte Handynummer, und so kommt es zu einem ersten Treffen. Eins ist klar, alles muss erst einmal unverbindlich ablaufen. Sie treffen sich in einem Café in Stuttgart und unterhalten sich über Martins Fall und seine Person. Zu diesem Zeitpunkt ist Martin noch nicht so weit, den Schritt in die Öffentlichkeit zu wagen, die beiden Journalisten wirken aber durchaus sympathisch. Sie bedrängen ihn nicht, erklären nur, dass sie Kontakt zur Redaktion der Sendung *Panorama* haben und ihm komplette Anonymität zusichern könnten. Martin wägt ab, hält Rücksprache mit seinem Anwalt, und gemeinsam kommen sie zu dem Entschluss, dass ein Beitrag in einem seriösen Format auf keinen Fall schaden kann. In Martin keimt zu diesem Zeitpunkt bereits der Gedanke, sich zukünftig in der Prävention zu engagieren.

Am 2. Juni 2020 wird die *Panorama*-Sendung in der ARD[9] ausgestrahlt. Zwar im Schatten aufgenommen, aber man erkennt doch Martins Konturen und seine Stimme. Spätestens jetzt wissen Martins Arbeitskollegen, was bei ihm los ist. Auch sein Umfeld erkennt ihn in dem ARD-Beitrag, und Martin begreift erstmals die Reichweite des Fernsehens.

Auf den Beitrag gibt es kaum negative Reaktionen, die großen Befürchtungen bewahrheiten sich nicht. Auch im Betrieb begegnen ihm die Kollegen angenehm zurückhaltend. Im Beitrag wird Martin auch als Gründer vorgestellt, als das Mastermind hinter *WallStreet Market*, was als Bild zukünftig an ihm haften bleibt.

»Das Vorgehen der Journalisten war alles in allem schon sehr professionell. Bis heute habe ich einen guten Kontakt zu ihnen, und wir haben uns auch später noch das ein oder andere Mal zum Essen oder auf einen Kaffee getroffen«, erinnert sich Martin.

Selbsttherapie

Wie bei jedem Problem stürzt sich Martin auch im Zusammenhang mit seinen Depressionen in die Recherche. Er liest sich ein, eignet sich so viel Fachwissen an wie nur möglich. Er merkt: Kein anderer wird ihm helfen. Er muss selbst aus dieser Situation herauskommen. Die Pandemie wütet, seine Freundin und er telefonieren sich die Ohren blutig, doch ein Termin beim Therapeuten ist in absehbarer Zeit nicht zu bekommen.

Martin versucht diverse Ansätze. Achtsamkeitsübungen zum Beispiel sollen ihm helfen, gegen die Depression und die Ängste anzukämpfen. Leider findet Martin zunächst jedoch nicht den Hebel, um das Ruder rumzureißen. Die Depression verfestigt sich, nimmt immer mehr Besitz von ihm, und die Tage werden grauer. Die Lebensfreude schwindet immer mehr. Eines der Probleme zu dieser Zeit ist sicherlich sein falsches Männlichkeitsbild. Ein Mann weint nicht, ist hart im Neh-

9 https://www.ardmediathek.de/video/panorama-die-reporter/cyberbunker-verbrechen-aus-der-provinz/ndr/Y3JpZDovL25kci5kZS9kOGEwMWJmNC1hMjRmLTQ3MTctOWM2Yi0zMTk4NTM4ODAzZGQ

men, hat keine Schwächen – in Martins Augen zeugen psychische Probleme noch immer von Schwäche.

Heute weiß er, dass es keine Schande ist, Hilfe anzunehmen. Denn auch der stärkste Geist ist nicht davor gefeit, dass ihn seine Psyche an ungeahnte Abgründe führt.

»Die Anzeichen einer Depression waren eigentlich schon sehr früh zu erkennen. Meine Freundin meinte immer mal wieder, dass ich zu einem Therapeuten gehen soll. Ich habe das damals aber nie für voll genommen und dachte mir: Klar geht es dir ab und zu mal schlecht, ist ja auch eine schwierige Situation! Genau das war aber mein Fehler. Der Druck im Kochtopf wurde irgendwann zu groß.«

Das Thema Medikamente ist ebenso wichtig wie die richtige therapeutische Behandlung. Werden die falschen Medikamente verabreicht, können weitere Probleme entstehen. Martin werden nicht nur Antidepressiva, sondern schnell auch Benzodiazepine verschrieben, die mit Sicherheit helfen, aber auch schwer abhängig machen. Für zwei bis drei Wochen ist es kaum auszuhalten. Martin will nicht mehr vor die Tür, und allein zu sein ist der regelrechte Horror für ihn. Sein Zustand verschlechtert sich zunehmend. Nicht nur die Psyche macht Probleme, es kommen noch die Nebenwirkungen des Medikamentes hinzu, Erbrechen und Durchfall.

Was Medikamente angeht, war Martin eigentlich immer skeptisch. Trotzdem nimmt er weiter die Tabletten ein, die ihm sein Hausarzt verschrieben hat. Die Dosierung wird immer wieder erhöht, bis die Dosis am Ende offensichtlich zu hoch ist. Es dauert vier lange Wochen, bis er endlich einen Termin beim Psychologen bekommt. Dieser erklärt ihm ohne jedes Zögern, er müsse von den Benzos runter, einen Entzug machen und die Medikamente wechseln. Wegen des anstehenden Prozesses ist ein stationärer Entzug aber keine Option für Martin. Er muss da ohne Klinik durch. Martin setzt das Lorazepam über die kommenden Wochen also selbst ab. Immer wieder verringert er die Dosis, kämpft mit heftigen Nebenwirkungen und fühlt sich schlechter als zu Beginn der Depression.

Martin erinnert sich: »Das Absetzen der Benzos war wirklich der absolute Horror. Psychisch ging es mir auf einmal schlechter, und auch körperlich hatte ich heftige Probleme. Ich weiß noch, wie ich während des Entzugs im Warteraum meines

Hausarztes saß. Ich habe gezittert wie Espenlaub, der Schweiß ist mir nur so über das Gesicht gelaufen. Schlussendlich habe ich es gepackt. Aber es war ein langer und anstrengender Weg. Der Benzo-Entzug wird nicht umsonst mit einem Heroinentzug verglichen. Mich hat sehr erschreckt, wie schnell solche Medikamente einen in die Abhängigkeit treiben.«

Martin hat sämtliche Möglichkeiten ausgeschöpft, um sich Hilfe zukommen zu lassen. In letzter Konsequenz musste er aber feststellen, dass nur einer ihm helfen kann: Er selbst. Martin prägt das folgende Bild: »Es sind selbst gemachte Probleme, also kann man sie auch selbst lösen!«

KAPITEL 18 – DIE VERHANDLUNG

Zeitraum 28. April 2021 bis 02. Juli 2021

»Es war der größte Fehler meines Lebens.«

Martin Frost, 2022

In der Fantasie malt man sich alles so einfach aus. Betritt man jedoch den Gerichtssaal, ist man schnell mit der harten Realität konfrontiert. Studierte Leute rings um einen herum, ein Umgang, der zeigt, dass Etikette großgeschrieben und es juristisch zur Sache gehen wird.

Martin sitzt im Gerichtssaal und fühlt sich wie Dreck. Seine eigenen Fehler werden nun Konsequenzen haben. Allein das Verlesen der Anklageschrift dauert dreieinhalb Stunden und vereinnahmt den kompletten ersten Verhandlungstag. Konkret geht es um 197 Anklagepunkte, 15 Prozesstage und eine Anklageschrift, die etliche Hundert Seiten umfasst. (Quelle: Kleveblog.de)

»Die Anklageverlesung hat sich brutal lange hingezogen. Der Gerichtsdiener ist streckenweise fast weggenickt. Ich habe versucht, mich auf alles zu konzentrieren und hab das meiste an meinem Laptop mitgeschrieben. Das hat mich abgelenkt, mir aber auch ein Stück weit Sicherheit gegeben. Mein Laptop fungierte irgendwie als Schutzschild. Eine kleine Mauer zwischen mir und meinem Ankläger.«

Der Tag hat für Martin wie gewohnt angefangen, von der inneren Aufregung abgesehen. Schon fast surreal bereitet er seinen Sohn für den Kindergarten vor und bringt ihn dorthin. Auf der Fahrt mit Dennis nach Frankfurt dann Nervosität pur. Martin leidet unter heftigen Magenkrämpfen.

Auf dem Flur im Gericht begegnet er seinen Mitangeklagten. Sicher, auf Coder hatte er bereits beim Haftrichter einen kurzen Blick erhaschen können, aber dieses Zusammentreffen hat eine andere Qualität. So viel haben sie gemeinsam erlebt, und auf einmal stehen sie sich gegenüber. Die Anklage wird verlesen. Stille. Nur die Staatsanwältin ist zu hören, während sie konzentriert die Zeilen der Anklageschrift von sich gibt. Monoton. Anklagend. Für alle Anwesenden zermürbend.

Der Prozess zieht sich in die Länge. Zwischen den Verhandlungstagen versucht Martin, sein »normales« Leben irgendwie aufrechtzuerhalten, doch die Situation setzt seiner Psyche immer weiter zu. Er merkt, dass er seine Probleme nur verschoben hat, um den Anforderungen gerecht zu werden. Äußerlich sieht man es ihm nicht an, lediglich seine Freundin und Eltern merken, unter welchem Druck Martin steht. Die Verhandlungstage übersteht er nur mit den bereits beschriebenen Benzos.

Die Internetseite Kleveblog berichtet ausführlich über den Fall und beschreibt die Aussage von Martin Frost vor Gericht wie folgt: »Einer der Angeklagten, der Familienvater F., legte vor Gericht ein reumütiges Geständnis ab. Schon mit 15 habe er sich in entsprechenden Foren herumgetrieben und beseelt von dem Drang, es besser zu machen, sei dann der *WallStreet Market* aus der Taufe gehoben worden. ›Wir haben mit zunehmender User-Zahl gemerkt, dass der Stress einen kaputt macht.‹ Die Schattenseiten des Geschäfts habe man ignoriert. Im Prozess sagte er: ›Ich würde so was nie wieder machen, es lohnt sich nicht, in keiner Hinsicht, nicht für mein Leben, nicht für das Geld. Es tut mir leid. (Quelle: Kleveblog.de)

Besonders in Erinnerung bleiben Martin die Fahrten zum Landgericht Frankfurt mit seinem Freund Dennis. Bauchschmerzen und Magenprobleme dominieren diese Zeit. So gehört es zum Ritual, vor Frankfurt kurz das stille Örtchen an einer Autobahnraststätte aufzusuchen und sich zusätzlich noch einmal in den Toiletten des Gerichtsgebäudes zu entleeren.

»Du glaubst nicht, wie beschissen es mir ging. Wenn die Verhandlung vorbei war, war ich fix und fertig und nur noch froh, Dennis zu sehen. Der Arme hat die ganze Zeit im Auto gewartet, bis diese ewig langen Verhandlungstage vorbei waren. Er war ein sehr großer Halt für mich während dieser Zeit.«

Eine wirkliche Verbesserung seines körperlichen und psychischen Zustands trat erst mit dem Urteil ein.

»Im ersten Augenblick war das Urteil ein kompletter Schock für mich, meine Mittäter und auch die Anwälte. In diesem Moment haben mich die Worte des Richters fast von den Beinen geholt – die Urteilsbegründung habe ich nicht mehr wirklich mitbekommen. Bis zum Urteil hatte ich noch immer einen Funken Hoffnung in mir, und diese Hoffnung ist auf einmal im Keim erstickt worden. Schlussendlich war das Urteil aber auch eine Art Befreiungsschlag für mich. Ich weiß, woran ich bin. Das ewige Warten hat ein Ende. Mir ging es in der Zeit danach wirklich besser.«

Die Verhandlungstage sind eher zähflüssig und haben nichts mit den Anwaltsserien gemein, die zur Mittagszeit über die Mattscheiben flimmern. Langatmige Auszüge aus der Anklageschrift und den Akten machen aus Stunden gefühlt Jahre. Martin ist nur in Begleitung seines Anwalts im Gericht, genauso verhält es sich mit Kronos. Im Gegensatz zu Coder420: Tibo L. kommt grundsätzlich mit seiner Familie und seinen Freunden zu den Verhandlungen.

»Ich kann mich noch gut daran erinnern, dass die Mutter von Tibo, ich glaube zumindest, es war seine Mutter, sehr mit sich und ihren Emotionen zu kämpfen hatte, vor allem während der Urteilsverkündung. Das Ganze hat sie verständlicherweise sehr mitgenommen. Das war auch der Grund, warum ich froh war, dass meine Eltern nicht mit im Gerichtssaal waren. Ich wollte ihnen diese Situation ersparen, und ich glaube, ich hätte mich auch nicht auf den Prozess konzentrieren können. Zur Urteilsverkündung war allerdings mein Vater anwesend. Darauf hat er bestanden.«

Während der Verhandlungspausen gehen Martin und sein Anwalt meist mit Jonathan K. und den anderen Verteidigern zusammen mittagessen. Man unterhält sich in den Pausen, versucht sich gegenseitig Hoffnung zu geben. Doch das Verfahren ist hart – und die Staatsanwaltschaft gut vorbereitet.

Martin sieht das Gericht und den ganzen Staatsapparat allerdings in keiner Weise als Gegner. Er empfindet keinen Hass. Vielmehr betont er immer wieder, dass alle Beamten, angefangen bei den Männern vom GSG 9, über die Staatsanwaltschaft bis hin zu den Richtern fair und professionell aufgetreten sind.

»Ich hege keinerlei Groll gegen das BKA, die Staatsanwaltschaft oder sonst jemanden. Beschwerden muss ich an mich selbst richten. Die waren ja alle ausschließlich wegen mir da. Das sind alles Menschen, die ihren Job machen, und in unserem Fall haben sie den sehr gründlich und gut gemacht. Ich sehe die Justiz nicht als Gegner. Ich selbst erwarte auch Gerechtigkeit, wenn mir oder meiner Familie Unrecht geschieht. Natürlich habe ich mir ein anderes Urteil erhofft, aber ich hatte einen fairen Prozess, und ich glaube, die Kammer hat es sich nicht einfach gemachten ein passendes Urteil zu finden.«

Eine Anekdote weiß Martin noch zu berichten: »Bei der Verzichtserklärung von Coder420 war die Gerichtsschreiberin offensichtlich etwas überfordert, weshalb sich die Erklärung extrem in die Länge zog. Sie wurde immer nervöser und hat es am Ende nicht hinbekommen, sodass die Verzichtserklärung mehrfach vorgelesen werden musste. Das sorgte für Schmunzeln im Saal.«

Zwischen Hoffen und Bangen

»Erheben Sie sich.« Alle Anwesenden erheben sich. Aufgrund der Pandemie laufen die Verhandlung, unter Berücksichtigung der Corona-Maßnahmen ab. Martin steht auf. Seine Hände schwitzen. Unter der FFP2-Maske fällt es ihm schwer zu atmen. Noch ist Hoffnung in ihm, doch tief in seinem Magen hat er ein ungutes Gefühl. Sein Herz schlägt schneller.

»Im Namen des Volkes verkünde ich folgendes Urteil …«

Sein Puls rast. Lange hat Martin auf diesen Tag gewartet. Mittlerweile sind es über zwei Jahre.

Die Kernfrage, die das Gericht klären musste, ist ob es sich hier wirklich um den Straftatbestand des bandenmäßigen Drogenhandels handelt oder ob die Angeklagten eher wegen eines Beihilfedelikts bestraft werden müssen. Einen derartigen Fall hat es vorher in Deutschland noch nicht gegeben, wie also damit umgehen? Die Verteidigung stellt klar, dass die Angeklagten lediglich die Vermittlungsplattform bereitgestellt und selbst nie mit Drogen oder anderen Substanzen gehandelt haben. Die Anklage hingegen sieht den Straftatbestand des bandenmäßigen Drogenhandels in diesem Fall als erfüllt an. Ein Grauzonenbereich also. Allerdings hat der Gesetzgeber diese Lücke erkannt, sodass im Februar 2020 ein Gesetzentwurf im Bundestag beschlossen wurde, der das reine Betreiben eines illegalen Marktplatzes unter Strafe stellt. Bleibt die Frage: Wie wird das Gericht entscheiden?

Alexander Hauer, Rechtsanwalt von Tibo L.

Einen genauen Einblick in die Verhandlungstage kann der Pflichtverteidiger von Tibo L., Alexander Hauer, geben.

Die Verhandlungstage liefen geordnet ab und ohne dass etwas tatsächlich oder prozessual Außergewöhnliches passiert wäre. Das zuvor unter den Beteiligten (Gericht, Generalstaatsanwaltschaft und Verteidigern) besprochene Beweisprogramm wurde eingehalten.

Dass zum Prozessauftakt am 28.04.2021 die Anklageverlesung fast vier Stunden dauerte, hat, so zumindest nach meiner Wahrnehmung, für die gerichtsunerfahrenen Angeklagten mit Sicherheit etwas zu deren ohnehin schon bestehender Aufregung beigetragen. So wurde ihnen der quantitative Umfang des Sachverhalts noch einmal deutlich vor Augen geführt.

Besondere Anekdoten rund um die Verhandlungstage gibt es aus meiner Sicht nicht. Insgesamt habe ich sehr ruhige, aufgeräumte und klar strukturierte Angeklagte wahrgenommen, was sich auch in deren jeweiliger persönlichen Einlassung widerspiegelte. Andererseits stand natürlich auch immer unter den Angeklagten die für sie »spannende« Frage zur Debatte, wie das Landgericht Frankfurt/Main letztlich den im wesentlichen unstreitigen Sachverhalt im Urteil strafrechtlich bewerten würde.

Bei meinem Mandanten Tibo L. musste in der Beweisaufnahme zusätzlich die Frage geklärt werden, ob er noch nach dem Jugendstrafrecht oder nach den Vorschriften des Erwachsenenstrafrechts bestraft werden müsste. Die Frage stellte sich, da der Schwerpunkt der Taten in einem Zeitraum lag, als mein Mandant noch nicht das 21. Lebensjahr vollendet hatte.

Nachdem bei der Verteidigungsübernahme bekannt war, über welchen Sachverhalt wir im Großen und Ganzen strafrechtlich zu verhandeln hatten, war auch relativ schnell klar, dass es nicht um den klassischen Sachverhalt des bandenmäßigen Handeltreibens mit Betäubungsmitteln in nicht geringer Menge, so wie ihn der Gesetzgeber ursprünglich mal ins Auge gefasst hatte, gehen würde.

Dies macht auch die Einführung des § 127 StGB (Betreiben krimineller Handelsplattformen im Internet) deutlich, der mittlerweile seit dem 01.10.2021 im Strafgesetzbuch niedergeschrieben steht. Diese Vorschrift war aber zum Zeitpunkt der Taten und der Hauptverhandlung noch nicht in Kraft getreten, sodass immer wieder nur die Gedanken des Gesetzgebers für eine solche Fallkonstellation mittelbar Einzug in die Überlegungen der Verteidigungsstrategie gehalten haben.

Ich glaube auch nicht, dass durch *WSM* ein Präzedenzfall geschaffen wurde, da zum einen jetzt § 127 StGB gilt und es zum anderen immer auf eine Einzelfallbetrachtung ankommen wird. Die Frage, gerade jetzt nach der Gesetzesänderung, wird sein, wie weit der Begriff des Betreibens gefasst werden muss.

Kommentar Rechtsanwalt Christian Solmecke auf die Frage:

Hätte Martin alleine gehandelt, wäre ja der Straftatbestand des bandenmäßigen Drogenhandels weggefallen, hätte das etwas an dem Strafmaß verändert?

»Ja, denn Täter einer Bande werden härter bestraft als Einzeltäter: Das alleinige Handeln mit Betäubungsmitteln ist nach § 29 BtMG mit bis zu fünf Jahren Freiheitsstrafe oder Geldstrafe bedroht. Der bandenmäßige Drogenhandel ist, wenn es – wie in diesem Fall – um Drogen in »nicht geringer Menge« geschieht, nach § 30a BtMG umgekehrt mit »nicht unter 5 Jahren« bedroht. Da, wo der eine Strafrahmen also anfängt, beginnt der andere erst. Grund für die schärferen Strafen ist die enge Bindung, die die Mitglieder eingehen und die einen ständigen Anreiz für die Fortsetzung der kriminellen Tätigkeit bilden. Man geht davon aus, dass Banden unser Rechtssystem stärker gefährden als Einzeltäter und deshalb härter bestraft werden müssen.«

KAPITEL 19 – DAS URTEIL

Zeitraum Sommer 2021, Alter 31 Jahre

»Da muss ich jetzt durch, hilft nichts.«

Martin Frost, 2022

»Im Namen des Volkes ergeht folgendes Urteil: Der Angeklagte Martin Frost wird wegen des bandenmäßigen Drogenhandels sowie Untreue zu sieben Jahren und neun Monaten Haft verurteilt, gegen das Urteil kann der Angeklagte Revision einlegen.«

Scheiße, jetzt ist der Worst Case eingetreten, denkt sich Martin und versucht Haltung zu bewahren.

In seinem Kopf dreht sich alles. Während der Urteilsbegründung ist er nur noch körperlich anwesend. Er sieht die Jahre an sich vorbeiziehen, die Entwicklung seines Sohnes wird er nicht mitbekommen. Wie wird es seiner Freundin ergehen? Was soll er bloß seiner Mutter erzählen? Er versucht sich zu konzentrieren, nimmt aber nur bruchstückhaft wahr, was im Saal gesprochen wird.

Das schriftliche Urteil wird Martin per Post zugestellt. Es umfasst 93 Seiten und liegt in gebundener Form vor. Detailliert wird auf den Fall eingegangen, und das Gericht kommt zu dem Urteil:

Schuldig im Sinne der Anklage.

Schwarz auf weiß liest sich das Urteil noch einmal ganz anders. Schuldig im Sinne der Anklage. Es schmerzt, diesen Satz zu lesen.

»Mit dem Urteil wurde der Haftbefehl, der bis dahin bestanden hat, vom Gericht aufgehoben. Vorher war der Haftbefehl lediglich unter Auflagen außer Vollzug gesetzt. Mit der Aufhebung des Haftbefehls bekamen meine Eltern ihre Kaution zurück, und ich darf nun theoretisch auch wieder ins Ausland reisen. Bis heute habe ich den deutschen Boden allerdings nicht verlassen – aus Angst vor einem Zugriff der USA«, sagt Martin zu dem Thema.

Die drohende Haft ist allerdings nur ein Teil der Strafe. Was wenige vermuten: Der Staat hat noch ein Ass im Ärmel. Ein für sich genommen genialer Schachzug. Für den Betroffenen oft ein lebenslanges Dogma. Der Endgegner nämlich ist das Finanzamt. Die Finanzbehörde fackelt nicht lange und stuft den *WallStreet Market* als Gemeinschaft bürgerlichen Rechts ein. Kurz GbR. Das bedeutet persönliche Haftung. Und so flattern bei allen *WallStreet-Market*-Betreibern nun Briefe vom Finanzamt ein, und als wenn die Strafe der Justiz noch nicht genug wäre, kommen jetzt noch Schulden beim Finanzamt dazu. In Martins Fall geht es um knapp eine Millionen Euro Steuerschulden. Autsch!

Auf den ersten Blick eine gerechte Strafe. Auf den zweiten Blick könnte man sagen, dass sich die Katze in den Schwanz beißt. Der Resozialisierungsgedanke ist hier nur schwer zu erkennen. Wie will man jemanden dazu motivieren, ein fester Bestandteil der Gesellschaft zu werden, wenn ihn nach seiner Haftstrafe ein Schuldenberg erwartet?

Läuft der Staat nicht Gefahr, seinem eigenen Resozialisierungsauftrag nicht gerecht zu werden? Auf der anderen Seite: Warum sollten Drogenhändler keine Steuern zahlen müssen?

Keine Frage, Strafe muss sein, und sie muss auch eine angemessene Höhe haben. Für viele verurteilte Straftäter allerdings sind die entsprechenden Steuerschulden oft die höhere Strafe als das Urteil der Justiz.

Martin hat für sich die Antwort gefunden. Er will versuchen, diese Schulden zu begleichen, egal wann, egal wie, aber das soll und darf kein Grund sein, nicht an einem besseren Leben zu arbeiten.

»Das Finanzamt ist der absolute Endgegner. Bei Gericht gehst du mit einer Haftstrafe raus, du weißt, was auf dich zukommt und dass es irgendwann vorbei ist. Das Finanzamt dagegen ist eine andere Nummer: Als die ersten Bescheide zugestellt wurden, dachte ich erst, es handelt sich um einen Witz. Das Lachen ist mir allerdings schnell vergangen. In Deutschland müssen Gewinne aus Drogengeschäften versteuert werden, und das trifft eben auch auf unseren Fall zu.«

Tibo L., der zum Tatzeitpunkt Auszubildender in einem Softwareunternehmen war, wird nach dem Jugendstrafrecht zu einer Freiheitsstrafe von fünf Jahren und drei Monaten verurteilt.

Jonathan K. bekommt sechs Jahre und drei Monate.

Die Urteile sind nicht rechtskräftig. Alle drei sind in Revision.

Zum Zeitpunkt der Tat beträgt der beschlagnahmte Wert an Kryptowährung 36 Millionen Euro. Der Wert setzt sich aus Bitcoin und Monero zusammen, wovon die drei Angeklagten 8,6 Millionen Euro von den Kundenkonten auf ihre Privatkonten überwiesen. Ende 2021 hat die hessische Regierung die Beschlagnahmten Kryptogelder aus dem *WSM* Bust verkauft. Die Bilanz: 100 Millionen Euro für die hessische Staatskasse.

Fun Fact Nach StGB §328 Absatz 2.3 heißt es: Wer eine nukleare Explosion verursacht, muss mit einer Freiheitsstrafe von fünf Jahren oder einer Geldstrafe rechnen. Quelle: https://dejure.org/gesetze/StGB/328.html

---

Kommentar Rechtsanwalt Christian Solmecke auf die Frage:

Ist das Urteil von sieben Jahren und neun Monaten Ihrer Meinung nach angemessen - auch hinsichtlich der Tatsache, dass alles offengelegt wurde?

»Martin wurde nach § 30a BtMG dem bandenmäßigen Handel mit Betäubungsmitteln in nicht geringen Mengen verurteilt. Die Mindeststrafe für dieses Delikt beträgt fünf Jahre. Es muss ihm zugutegehalten werden, dass er sich reumütig zeigt, geständig war und sein Bitcoin-Konto für die Behörden geöffnet hat. Allerdings hat er über mehrere Jahre Drogen in riesigen Mengen gehandelt, ohne sich seiner Schuld bewusst zu sein. Das erklärt das doch recht hohe Strafmaß, das er erhalten hat.«

Revision

Der Revisionsantrag ist bereits kurz nach dem Urteil erfolgt, und die Entscheidung liegt nun beim BGH. Wann die Entscheidung in diesem Fall final gefällt wird, ist bisher noch nicht klar. Dies kann täglich passieren. Martin versucht sich von dem Schwebezustand nicht beeinflussen zu lassen, sondern konzentriert sich auf Arbeit und Familie.

In der aktuellen Phase, kurz vor dem Urteil des Bundesgerichtshofs, stellt sich Martin immer mehr dem, was auf ihn zukommt. Vorbereitungen müssen getroffen werden, gerade im Hinblick auf seine Familie und die drohende Haftzeit.

Stellt sich die Frage: Wie erfolgreich ist der Kampf gegen die Cyberkriminalität? Ist es zielführend, Darknet-Marktplätze vom Netz zu nehmen, oder stehen bereits die nächsten Markets in den Startlöchern?

Diese Frage lässt sich nicht mit einem Satz beantworten. Der Kampf gegen die Cyberkriminalität ist ein ständiges Katz-und-Maus-Spiel mit Gewinnern und Verlierern auf beiden Seiten. Fakt ist: Die Behörden haben aufgerüstet und können große Erfolge für sich verzeichnen. Die vergangenen Abschaltungen von mehreren illegalen Marktplätzen hat auch in der Szene für Aufruhr und Diskussionen gesorgt.

Während sich einige Cyberkriminelle abschrecken lassen, fühlen sich andere Akteure dazu angespornt, neue Features zu entwickeln und noch bessere Sicherheitsvorkehrungen zu treffen.

Ein gutes Beispiel ist der Darknet-Marktplatz AlphaBay: 2017 durch die Behörden vom Netz genommen, ist dieser Marktplatz seit dem 8. August 2021 mit neuen Features und einem Ex-Admin wieder groß im Geschäft.

Mit dem Relaunch von AlphaBay implementierte das Team rund um den Administrator DeSnake zudem einige neue Funktionen und Regeln, welche die Sicherheit erhöhen sollen. Sie wollen einen »*professionell geführten, anonymen, sicheren Marktplatz*« aufbauen. Besonders ins Auge sticht dabei eine Funktion: Mit AlphaGuard will der Marktplatz sicherstellen, dass Käufer und Verkäufer auch dann nicht ihr Geld verlieren, wenn alle Server gleichzeitig sichergestellt werden. Zudem wurde ein vollautomatisiertes Konfliktsystem implementiert und die Kryptowährung Bitcoin verbannt. Stattdessen wird auf den Privatcoin Monero (XMR) gesetzt. Die neuen Regeln beinhalten außerdem Verbote für Verkäufe von COVID-19-Impfstoffen, Schusswaffen und Produkten, die Fentanyl enthalten, Pornografie und »Hitman-Dienste«. Darüber hinaus ist die Erörterung öffentlicher oder privater Informationen über Regierungen, Organisationen oder Menschen in Russland, Weißrussland, Kasachstan, Armenien und Kirgisistan verboten. Diese Tatsache hat zu Spekulationen geführt, dass es eine Verbindung zwischen den Seitenbetreibern und den Regierungen dieser Nationen gibt.

Kommentar Martin Frost: »Die neue Version ist gekommen, um zu bleiben. Neue Features wie AlphaGuard, ein automatisiertes Konfliktsystem oder der Wechsel zum Privatcoin Monero sollen die Sicherheit für die User erhöhen und es den Strafverfolgern schwerer machen, Hintermänner zu identifizieren. Aus meiner Sicht kann der Admin DeSnake hier kaum aus rein finanziellem Interesse handeln. Nach dem Takedown des originalen Alphabays 2017 ist er lange untergetaucht und hat sich jetzt dazu entschieden, AlphaBay zu relaunchen. Bereits 2017 war DeSnake Co-Admin von AlphaBay und hat damit sicher einiges an Geld gemacht. Ich glaube, es handelt sich hier entweder um Idealismus oder um eine Sucht nach dem Gefühl von damals.«

Zur Thematik AlphaBay findet sich ein entsprechendes Video auf dem YouTube-Kanal von Martin.

Cybercrime wird die Gesellschaft, Behörden und auch Strafverteidiger in Zukunft wohl immer mehr beschäftigen. Strafverfolger, aber auch Verteidiger, stehen vor der Aufgabe, die Hintergründe zu verstehen, um die Taten von Internetkriminellen auch rechtlich bewerten zu können.

Es gilt, Gesetzeslücken zu erkennen und diese zu schließen oder aber Strategien für die gute Verteidigung eines Angeklagten zu entwickeln. Aus diesem Grund spezialisieren sich immer mehr Rechtsanwälte auf die Themen IT und Cybercrime.

Kommentar Rechtsanwalt Christian Solmecke auf die Frage:

Martin ist lange davon ausgegangen, dass es für das Betreiben eines Marktplatzes keinen Straftatbestand gäbe. Ist das richtig, spielt der Fall in einer Grauzone? Ich bin der Meinung, dass die Gerichte schon früher hätten passende Gesetze auf den Weg bringen müssen.

»Einen gesonderten Straftatbestand für das Betreiben eines kriminellen Marktplatzes gibt es tatsächlich erst seit dem 01.10.2021. Davor war das schlichte Betreiben eines Marktplatzes im Darknet deshalb nicht strafbar. Aber natürlich konnten die Vorgänge, die sich auf dem Marktplatz abgespielt haben, auch schon zuvor strafbar sein, beispielsweise eben der Handel mit Drogen, wie in Martins Fall.«

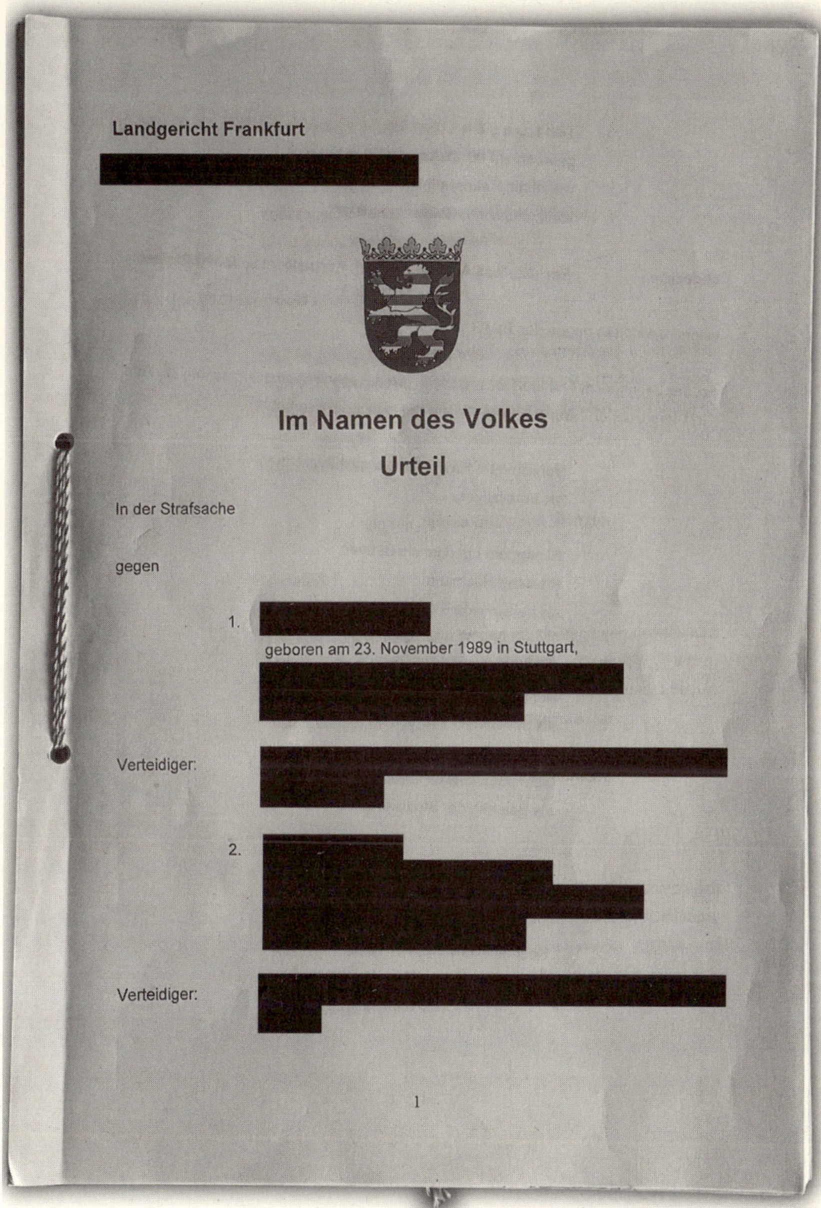

Landgericht Frankfurt

[redacted]

Im Namen des Volkes

Urteil

In der Strafsache

gegen

1. [redacted]
geboren am 23. November 1989 in Stuttgart,
[redacted]

Verteidiger: [redacted]

2. [redacted]

Verteidiger: [redacted]

1

KAPITEL 23 – ZURÜCK INS LEBEN

Zeitraum 2022, Alter 31-32 Jahre

»Pack den Stier bei den Hoden.«

Rajesh R. Koothrappali, *The Big Bang Theory*, Staffel 3, Folge 23

Martin schreckt auf. Sein Herz rast. Alles nur ein wirrer Albtraum. Was für ein Film. Er schaut auf den Wecker. 5:23 Uhr zeigt die grüne Neonanzeige. Er muss schmunzeln. Der Traum steckt ihm noch in den Knochen, vereinzelte Bilder fliegen vor seinem geistigen Auge vorbei.

Martin ist Klarträumer. Die nächtlichen Phasen erlebt er oft sehr intensiv und deutlich. Er wischt sich den Schlaf aus den Augen. Aufstehen? Noch einmal hinlegen? Der innere Motor ist gestartet, weiterschlafen wäre unmöglich, also: Auf in den Tag!

Kurz ins Bad und schnell die Kaffeemaschine einschalten. Martins Freundin wird wach und quält sich aus dem Bett.

»Schatz, hast du einen Termin?«, fragt sie ihn.

»Nein, schlaf ruhig weiter, ich hatte einen Alptraum und konnte nicht mehr schlafen«, antwortet er.

»Willst du drüber reden?«, fragt seine Freundin und gönnt sich einen Schluck aus seiner Tasse. Selbst ist die Frau.

»Ach, nur wirres Zeug, hab die Hälfte schon wieder vergessen. Lass uns heute einen gemütlichen Tag machen, morgen ist Wochenende. Was hältst du davon, wenn wir alle zusammen in den Park gehen?«

Das Jahr 2022 beginnt mit der zunehmenden Eskalation in der Ukraine. Kriegsangst ergreift die Welt, und das Undenkbare passiert am 22.02.2022: Wladimir Putin erklärt den Dombas für russisches Territorium. Zwei Tage später, am 24.02.2022, eröffnet Russland einen Angriffskrieg gegen die Ukraine, was dann folgt, ist ein lang andauernder Krieg mitten in Europa. Längst vergessene Ängste werden wieder wach. Deutschland fällt in eine Rezession, die Benzinpreise knacken die 2-Euro-Marke, die Lebensmittelpreise schießen in die Höhe. Nicht nur Martin befindet sich in einer Krise. Noch immer wartet er auf die Entscheidung seiner Revision durch den Bundesgerichtshof (BGH). Die Chancen stehen schlecht, und er gibt sich in diesem Punkt keiner Illusion hin.

Am 20.03.2022 beginnen die Arbeiten zu diesem Buch. Recht unspektakulär wird per Messengerdienst das Vorhaben besprochen und am selben Tag noch in Angriff genommen. Fast wie damals bei *WallStreet Market* – nur diesmal legal!

Martin hat einen großen Bekanntenkreis, aber Menschen, die er als Freunde bezeichnet, hat er wenige. Seine Vertrauenspersonen lassen sich an einer Hand abzählen. Hier steht bei Martin Qualität vor Quantität. Heute mehr als je zuvor. Nach allem, was hinter ihm liegt.

Für seine Freunde ist Martin selbstlos, mitfühlend und sehr hilfsbereit. Geht es um echte Probleme, ist er da und steht seinen Mann, genau wie sein Vater. Sachen wie Feingefühl und Empathie sind nicht Martins Stärken. Auch er ist Pragmatiker. Ein Mann der Tat. Bevor er sich in stundenlangen philosophischen Interpretationen verliert, legt er lieber selbst Hand an. Getreu dem Motto: *Learning by doing*. Was Martin auf jeden Fall auszeichnet, ist seine Disziplin. Ihm fällt es nicht schwer, für sein Ziel auch Hürden in Kauf zu nehmen und seine Freizeit zu opfern. Aber anders als damals bei *WallStreet Market* räumt er sich heute extra Zeit für seine Familie und auch sich selbst ein. Diese Momente versucht er ganz bewusst zu erleben.

Martin ist nicht vorbestraft, kleinere Vorfälle gab es in der Jugend schon, aber nichts, was zu einer Verurteilung oder einem Eintrag ins Führungszeugnis geführt hätte. Zum Zeitpunkt des Buches ist Martin auch noch nicht rechtskräftig verurteilt. Spätestens nach der U-Haft hat sich seine Sicht auf vieles verändert. Mental ist er heute gestärkt und zieht viel Positives aus seiner aktuellen Situation. Er sieht das Glas immer halb voll. Auch Martin ist am Ende die Summe seiner guten und schlechten Erfahrungen. Soziale Isolation macht ihm jedoch bis heute Angst. Vielleicht ist Angst nicht das treffende Wort – gehöriger Respekt trifft es besser, gerade in Hinblick auf die drohende Haftstrafe.

»Ich hatte in den letzten Jahren oft Phasen, in denen ich dachte, es geht nicht weiter. Ich schaffe es nicht, weiterzukämpfen. Mittlerweile sehe ich mein Scheitern auch als Chance, vieles besser zu machen und einen Neustart zu wagen. Auch unseren Bust sehe ich heute positiv. Oft werde ich gefragt: ›Hättest du weitergemacht, wenn sie dich nicht erwischt hätten?‹ Ich kann diese Frage weder mit Ja noch mit Nein beantworten. Ich weiß es ehrlich gesagt nicht. Durch die Verhaftung hat sich meine Sicht auf die Dinge geändert, ich wurde gezwungen, mich mit mir selbst zu beschäftigen, und ich habe erkannt, dass das, was wir getan haben, falsch war. Doch ich glaube, ich bin in der Lage, einen Neustart zu schaffen und blicke heute auch mit einem lachenden Auge in die Zukunft.«

»Du hast mich in einer seltsamen Phase meines Lebens getroffen…«
Tyler Durden, 1999

Immer wieder kommen Stimmen auf, die Martin vorwerfen, er versuche mit seiner medialen Präsenz seine Geschichte zu vergolden. Martin Frost bekommt mediale Aufmerksamkeit, keine Frage, und die Geschichte rund um *WallStreet Market* wird mit Sicherheit für längere Zeit einzigartig bleiben. Und natürlich lässt sich mit einer solchen Geschichte auch Geld verdienen. Allerdings will Martin die Geschichte von *WallStreet Market* und seiner Person nicht glorifizieren oder zu einem Mythus verklären. Ganz im Gegenteil: Ihm ist wichtig, Jugendliche vor dem Darknet zu warnen, ihnen zu helfen. Er glaubt fest daran, dass sie durch seine Geschichte etwas lernen können.

Aus diesem Grund lehnt er Anfragen, die einen reißerischen Charakter haben, kategorisch ab. Auch dann, wenn sie mit viel Geld verbunden sind. Auch in Bezug auf eine Buchveröffentlichung hat er lange Zeit alle Anfragen abgesagt. Er hätte durchaus schon früher diverse Möglichkeiten gehabt, seine Story gewinnbringend zu verwerten. Ohnehin sind die Einnahmen nicht so hoch, wie einige sich das vorstellen.

»Natürlich werde ich immer wieder damit konfrontiert, dass ich Geld mit meiner Story verdiene. Und es stimmt ja auch, dass ich für einen Dreh immer eine Gage bekommen. Aber gegen was soll ich meine verbleibende Zeit tauschen, wenn nicht gegen Geld? Auch ich muss meine Miete bezahlen und möchte meiner Familie ab und an etwas bieten können. Geld ist jedoch nicht der Grund, warum ich in die Öffentlichkeit gegangen bin. Denn dieser Schritt hat auch seinen Preis. Ich möchte aufklären, Gefahren zeigen und vielleicht auch ein bisschen wiedergutmachen. Ob man mir das abnehmen kann? Das muss jeder für sich selbst entscheiden.«

Martin Frost ist der Einzige weltweit, der aus der Fraud- und Cybercrime-Szene ausgestiegen ist und nun tiefe Einblicke liefert. Das ist sein Alleinstellungsmerkmal in diesem Bereich, und damit wird er regelmäßig von öffentlich-rechtlichen Fernsehsendern, aber auch vom Privatfernsehen als Experte gebucht. Martin schafft Einblicke, die selbst langjährigen Ermittlern bislang verborgen geblieben sind. Cybercrime ist das Problem der Gegenwart, und Martin Frost kann Licht in die dunklen Bereiche des Darknets bringen.

Interessanterweise erreicht Martin Jugendliche oftmals schneller als ihre Lehrer. Er wirkt wie einer von ihnen und nimmt die jungen Heranwachsenden durch seine Sprache und vor allem durch seine Art für sich ein. Seine Präventionsvorträge sind extrem gut besucht, und die anschließenden Diskussionsrunden sind intensiv. Er hat den Sprung vom Kriminellen in den Präventionsbereich geschafft. Wie nachhaltig seine Arbeit am Ende sein wird, kann nur die Zukunft zeigen.

Martin hat sehr viel Glück gehabt auf seinem Weg zurück ins Leben. Er hat Hilfe bekommen und diese auch angenommen – in vielen verschiedenen Bereichen. Auf seinem Weg aus der Dunkelheit hat er viel über sich selbst und die Einstellung zum Leben gelernt. Zwangsläufig musste sich Martin auch mit Themen wie Resilienz, Mindset und psychischen Belastungen auseinandersetzen.

Martin wird seine Haft als Selbststeller antreten und hofft, schnell in den offenen Vollzug zu kommen und dann als Freigänger seine Haftstrafe ableisten zu können.

Dies wird bei guter Führung wohl frühestens 2026 möglich sein.

MORPHEUS EFFEKT – ENDE

Die letzten Jahre haben Martin mitgenommen. Zu viel in zu kurzer Zeit. Was für eine Taktung. Seine Freundin und sein Sohn schlafen schon. Martin sitzt vor dem Monitor und scrollt durch Facebook, Instagram und Co. Leere macht sich in ihm breit. Im Fernseher läuft auch nichts Gescheites. Er klickt sich durch die Kanäle.

Ach, was war das früher einfach. Glotze an, sofort ein Programm, und dann nur noch durchzappen. »Talk, Talk, Talk« kommt ihm in den Sinn, belanglose Scheiße, aber konnte man sich damals echt mal ansehen, bevor man feiern gegangen ist. Heute klickt man sich umständlich durch die Menüs und findet am Ende sowieso nicht das, was man sucht.

Er scrollt durch die Sender, und *Matrix* schießt ihm ins Auge. Wie oft wiederholen die den Film eigentlich? Aber besser als gar nichts.

Er lehnt sich in seinem Bürostuhl zurück und lässt die Gedanken schweifen, während im Fernseher Neo auf seinem Monitor die ersten Nachrichten bekommt. Martin kennt den Film in- und auswendig, und immer wieder ist er fasziniert. Die Ästhetik, die Dynamik und vor allem die Story. Er lauscht den Dialogen.

Fast wäre er eingepennt, doch Neo schubst ihn an. »Digga, was los?«, fragt er.

»Nichts, schon gut, sorry, musste nur die Augen kurz ausruhen.«

Morpheus lehnt sich in seinem Stuhl zurück. »Martin, weißt du wirklich, was du hier machst?«

»Sag nein«, flüstert ihm Neo ins Ohr.

»Lass mich«, drückt ihn Martin weg. »Ja, ich weiß, was ich hier mache. Warum die Frage?«

Morpheus beugt sich nach vorn. »Wie war der Trip bislang?«

»War okay«, antwortet Martin.

Morpheus grinst, lehnt sich zurück, und Martin kann sich in seiner Brille spiegeln.

»Es war okay«, wiederholt Martin.

»Willst du noch eine wählen?«, fragt Morpheus und hält ihm wieder die Hände mit der roten und der blauen Pille hin.

Martin zögert. Neo lungert noch neben dem Monitor herum und versucht irgendwie cool zu wirken. »Das soll also der Auserwählte sein!? Na, super!« Martin schüttelt den Kopf.

Entsetzt zieht Morpheus die Hände zurück. »Du hast jetzt nicht ernsthaft beide Pillen geschluckt?«

RELOADED

Credits

Matthias Teiting, Anne Arnold, Dennis Utz, Kristina Konradi, Christian Solmecke, Alexander Hauer, Rafael Buschmann, Tobias Schuduk, Georg Hodolitsch, Christian Jund.

Der Autor dankt speziell:

Anne Arnold, Frau Kiki, Peter Schorowsky.

Martin Frost dankt speziell:

Meinem Sohn, meiner Freundin, meinen Eltern und Großeltern, meinem Bruder Michael, Dennis Utz, Franzi, Mesut, Sören, Anne Arnold, Torben Platzer, Philip Schlaffer, Maximilian Pollux.